U0594995

汉西语位移事件表达对比研究

A Comparative Study of Chinese-Spanish Expressions of Motion Events

卢春博◎著

吉林大学出版社

·长春·

图书在版编目（CIP）数据

汉西语位移事件表达对比研究 / 卢春博著. -- 长春：
吉林大学出版社，2024. 12. -- ISBN 978-7-5768-4015
-5

Ⅰ. H344.3；H146.3

中国国家版本馆CIP数据核字第2024FP5515号

书　　名：汉西语位移事件表达对比研究
HANXIYU WEIYI SHIJIAN BIAODA DUIBI YANJIU

作　　者：卢春博
策划编辑：张宏亮
责任编辑：张宏亮
责任校对：矫　正
装帧设计：雅硕图文
出版发行：吉林大学出版社
社　　址：长春市人民大街4059号
邮政编码：130021
发行电话：0431-89580036/58
网　　址：http://www.jlup.com.cn
电子邮箱：jldxcbs@sina.com
印　　刷：廊坊市海涛印刷有限公司
开　　本：787mm×1092mm　1/16
印　　张：16.75
字　　数：275千字
版　　次：2024年12月　第1版
印　　次：2025年1月　第1次
书　　号：ISBN 978-7-5768-4015-5
定　　价：98.00元

前　言

位移事件作为人类最基本的经验活动之一，其感知与描述一直都是对比语言学、认知语言学、语言习得等领域研究的重点课题。尤其是基于Talmy（1985，2000）和Slobin（2004）的运动事件框架理论，对汉语类型的归属、运动事件的词汇化模式、运动事件及句法表达等多方面的研究成果颇丰，推进了汉语位移事件的研究。对于汉语和西班牙语的位移事件来说，汉西语分属不同的语言类型，在位移事件的概念结构及其投射的位移表达形式层面，呈现出复杂的多维的对应关系，而这些对应关系反映了汉语和西班牙语的语言类型特点和认知方式的差异。

本书基于汉语CCL、BCC及西班牙CORPES语料库语料，再加上10部汉西语文学作品中的平行语料，从位移事件的路径表征，表达形式、位移方式表征，表达形式、位移致使性表征及表达形式三个方面，对汉西语位移事件表达的异同点进行了全面而系统的描写和分析，在此基础上试图从语言的类型特征和认知层面对表达差异进行解释。

本书共分为6章：

第1章为绪论。主要对选题缘起及研究意义、研究对象的界定、研究目标及研究问题、研究的理论基础、研究方法及语料来源进行了详细的说明。

第2章为汉西语位移事件表达研究综述。主要从汉语位移事件表达研究、西班牙语位移事件表达研究、汉外语位移事件表达对比研究三个方面全面系统地梳理了位移事件的丰富的研究成果，为本书的研究奠定了扎实的理论基础。

第3章至第5章是本书的核心部分。第3章为汉西语位移路径的表征及表达形式对比。汉西语位移路径主要由路径动词来表征，不同的是汉语既有简单路径动词，也有复合路径动词；而西语只有简单路径动词。通过汉语"来/

去""上/下""进/出""回""过"与西语"venir（来）/ir（去）""subir（上）/bajar（下）""entrar（进）/salir（出）""volver（回）""pasar（过）"等8组路径动词入手，对比表征位移路径的概念结构发现，汉语路径动词表征位移概念要素时颗粒度（degree of granularity）较大，简单路径动词仅突显位移的［路径］，复合路径动词还表征言者的位移［主观视角］（$V_{简单路径}$+来/去）；而西语路径动词不仅突显［路径］概念，还可以表征位移的［背景］［位移力］，位移主体的［主观意识］等多个语义要素，语义成分表征得更加具体，颗粒度较小，但除"venir（来）/ir（去）"外，其他路径动词通常不表征言者的位移［主观视角］。

从路径动词投射到句子表层的表达形式对比发现，汉语$NP_{背景}$的句法位置比西班牙语复杂；位移主体与参照背景的空间方位常由方位词进行编码（$NP_{背景}$+方位词），而西语通常不单独编码；汉语位移路径表达其言者［主观视角］的参与度远高于西班牙语。汉西语位移路径表达差异主要由注意视窗开启不同、SVO语序同中有异、参照背景界态特征差异及识解的维度所致。

第4章为汉西语位移方式的表征及表达形式对比。［方式］虽然是Talmy运动事件框架中的外围语义要素，但是在汉语位移事件表达中参与度极高，位移方式动词是最常用的表达形式。通过汉西语"$V_{跳}$"类与"V_{saltar}"类、"$V_{落}$"类与"$V_{caer（se）}$"的位移方式动词入手，对比表征位移方式的概念结构发现，汉语"$V_{跳}$"类主要表征［位移力］、［样态］（包括［步态］）、［速度］、位移的［介质］等语义要素，概念表征颗粒度较大，而"V_{saltar}"类除了表征上述概念成分，还表征位移的［工具］［轨迹］［方向］［背景］和［位移主体］等概念，西语动词的表征更加丰富、具体，颗粒度较小。而汉语"$V_{落}$"类突显［位移主体］的性质，位移的［自主性］［速度］［路径］等多种概念要素，表征更加具体；西语位移动词"$V_{caer（se）}$"着重突显位移［路径］，表征比较简单。

从方式动词投射到句子表层的表达形式对比发现，汉语"$V_{方式}$+$V_{路径}$"为位移方式的优选表达模式，而西语常用"$V_{路径}$"单独编码；汉语位移的$NP_{背景}$和$NP_{位移主体}$的句法位置比较多样，主要受位移方式动词、路径动词、$NP_{背景}$和$NP_{位移主体}$的性质、体标记"了"以及距离象似性等因素的制约，而西语$NP_{背景}$

和NP$_{位移主体}$的句法位置遵守距离象似性原则的同时，更受到重成分后置原则的制约；汉语NP$_{背景}$为处所义较弱的普通名词或需要突显位移的处所名词时，常用方位词编码构向，而西语通常参照背景为人且为经过点时可用方位副词或副词短语编码。汉西语位移方式表达差异主要由运动事件框架类型的不同、图式默认机制不同及体标记差异所致。

第5章为汉西语位移致使性的表征及表达形式对比。致移动词是位移致使性最常用的表达形式。通过对汉西语致移动词"V$_{放}$"类与"V$_{poner}$"类、"V$_{抽}$"类与"V$_{sacar}$（使由里向外移动）"对位移致使性表征的深入对比发现，汉语泛向致移动词（"V$_{放}$"类）表征范围广，主要突显［致移方式/原因］［致移力］［背景界态］等概念要素，概念表征颗粒度较大，而西语"V$_{poner}$"类动词不仅表征上述概念，还可突显［路径］［致移主体］［位移客体］等语义要素；汉语定向致移动词（"V$_{抽}$"类）对致移方式描写得具体、细致，而西语"V$_{sacar}$（使由里向外移动）"仅突显［路径］概念。

从致使动词投射到句子表层的表达形式对比发现，汉语"V$_{致移}$+V$_{路径}$"为致移事件的优选表达模式，西语常用"V$_{致移}$"单独编码；汉语NP$_{位移客体}$的句法位置比西语复杂，置于致移动词之后的NP$_{位移客体}$常受到其自身的性质、动词是否带"了"及语境的影响，与路径动词呈现复杂的句法位置关系，NP$_{位移客体}$置于致移动词之前时，汉语由"把"或"被"标引，可为新信息或旧信息，而西语NP$_{位移客体}$置于动词前，要么为宾格代词指代旧信息，要么为被动句式；致移NP$_{背景}$的句法位置及其与方位词的组合规律与自移事件相似，NP$_{起点}$常置于"V$_{致移}$+V$_{路径}$"之前，NP$_{终点}$常置于其后，但经过点背景视窗较少开启，西语无论是NP$_{起点}$还是NP$_{终点}$通常都置于"V$_{致移}$"之后；具有［+有界］［-零维］［-处所义］特征的参照背景通常用方位词编码，而西语致移事件很少用方位副词编码，而是主要由致移动词、介词和背景共同激活。汉西语致移表达差异，主要由分析型与综合型的结构类型、格标记等方面的因素所致。

第6章为结语部分。从汉西语位移事件表征上的异同点、汉西语位移事件表达形式上的异同点、汉西语位移表达差异的影响因素三个方面对全文进行了总结和升华。

总体而言，从汉语和西班牙语的位移事件表达对比来看，差异远大于共性，而差异主要是由汉语和西班牙语的语言类型差异、汉民族和西班牙民族对位移事件的认知方式差异所致。本书的研究不仅对语言类型学及对比语言学研究具有重要的理论价值，更对汉语和西班牙语的二语教学及习得具有重要的应用价值。

卢春博

2024年5月20日

目　　录

第1章 绪 论

1.1 选题缘起及研究意义

空间位移活动作为人类最基本的经验活动之一，其感知和描述一直都是认知语言学、对比语言学、语言习得等领域研究的重点话题。由于语言类型和人类认知的差异，不同的语言在空间位移的表征与表达上各有异同。

汉西语从母语人口数量来看分别为世界第一大语言和第二大语言，汉语母语者约14亿，西班牙语母语者约5亿①，中国学习西班牙语的人数和西班牙语国家学习汉语的人数都在不断增加。在对外汉语教学中和对中国学生的西班牙语教学中可以发现，西班牙语母语者在汉语位移事件表达时和汉语母语者在西班牙语位移事件表达时都出现了很多问题，甚至中高级汉语水平的西班牙语母语者在汉语位移表达时经常出现方式成分缺失和路径成分缺失的偏误②，例如：

*青蛙从瓶〔 〕出去。

*男孩和他的狗〔 〕上树干。

*保罗爬〔 〕了树上。

*鹿跟小孩子跑到悬崖〔 〕。

*小狗从窗台掉〔 〕了。

初级西班牙语水平的汉语母语者的西班牙语偏误则多发生于介词缺失或误用，例如：

---

① 西班牙语母语人口数约为4.96亿，数据来源：西班牙塞万提斯学院"世界西班牙语""2022年鉴"中统计的最新数据，详见 https://cvc.cervantes.es/lengua/anuario/anuario_22/informes_ic/p01.htm。

② 文中汉语位移表达偏误例句均选自笔者科研项目"西班牙语背景的二语学习者汉语运动事件表达形式习得研究"（项目编码：2019QY011）的实验语料。

　　* se acercaron〔　〕el árbol（他们靠近那棵树）

　　（缺少表到达的矢量——介词"a"）

　　* la rana salió〔　〕la botella saltaron（青蛙从瓶子里跳出去）

　　（缺少表离开的矢量——介词"de"）

　　* volaron al perro（飞到狗）

　　（表到达的矢量——介词"a"误用，西班牙语位移的终点是人或动物时，位移方式动词不与表到达的矢量连用，常与表朝向的介词"hacia"连用）。

　　无论是方式成分还是路径成分的偏误都与汉语和西班牙语的语言类型和母语者的认知息息相关。因此，从类型学的视角和认知视角对汉语和西班牙语位移事件表达进行对比研究是非常有必要的，然而国内外相关研究却寥寥无几。通过对汉语与西班牙语位移事件表达的对比研究，不仅可以揭示两种语言在类型学和认知上的共性与个性，还可以为两种语言的二语教学提供理论依据。

　　此外，本书的研究还具有以下意义：

　　第一，提供汉西语言对比研究的新视角。本研究在位移事件框架中对汉西语位移事件的［路径］［方式］及［致使性］的表征及表达形式进行对比分析，突破了以往从表层形式分析的传统，对于理解人类认知之间的关系具有重要的意义。

　　第二，深化汉西语位移事件类型学研究。汉语和西班牙语从位移事件类型来看，前者附加语框架比重较高，后者动词框架语言特征明显；从形态类型来看，汉语属于分析型语言，西班牙语倾向于综合型语言。本研究基于大量语料对汉西语位移事件表达形式作出对比，以期为汉西语位移事件类型归属判断提供客观依据。

　　第三，从应用角度来看，本研究可以为汉语和西班牙语的二语教学、二语教材编写、二语词典编撰、语言互译等方面提供理论基础和支撑。

1.2 研究对象的界定

本书的西班牙语仅指西班牙的西班牙语①，位移事件仅指现实位移，主要包括自移事件和致移事件。位移动词作为表征汉西语位移事件的主要手段，选取汉西语的位移路径动词、位移方式动词、致移动词作为本书的研究对象。

先从汉语出发，选定使用频率最高的8个简单路径动词"来、去、上、下、进、出、回、过"为基础（包括复合路径动词），再根据平行语料库确定西班牙语路径动词18个，"venir（来）、ir（去）、subir（上）、bajar（下）、entrar（进）、salir（出）、volver（回）、pasar（过）、irse（去/离开）、ascender（上）、descender（下）、penetrar（进）、adentrarse（进）、irrumpir（进）、regresar（回）、retornar（回）、atravesar（过）、cruzar（过）"。

然后基于汉西语语料，选择自移事件中使用频率较高的位移方式动词"跳、走、跑、飞、爬、流"等（文中标为"V跳"类），固有定向运动动词"掉、落、摔、滴、漏、沉"等（文中标为"V落"类）；选择致移事件中使用频率较高的"放、拿、送、带、扔、投、掷、抛、掏、拉、抽、拖、拔、搬、运、挪、移、赶、撵、轰、拽、牵"（文中标为"V放"类、"V抽"类）以及"弯、低、垂、俯、坐、躺、蹲、跪"等致移动词（文中标为"V低"类、"V坐"类）。这些汉西语位移动词在位移事件表征和表达形式上呈现差异性大于共性的特点，而这些差异性正是由于两种语言的类型差异和认知差异导致的，以此确立了上述位移动词及其编码的位移事件句为主要研究对象。基于自建汉西语平行语料库、CCL语料库、BCC语料库、CORPES语料库的语料，全面描写汉西语位移事件表征及表达形式的异同。

---

① 西班牙共有四种主要的语言，全国通行的官方语言为西班牙语，也被称为卡斯蒂利亚语（castellano），其他三种为地区级官方语言，包括加泰罗尼亚语（catalán）（主要通用于加泰罗尼亚和瓦伦西亚）、巴斯克语（vasco）（主要通用于巴斯克地区）、加利西亚语（gallego）（主要通用于加利西亚地区）。本书所指的西班牙语为卡斯蒂利亚语。此外，文中为了行文简洁，有时将西班牙语简称为"西语"。

1.3　研究目标及研究问题

本书立足于类型学和认知语言学的研究视角，从位移事件的路径表征及表达形式、位移方式表征及表达形式、位移致使性表征及表达形式三个方面，对汉西语位移事件表达的异同点进行全面而系统的描写和分析，在此基础上试图从语言的类型特征和认知层面对表达差异进行解释。研究问题主要集中在以下几点。

1.3.1　位移路径概念表征及表达形式异同

对汉西语位移路径动词进行分类，观察各类动词的特点。对比分析汉西语位移［路径］概念表征有何异同。如汉西语位移路径动词在［矢量］［构向］［路向］［维度］［视角］［指示］等语义要素上，其表征是否相同？表征不同的动词投射到句子表层的表达形式有哪些差异，如［构向］［路向］或［视角］在语言表层如何表达？表征差异是否影响路径动词与NP$_{背景}$或NP$_{位移主体}$的组合？除了路径动词表征的影响，还有哪些因素对其产生了影响？

1.3.2　位移方式概念表征及表达形式异同

对汉西语位移方式动词进行分类，对比分析位移［方式］概念的表征异同。汉西语不同类型的位移方式动词在［运动模式］［速度］［节奏］［举止］［评估］［工具］［介质］［方向］［背景］［动体数量］［动体情态］［轨迹形状］［声音状态］［步态］［路径］［接触］及［动力］等语义要素的表征上有何异同？概念的差异导致了怎样的语言表层结构的差异，如汉语"V$_{方式}$+V$_{路径}$"的优选表达模式西班牙语有几种表达形式？不同的表达形式是否有限制条件？哪种形式使用频率最高？原因何在？NP$_{背景}$和NP$_{位移主体}$的句法位置有何表现？

1.3.3　位移致使性概念表征及表达形式异同

对汉西语致移动词进行分类，对比分析位移［致使性］概念的表征异同。汉西语致移动词在［致移方式/原因］［致移力］［致移主体情态］［路

径］［轨迹形状］［方向］［位移客体］［位移方式］［背景］［主观视角］
等语义要素上的表征是否相同？表征差异在致移事件的表达形式上产生了怎样
的作用，如汉语"$V_{致移}+V_{路径}$"的优选表达模式西班牙语如何表达？汉语致移
事件中的"把"字句和"被"字句西班牙语如何表达？$NP_{位移客体}$和$NP_{背景}$的句
法位置是否相同？若不同，还有哪些影响因素？

1.4　研究的理论基础

本书的对比研究主要在语言类型学和认知语言学的理论框架下进行。

1.4.1　Talmy的运动事件框架理论

Talmy（1985，2000）的运动事件框架理论一经问世，为国内外运动事件
研究提供了新的研究视角及理论支撑。该理论主要探讨了语言中语义表征与表
层表达之间的系统关系，并假定语义域和表层表达域的元素是可以单独分离出
来的。

从语义域来看，Talmy认为运动事件主要由［焦点］（figure）、［背
景］（ground）、［运动］（motion）、［路径］（path）四个基本成分[①]构
成：［焦点］指位移体，是相对参照点而运动的人或物；［背景］指参照
点，作为位移体运动参照的物体，一般由"处所词语"来表达；［运动］指
运动本身；［路径］指位移体以场景为参照点的位移轨迹。还有［方式］
（manner）和［原因］（cause）两个外在成分，主要是指致使主事件发生的
原因和与事件相关的方式。从表层表达域来看，主要为动词（verb）、附置词
（adopsition）、名词及附加语等形式表达。

---

① 国内学者对这四个基本成分的译法各有不同，如"凸像、背衬、运动、路径"（沈家煊，2003），"移
动体、参照物、位移/移动、路径"（刘礼进，2014），"移动体、参照物、运动、路径"（郝美玲、王芬，
2015），"主体、背景、运动、路径"（鹿士义、高洁、何美芳，2017；黄玉花、王莹，2019），"焦点、背
景、运动、路径"（泰尔米，2019卷Ⅱ：7）等。其中，最主要的差别在于"Figure"的多种译法，此处采
用李福印等的译法，综述部分采用作者在文中使用的表达法，本书将自移事件中的"Figure"称为
"位移主体"，致移事件中的施动者称为"致移主体"，致移事件中的受动者称为"位移客体"。

Talmy考察了上述语义要素通过哪些表层元素来表达，并发现多数情况下不是一一对应的关系。例如：

多个语义元素→单个表层元素

单个语义元素→多个表层元素

同类的语义元素→不同类的表层元素

不同类的语义元素→同类的表层元素

根据这些关系，Talmy总结了一系列的普遍原则和语言类型模式，并根据［路径］是由动词编码还是由附加语编码，将世界上的语言划分为动词框架语言（verb-framed languages）和附加语框架语言（satellite-framed languages）。在一个位移事件中，动词框架语言（V型语言）主要由动词来表达核心图式（路径信息），而附加语框架语言（S型语言）主要由附加语来表达核心图式。因此，语义元素［路径］与表层元素动词或附加语（如汉语的趋向动词）的表达形式之间的关系是观察不同语言类型差异的重要依据。

运动事件包括运动及持续性静止的情景，本书考察的位移事件是运动情景中的一类，运动事件框架理论对本书的解释具有理论指导意义。

1.4.2　语序类型与形态类型

Greenberg（1963/1966）开创了当代语言类型学研究的先河，主要研究了与语序有关的多种语言的语法共性，用"优势（dominance）"与"和谐（harmony）"两个概念解释语序蕴含共性，并根据句子中S、O、V三个成分的排列顺序将世界上的语言分为三大类：VSO型、SVO型和SOV型。其中，VSO型语言的类型制约性比较强，只允许出现前置词，而且形容词定语必须后置；SOV型语言几乎不使用前置词，形容词可前可后；SVO型语言是最不稳定的类型，既有使用前置词的，也有使用后置词的，形容词既可在前也可在后。

汉语被多数学者认定为SVO型语言，但是金立鑫、于秀金（2012）对现代汉语普通话的语序类型进行了分析，发现现代汉语的基本语序是典型的OV-VO混合型语言，这种混合类型使得汉语的语序更加丰富。西班牙语是比较典型的SVO型语言，遵守了多数SVO型语言的语法特征，但是在某些因素的影响下，也会打破优势语序，距离象似性原则（distance iconicity）、重成分后置原则（heaviness principle）、突显原则（principle of prominence）等都是影响西班牙语语序变化的因素。从语序类型的视角出发更易解释汉西语位移事件表达中语序差异的原因。

如前文所述，语序在所有的语言里都存在，但是形态不一定都存在。通常汉语被认为是没有形态变化的语言，而西班牙语是富有形态变化的语言，因此汉西语位移表达的对比离不开形态类型的理论支撑。

Greenberg（1960）运用美国结构主义的分析方法，量化了形态类型的分类。他根据语素和词的比率来描述语言的形态类型，这个比率就是综合度，也是词的大体复杂度。按照综合度的高低，语言可被分为综合型和分析型两类，但是没有一种语言纯粹属于某种语言类型。如果将综合度看成一个连续统，形态极其丰富的语言结构是完全的综合型，没有形态的语言结构是完全的分析型，世界上多数语言都处在这个连续统上的某个位置。

综合型语言主要通过词形屈折变化及词根与词缀的紧密结合来表示句法关系；分析型语言主要是通过语法功能词、虚词及语序来表示语法关系。戴庆厦（2020）在讨论分析型语言研究法的建构时指出："分析型语言具有单音节性、缺少形态变化、语序固定、虚词发达、韵律丰富等特点，它不同于形态丰富的印欧语系，也不同于词缀丰富的阿尔泰语系。比如，属于形态丰富的印欧语，具有多音节性、形态变化丰富、语序不甚固定、虚词不甚发达等特点。语言类型的特点，决定其结构特点和演变特点。"

根据此形态类型的分类，观察语言事实可以发现，汉语分析型语言的特征比较明显，主要靠虚词和语序来表达语法关系；西班牙语更具有综合型语言的特征，形态变化丰富，语序不甚固定，常通过词形的屈折变化来表示语法关系。还有学者认为，位移事件表达中，多个语义要素分别由不同形式编码的属于分析型语言，如汉语"下船"；由一个形式编码的属于综合型语言，如西语"desembarcar（下船）"。形态类型的差异使得汉西语位移事件中位移路径动词、位移方式动词、致移动词的表达形式也有很大的差异。

1.4.3 "有界"与"无界"

界态是人类认知中的一个重要范畴，无论是在时间域还是在空间域都有很重要的影响。Langacker（1987）认为名词、动词、形容词或副词都可以从"界"的角度来分析。名词可分为有界名词（可数名词）和无界名词（不可数名词），动词可分为表征完成的有界动词或未完成的无界动词。按照此分类方式，位移动词也有有界与无界之分。Jackendoff（1990）提出"界态（boundeness）"是适用于事物、事件、过程等的普遍概念结构特征。界态特征属于体貌特征的一种，Jackendoff（1991）发现了一个体貌描写系统，可以作为概念结构表征的一部分。这个系统允许在形式上抓取事件和一个确指的概念要素的体貌关系。体貌维度特征有三个方面：界态特征用以区分实体是否有空间或时间的界线；指向特征用以区分实体是否有内在指向；维度特征指实体的维度构成的信息，零维（点）、一维（线）、二维（面）、三维（空间）。

Talmy（2000）也认为界态是构形的重要范畴，有界和无界是两个重要的特征值，概念结构的有界和无界特征也投射在语法层面。沈家煊（1995）认为人们对事物或事件界态特征的认识是主观认知的概念结构构形系统，对同一事物或事件界态的不同识解影响了语言的表层结构。位移事件中，路径补语的界态影响了路径动词和方式动词，尽管这两类动词在终结性标准上有所不同；参照背景的界态识解影响了汉语方位词的编码。因此，位移动词的选用及构向的编码形式等都与界态有着密切的关系。位移事件表达的体貌界态现象十分复杂，也是对比分析汉西语位移事件表达的重要理论基础。

1.5　研究方法及语料来源

1.5.1　研究方法

本书在语义特征分析法和对比分析法的基础上，主要采用了描写与解释相结合、定性与定量相结合的研究方法。

1.5.1.1　语义特征分析与对比分析相结合

本书以汉西语现实位移事件表达为跨语言可比事实，对选取语料进行了归纳概括、分类总结，对比汉西语的异同，通过西班牙语的位移事件表达反观汉语的特点。具体而言，先对汉西语位移动词进行了语义特征对比分析，探索两种语言位移表征的异同；然后对汉西语位移事件的语言表达层面进行了全面系统的对比分析，进而挖掘两种语言位移事件表达的规律性特征。

1.5.1.2 描写与解释相结合

在语言的对比研究中，描写与解释是相辅相成、不可或缺的两个重要步骤。描写是找出语言异同的基础，解释是对描写的深化认识。本书分别对汉西语现实位移事件中的位移动词表征和位移事件句的语言表达进行了细致、客观的描写，归纳出相同点和不同点，再从认知语言学的视角，结合类型学的理论，着重解释了两种语言产生位移表达差异的原因。

1.5.1.3 定性与定量相结合

语言的对比研究是十分复杂的，难免会将主观性的定性对比研究与比较客观的定量对比研究相结合，可以使研究结果更具有说服力。本书对平行语料库中的语言事实用文字语言进行描写后进行对比分析，找出了汉西语位移表征与表达的异同，并对产生异同的原因作出了合理的解释。与此同时，力求定性与定量相结合，用更多的语料统计汉西语不同概念要素出现的频率、表达层面不同的组合方式分布比例等，以充分验证两种语言各自的特点，进而证明解释的客观性、科学性与合理性。

1.5.2 语料来源

首先，平行语料库是语言对比研究的基石，为了尽量避免语料的不平衡性，本书选取了10部不同译者、不同译向的中西文互译小说，从中选取了现实位移事件句进行描写及对比分析。这些小说均采用叙事体，具有故事性强、现实位移较多的特点，也是获得过不同程度奖项的文学作品，其中有6部由汉语翻译成西班牙语的作品，3部由西班牙语翻译成汉语的作品，1部由法语翻译成汉语和西班牙语的作品。由于研究对象为西班牙的西班牙语，因此中文作品的西班牙语译本均为西班牙出版社出版的作品，西班牙语原著也为西班牙作家的作品（详见下文）。

总计中文小说字数为2 459 304字，西文小说为1 411 483词，从中筛选出汉西语现实位移事件句共4 913例，用于对比分析。

其次，在描写与验证汉西语位移事件表征及表达差异时，大量语料选自北京大学中国语言学研究中心CCL语料库、北京语言大学语言智能研究院BCC

语料库、西班牙皇家语言学院CORPES语料库、商务印书馆出版的《新时代西汉大词典》等，也有少量无争议的自省例句。由于例句较多，篇幅有限，文中不一一标出语料出处。

此外，文中汉西语位移事件表达形式中字母及符号的注释如下：

Adv：副词（adverbio）

L：方位词（locación）

LA：副词短语（locución adverbial）

G：副动词（gerundio）

PA：宾格代词（pronombre acusativo）

PD：与格代词（pronombre dativo）

p.p.：过去分词（participio pasivo）

*：标记不可接受的句子

由汉语翻译成西班牙语的作品为：

（1）阎连科，劳马，周嘉宁，等. 西行西行［M］. 北京：人民文学出版社，2010.

Yan Lianke, Lao Ma, Zhou Jianing, Zhang Yueran, Chen Zhongyi, Traducción de Taciana Fisac y Xu Lei. *Viaje a Xibanya*. Madrid：Siglo XXI de España Editores, S. A., 2010.

（2）莫言. 蛙［M］. 杭州：浙江文艺出版社，2017.

Mo Yan, Traducción de Li Yifan, *Rana*. Madrid：Kailas Editorial, 2011.

（3）刘慈欣. 流浪地球［M］. 武汉：长江文艺出版社，2008.

Liu Cixin, Traducción de Javier Altayó, *La Tierra errante*. Editor digital：Watcher, 2020.

（4）刘慈欣. 三体［M］. 重庆：重庆出版社，2008.

Liu Cixin, Traducción del chino Javier Altayó, *El problema de los tres cuerpos*. Ediciones B, S.A., 2016.

（5）刘慈欣. 三体Ⅱ·黑暗森林［M］. 重庆：重庆出版社，2008.

Liu Cixin，Traducción del chino Javier Altayó y Feng Jianguo，*El bosque oscuro*. Barcelona：Network S.L.，2017.

（6）刘慈欣. 三体Ⅲ·死神永生［M］. 重庆：重庆出版社，2010.

Liu Cixin，Traducción de Agustín Alepuz Morales，*El fin de la muerte*. Editor digital：Watcher，2020.

由西班牙语翻译成汉语的作品为：

（1）杜埃尼亚斯. 时间的针脚［M］. 罗秀，译. 海口：南海出版公司，2012.

María Dueñas. *El Tiempo Entre Costuras*. Madrid：Planeta Ediciones，2009.

（2）塞万提斯. 堂吉诃德（上）［M］. 杨绛，译. 北京：人民文学出版社，2015.

Miguel de Cervantes Saavedra. *El ingenioso hidalgo Don Quijote de la Mancha I*. Barcelona：Castalia Ediciones，2010.

（3）塞万提斯. 堂吉诃德（下）［M］. 杨绛，译. 北京：人民文学出版社，2015.

Miguel de Cervantes Saavedra. *El ingenioso hidalgo Don Quijote de la Mancha II*. Barcelona：Castalia Ediciones，2010.

由法语翻译成汉语和西班牙语的作品为：

戴思杰. 巴尔扎克与中国小裁缝［M］. 余中先，译. 北京：北京十月文艺出版社，2003.

Dai Sijie，*Balzac y la joven costurera china*. Barcelona：Salamandra，2016.

第2章　汉西语位移事件表达研究综述

空间位移活动是人类最基本的经验活动之一，目前认知语言学领域、对比语言学领域、二语习得领域对位移事件的研究成果很丰硕。关于汉语位移事件的研究，学界主要从类型学视角探讨其类型归属及基于词汇化类型学理论探讨汉语位移事件的表达。关于西班牙语位移事件的研究，主要集中在从词汇语义的角度研究西班牙语位移动词及西班牙语位移事件在对外西班牙语教学中的状况。汉外对比主要集中在汉英位移事件词汇化模式及与其他语言在语义要素表达上的差异。这些研究成果对本书的研究具有很大的参考价值。

2.1　汉语位移事件表达研究

汉语位移事件的研究是近年来学界的研究热点。主要是在Talmy（1985，2000）和Slobin（2004）的位移事件结构的语言类型学理论框架下进行的研究，内容集中在对汉语位移事件的词汇化类型的归属问题及汉语位移事件表达形式的研究上。

2.1.1　汉语位移事件的词汇化类型归属之争

Talmy在词汇化模式的研究中将汉语归为卫星框架语言，但是众多学者在观察汉语位移事件路径概念表达特征时，发现汉语的位移事件词汇化类型并非和Talmy所描述的一致。有的学者认为汉语是"卫星框架语言"，但是属于非典型的"卫星框架语言"。Li（1993）认为现代汉语动趋式中V_2（路径）是V_1（方式）的附加语，所以汉语是卫星框架语言。同意此观点的学者主要有沈家煊（2003）、Peyraube（2006）。沈家煊（2003）考察了汉语"动补结构"的类型学特征，因为汉语位移事件的路径概念常由动补结构表达，所以在考察汉语动补结构中哪个成分是核心语哪个是附加语时，发现汉语具有"卫星框架语言"的特征多一些，但不是典型的"附加语框架语言"。徐英萍（2009）借助运动事件框架理论对俄汉语言类型归属进行了研究，通过俄汉语运动事件成分构造、路径标志功能及属性等方面的对比分析，提出并论证了汉语属于类卫星框架语言而俄语属于混合框架语言的观点。刘岩（2011）、史文磊（2012）、刘礼进（2014）等也针对汉语位移事件的词汇化类型进行了探究。其中，刘岩（2011）从历时角度考察了汉语位移事件的词汇化类型，得出的结论是：上古汉语呈现出V型语言的特征，而现代汉语是S型语言的词汇化模式。史文磊（2012）也从历时角度对汉语的词汇类型进行了分析，他认为虽然现代汉语表现出了S型语言词汇化特征的倾向性，但是也要承认汉语本身词汇化结构类型的多样性，要注意到语言类型的历时变化性。李天宇（2020）提出，史文磊在著作中在直接引用前人关于路径动词数量的基础上就倾向于将现代汉语判定为S型的论断信度不够，认为汉语中路径动词应依据Lin（2011）列举的两个标准和Chu（2004）所列出的五种路径进行判断。而刘礼进（2014）对汉语自然语料中的位移事件做了实证考察，结果证明，汉语多半使用趋向补语作"附加语"来编码位移路径，用主动词表达路径的情况较少，因而可以说汉语主要是一种"附加语类型结构比重较高的语言"。

Slobin和Hoiting（1994）认为汉语是一种"复杂的V构架语言"，因为汉语的路径有时由一个独立的动词来表达，有时汉语像连动式语言一样，其路径由连动复合动词（V_1V_2），即动趋式来表达。Tai（2003）根据汉语路径动词可以单独作核心动词用，认为汉语是以V构架为主、S构架为辅的语言，即倾向于认为汉语是V型语言。

还有学者在考察汉语位移事件词汇化类型时，认为汉语是E型语言，即广义均等框架语言。Slobin（2004）指出"汉语等连动式语言可能是居于S型语言和V型语言之间，代表第3种词汇化类型"。Ameka和James（2013）也认为连动式语言与S型语言和V型语言都有某些共同点，但又有其自身的特征，不宜简单地归入S型语言或V型语言。Slobin（2004）认为它们属于第三类，并命名为"均等框架语言"。罗杏焕（2008）通过对英汉位移事件词汇化类型的探讨，认为汉语不是典型的附加语框架语言，而是均等构架语言。阚哲华（2010）以汉语位移事件路径概念表达形式之动趋式中作补语的词是动词而不是附加语为突破口对汉语位移事件词汇化类型做了探究，在Slobin（2004）研究的基础上，指出汉语属于广义的均等框架语言。所谓"均等框架"既可以指位移方式/原因动词和路径动词具有均等的词法–句法分量，也可以指二者分别充当句子谓语中心词的机会几乎均等，而汉语恰好符合前后两个条件，所以阚哲华将汉语归为广义的均等框架语言，并进行了相关论证。

而Croft等人（2010）则认为汉语应属于serial型，即连动类型，因为汉语中大量使用如"跑进"等内部结构均为可独立使用的动词。

位移事件在语言类型划分上经历了"二分—三分—四分"的细化，汉语的类型定义经历了"S型—V型—E型—serial型"的变化。到目前为止，学界关于汉语位移事件的类型归属仍未有统一的定论。李福印（2017）建议对现代汉语不同的语域做详尽的语言分析进而寻找规律，不建议用S型语言或V型语言这样笼统的概念定性汉语。笔者也认为还需对路径动词和综合性动词重新进行判定，并通过更多的大量的语料来验证汉语的类型归属。

2.1.2　汉语位移事件表达形式研究

随着Talmy位移事件词汇化类型理论研究的深入，学界的研究开始不只局限于汉语位移事件词汇化类型的归属问题，而是着手分析汉语位移事件中各个语义要素的表达形式研究。

在位移事件中，路径信息是核心。目前，学界关于汉语位移事件中路径信息编码形式的研究成果有很多。韩大伟（2007）以Talmy的"路径复合体"概念框架理论和齐沪扬的空间系统理论框架为基础，从表达"路径"含义的"矢量、同构、方向、维度、视角"五种语义成分出发，分析英、汉隐喻运动词汇化模式，结果发现汉语表达路径含义的词汇化模式以动词（主动词和趋向动词）为典型，兼有介词和方位词的参与。史文磊（2014：168）在Talmy的研究成果基础上，按照汉语的特点将路径细分为矢量、构向、路向、维度、视角等语义成分，为汉语的位移事件研究提供了更加具体的研究维度。范立珂（2013）针对汉语位移事件表达方式进行了详尽深入的研究，她基于前人对路径概念语义的研究界定"路径"的概念就是主体位移后留下的轨迹，是位移事件框架的核心，并对汉语位移事件路径编码的形式做了进一步分析和总结，认为汉语路径编码的形式是多样的，可以由动词编码，也可以由介词编码，还可以由框式结构编码。丁萍（2014）基于动趋式是现代汉语用来表达位移事件的主要形式，选取了矢量为"离开"的"V+出、V+起来、V+开"三个动趋式作为研究对象，讨论了动趋式与位移事件表达相关的一系列问题，如典型位移句与非典型位移句的区别及其事件结构差异、根据位移路径的特征对位移事件进行类型划分、不同类型的位移动词在位移事件中充当的事件成分、位移事件的取景方式、位移事件的体貌特征、趋向补语的语义演变与其表不同事件类型之间的关系、不同的事件类型对述语动词的选择限制机制等。曾传禄（2014）对汉语位移事件的表达式进行了系统的论述。他将位移事件的表达方式分为两大类，即简单表达式和复杂表达式。李福印（2017）通过实证研究搜集了描述三类典型位移性运动事件的口语语料（火灾逃生、矿难升井、火山爆发）。通过实证获取的语料对现代汉语路径语义要素的词汇化模式进行了研究。发现汉语位移事件路径概念的表征形式既有附加语框架语言的特征，又有动词框架语言的特征。

上述研究成果均是关于汉语位移事件路径概念信息表达形式的研究，主要是位移动词、动趋式、动词+介词（表位移方向的介词）结构及介词短语结构等，奠定了位移路径表达形式研究的基础。

汉语位移事件框架还包括［主体］［移动］［背景］［方式］［原因］等语义成分。但是目前汉语学界针对位移事件中的这几个概念成分表达形式的研究成果并不多。范立珂（2013）对汉语位移事件框架组成的各个语义成分的表达形式做了细致全面的研究。研究表明，在大量的汉语位移句中，背景概念一般会表征为主体在位移过程中经过的一个点，语言表达形式主要有名词、代词或方所词。除了主体和背景概念表达形式的研究，范文对位移事件中运动概念编码进行了分析。汉语位移事件中运动概念没有独立的表层编码形式，而是结合路径、方式、原因等概念编码在词汇中，而且运动概念的编码与表层形式不是一对一的关系，这为位移事件表达方式的研究提供了新的视角。

Talmy认为方式是位移事件中伴随主体运动的一种附加特征。在汉语位移事件中，方式概念表达一般融会在位移动词中，如"走、跑、冲"这样的位移动词中已经融合了位移的方式。目前学界关于位移方式的概念界定没有统一的说法。汉语关于位移事件中方式概念表达形式的研究也不多见。周领顺（2011）分析了汉语移动动词中的方式动词词元激活某些框架元素的内在规律。研究发现，方式动词有层级之分。层级高，描写性就强，描写性越强，叙事性（过程性、移动性）就越弱，表现移动事件图式节点的可能性就越小，反之亦然。移动方式词元的叙事性和描写性程度的强弱直接作用于框架元素的共现和选择机制。该研究开创了位移方式动词研究的新视角，也为汉外位移方式动词的对比提供了很好的理论依据。刘岩（2013）对汉语位移事件表达中的方式动词进行了研究，认为方式的概念比较宽泛，现代汉语的方式动词主要表达与事件相关的方式，很少表达与主体相关的方式，且方式动词从不以卫星的形式出现，是现代汉语同其他卫星框架语言的差异。

随着研究的深入，学界关于汉语位移事件表达形式的研究越来越细化、全面，为本书研究汉西语位移事件表达形式对比提供了可借鉴性的成果。但是上述研究对位移事件各个概念成分表达形式的研究呈现出不均衡的局面，研究成果主要集中在对路径概念信息表达形式的研究上，而其他语义要素表达形式研究比较薄弱。这些现有的研究成果有利于我们更好地研究汉西语位移事件表达形式的异同，位移事件语义要素表达形式研究相对薄弱的方面，既给我们的研究带来了挑战，也为我们的研究拓宽了领域。

2.2　西班牙语位移事件表达研究

西班牙语的位移事件类型也是学界研究的热点，对其类型归属的研究基本得到了学者们的一致认同，认为其属于动词框架语言。根据收集到的文献，对西班牙语位移事件的研究主要集中在对西班牙语位移事件类型的研究及位移事件中位移动词的研究上。

2.2.1　西班牙语位移事件的词汇化类型

西班牙语被学者们认为是典型的V型语言。对西班牙语位移事件类型的归属做出最大贡献的是Talmy（1985，2000）及Slobin和Hoiting（1994），他们都根据位移事件框架理论分析得出西班牙语是V型语言的结论。Aske（1989）通过西班牙语和英语的单个小句的位移事件表达对比，首次对Talmy理论中西班牙语类型的划分提出了质疑，指出西班牙语也有附加语构架模式，其限制条件为非目标到达型路径可由附加语表达；Slobin（1996）考察了一系列路径的位移事件表达，提出西班牙语也可以用方式词汇化模式的动词和附加语构架结构表达非边界跨越位移事件。上述学者对Talmy的理论进行了补充，提出了西班牙语语言类型的一些特例，但是没有改变西班牙语是典型的V型语言的结论，他们对"终结性"和"界态"特征的解释视角具有跨语言普遍性，为西班牙语位移事件的研究提供了启示。也有学者对部分欧洲语言进行了比较研究，发现西班牙语、法语、意大利语都是"强"动词框架语言。Ameka和James（2013）认为动词序列语言对Talmy的类型学提出了挑战，因为它们在有限动词中表达路径和方式的共事件，这些动词在位移从句中共同充当单个谓词，有数据表明，动词序列语言在某些属性上表现为动词框架语言，在其他属性上表现为卫星框架语言。这项研究为类型学的修订提供了素材，现在这种语言被称为均等框架语言，但其研究表明西班牙语仍是动词框架语言。

2.2.2　西班牙语位移动词

除西班牙语位移事件的词汇化类型研究外，更多学者从词汇语义的角度对西班牙语的位移动词进行了研究。Morimoto（2000）基于词汇概念结构的视角解释了西班牙语路径动词和方式动词的语义并分析了语义和句法之间的关系，为西班牙语位移事件的研究提供了研究范式。Cuartero（2008）从体类型的视角，分析了100个西班牙语位移动词，提出了一种根据动词"体"的不同类型对动词结构进行更准确分类的方法，试图说明扩展传统位移动词词汇的必要性，也为西班牙语位移动词的进一步研究提供了新的视角。Demonte（2011）从词汇语义的角度分析了路径语义成分，强调了介词的重要性，指出介词决定运动事件句的句法和表达，并对固有定向运动动词和方式运动动词进行了词汇语义分析，对方向动词进行了分类。Ibarretxe-Antuñano、Hijazo、Mendo（2017）从认知语言学及其在ELE（西班牙语作为第二外语教学）中的应用分析了介词的多义性，尤其是"por"和"para"，研究表明介词使用的积极组织有助于二语习得。Miranda（2017）研究了西班牙语位移动词以解码其词汇化模式，即语义成分和/或句法结构的直接组合形式。她认为不同的语言用来表达位移的动词是基本固定的，没有必要在不同的语言中找到语义对等的动词，而是要指出不同语言词汇化概念的共性来帮助学生理解西班牙语。这些研究不仅丰富了西班牙语的语法语义研究，更为西班牙语二语教学提供了参考。

还有学者对西班牙语和其他语言的位移动词进行了对比研究，为西班牙语的二语教学及语言互译提供了参考。Galán Rodríguez（1993）研究了德西位移动词的对比，研究表明德语翻译成西班牙语时需要加很多补语来表达一个德语概念；西班牙语更多用单独路径动词表达方向和隐喻运动，这些动词缺少类型标记；而德语位移的类型标记已在动词之中，用来明确指明位移的方式。前缀在西班牙语动词里没有积极的作用；而德语的前缀不仅决定了运动的方向，还决定了动词与主语的搭配。德语的副词分为静态副词和动态副词，而西班牙语中只是加强前置词的使用。总之，西班牙语动词大多在抽象层面就可以使用，而德语动词更加具体化，更具有积极性。Rojo和Valenzuela（2003）对英语和西班牙语中的虚拟位移表达进行了对比分析，目的在于了解在英西语的运动表达中的差异是否也适用于虚构位移，检验松本刚明报告的英日语的异同是否也适用于英语和西班牙语。文中详细介绍了英语和西班牙语中位移表达的异同，进一步研究了英西虚拟运动表达，重点研究了译者在将英语中的虚拟运动表达形式呈现成西班牙语时所使用的策略。Björkvall（2012）通过不同时代西班牙文学作品中的瑞典语翻译来研究位移动词的语义，其研究结果表明，原文与译文在方式动词的含义上存在着很大的差异，翻译的方式往往在所有的书中消失了很大一部分，然而在不同类型的出版物中，成人读物是翻译空白最少的书籍。Sánchez Presa（2015）从词汇语义的角度对比了西班牙语和斯洛伐克语中的运动动词"来、去、带来、带去"，发现斯洛伐克语更注重动作发生是单向还是往返，乘交通工具还是步行等运动方式，而西班牙语更注重运动的过程、方向的指向性，更重要的是说话人和听话人的位置。这既为西班牙语指示动词的教学提供了参考，也为斯洛伐克语是卫星框架语言而西班牙语是动词框架语言提供了实证。上述文章丰富了西班牙语位移事件研究的范围，不仅有现实位移，也有虚拟位移，不仅分析语法，还研究翻译策略。

　　Luo（2016）从亚词汇意义及语义扩展的角度对比了汉西语位移动词，涉及的动词有西班牙语的"salir（出）"和"entrar（进）"及其对应的汉语"出"和"进/入"，不局限于现实位移事件，提出了亚词汇语义扩展模型，为其他位移动词的研究提供了新的研究范式。Chen（2018）通过中、英、西小说中的位移事件及其翻译将汉西语位移事件的词汇化模式进行了对比，发现副词路径可作为西班牙语的路径卫星语素，解释了中文常用［方式/原因］而西语缺失［方式/原因］的原因，并关注路径在翻译中的应用。上述两篇汉西语位移事件对比的论文分别对微观的位移动词语义和宏观的位移事件词汇化模式进行了研究，为汉西语位移事件的对比做出了贡献。但文中对汉西语位移事件的各概念要素的描写与解释还有待进一步补充，如各概念要素在汉西语位移动词的表征中有怎样的异同，各概念要素进入事件表达时如何组合，组合时各自应遵循什么样的句法、语义规则，遵守什么样的认知机制，文中没有过多涉及，这给本书的研究留下了很多空间。

2.3　汉外语位移事件表达对比研究

　　以Talmy的运动事件框架理论及词汇化模式类型为基础对汉语与其他语言的位移事件进行对比分析的研究有很多。其中，汉英双语对比研究比较多。有学者将汉语和不同语种的位移事件词汇化模式进行了对比；有学者从位移事件中不同语义要素的表达形式出发对汉语和其他语言的差异性做了对比分析；也有学者从宏事件的视角研究了位移事件的切分与表征；还有学者从汉外语位移事件应用方面进行了对比研究。这些研究成果对本书的研究具有很大的参考价值。

2.3.1　汉外语位移事件词汇化模式对比

　　学者们从整体的角度对位移事件的词汇化模式类型进行了对比研究。严辰松（1998）比较了英语和汉语有关运动和状态的词汇化模式，发现英汉使用的手段相似，如英汉动词都同时表示动作+方式/原因、英汉都用外围成分表达动作的方向等，但是英汉运动事件在表达相同概念语义时也存在差异，汉语在表达路径方面不如英语精细，两种语言合并方式从整体上看较为相似，然而在一些具体动词的对应上还存在差异，为汉外语位移事件对比提供了新的角度。邵志洪（2006）对比研究了英汉运动事件框架表达，包括方式和运动的表达和途径的表达，及其对英汉叙述文体修辞风格的影响，旨在将认知语言学事件框架概念运用于英汉语言对比和英汉叙述文体修辞风格对比，为研究英汉叙述语篇与翻译风格提供了一种新的视角和新的方法。

罗杏焕（2008）认为与英语等典型的附加语构架语言相比，汉语路径的编码方式要复杂得多。在连续的位移表达中，汉语采用［运动1＋途径1］［运动2＋途径2］……的表达式，英语则采用［运动］＋［途径1＋途径2］……的表达法，汉语趋向动词既可与其他趋向动词组合使用，也可单用，还可同路径动词连用，作者认为汉语不是典型的附加语构架语言，更接近于并列构架语言。周长银、黄银鸿（2012）从句法结构和词汇语义结构两方面对英汉运动事件框架进行了对比研究，总结了英汉运动事件框架结构表征的异同，认为动趋式是汉语运动事件在句法结构上采用的典型表达方式，在词汇语义结构上英语的方式动词较丰富，在表达运动事件时多使用方式移动动词，而较少使用路径移动动词，汉语则两者皆可。Slobin（2004）将德语归为"high-manner-salient languages"，对比两组受试者的数据发现，大部分德语方式动词都可以在汉语里找到明确的对应词。此外，在表达如"爬出瓶子""飞出树洞"这类跨界运动时，汉语需要使用连动结构，而德语则可以使用单个动词。这些对比研究对进一步了解汉外语位移事件的词汇化模式类型具有积极的意义。

2.3.2　汉外语位移事件语义要素表达形式对比

除了从位移事件整体的角度出发，学者们还进行了位移事件语义要素词汇化模式的对比，主要探讨位移事件语义要素与形式之间的映射，这是汉外语位移事件表达对比最重要的研究内容，也是2010年前国内研究的主要关注点。

2.3.2.1　［路径］表达形式研究

［路径］是位移事件表达的核心语义成分，更多学者也将目光聚焦于汉外［路径］概念表达的异同。总体而言，表达路径概念的主要方式有：融合在

运动动词中；以附加语的形式出现；以其他介词短语的形式出现。这三种手段在英汉语中均有所表现，但在具体使用时表现出差异。

黄月华、李应洪（2009）考察了汉英两种语言中路径概念的词汇化模式，认为两种语言的路径概念都可以路径动词和路径介词或副词的形式出现。在此基础上进一步区分了汉语趋向动词与其他路径动词间的异同。吴建伟（2009）对英汉运动事件路径语义的表达方式及特点进行了考察，通过对英汉路径动词、空间介词、无背衬和有背衬小句及有背衬动词提挈背衬数目的对比分析，修正了Talmy对汉语所持的观点，认为汉语更接近动词框架语言。张建芳、李雪（2012）对汉英移动事件中路径成分的词汇化形式进行了对比研究，认为附加语、动词和介词短语是汉英表达路径概念的共同语法手段，但两种语言间也存在一些差异，通过语料分析得出英语大多数移动事件多使用附加语而非主要动词来表达路径概念，汉语以路径动词作为主要谓语动词的表达法和"方式动词＋趋向补语"的表达法经常交替使用，二者都是汉语描述移动事件的常用表达法。差异产生的原因主要是由汉语趋向补语的语法属性和使用位置的复杂性引起的，作者认为汉语趋向补语不属于动词范畴，应该归为小品词类的趋向副词或介词范畴，这一观点为汉语路径动词的研究提供了新的思考方向。

Talmy 将词汇化模式为［运动+路径］的动词称为路径动词，他认为英汉语都以方式动词为主，但学者们考察发现两种语言都存在一些表达相同语义范畴的路径动词，如英语的 enter、ascend、rise、pass；汉语的"下降、上升、落、去、回"等。只是英语的路径动词多借自法语或罗曼语，与方式动词相比，使用频率较低；而汉语的路径动词大多来自古汉语，使用频率较英语高。英汉以介词短语表达［路径］概念时也存在差异，英语表达路径的介词短语通常放在运动动词后，汉语则通常置于运动动词前。英汉语表达［路径］概念使用最多的无疑是附加语形式，但两种语言附加语表现不一：英语中的附加语主要指动词后的小品词，即构成动词短语的介词或副词，如 in、out、up、down、on、off、along 等，而汉语则主要是趋向动词"上、下、进来、回来"等（周长银、黄银鸿，2012）。

前几位学者主要以自主位移事件为切入点，对汉语位移事件路径表达进行了较为详细的论述。张建理、骆蓉（2014）从较为特殊的致使移动事件入手，运用认知构式语法对英汉语的致使位移构式进行探讨，发现英语倾向于使用分析性较小压制力较大的构式，而汉语则正好相反。骆蓉（2018）通过英汉比较发现，在表达致使位移时，汉语主要使用趋向动词或其他路径动词表达路径概念，英语则多选用介副词表达路径信息。英语路径表达较汉语严格精确、分工明确，汉语趋向动词语义包容性更强且用法灵活。郑国锋、刘佳欢（2022）以叙事文本为例对比了英汉语致使位移事件路径的表达。无论是构式的探讨还是路径的表达，都为致移事件的研究提供了宝贵的参考。

2.3.2.2　［方式］表达形式研究

英汉语［方式］概念常与［运动］概念合并，融合为方式动词表达，汉语和英语都有相当数量的表示一般［方式］的动词，这一点两种语言具有一致性。但比较而言，汉语的方式运动动词较英语少，特别是在表达精细方式时，汉语不及英语，所以汉语使用者通常借助状语等形式来补充表达［方式］（严辰松，1998）。为使对比更精细化，有学者对位移事件某一动词小类的词汇化模式进行考察。罗思明（2007）对英汉"缓步"类动词的词汇化模式进行了详细考察，指出 Talmy 提出的英汉运动事件动词词汇化模式为"动作+方式或原因"之说并不全面，应归结为"动作＋方式（原因）＋X"，即都在"动作+方式（原因）"外有外围语义成分 X，X 可为情态、目的、距离、时间、结果、方向等，且英语中 X 的语义内容和数量远比汉语丰富。这些研究从微观入手，对 Talmy 总结的英汉运动动词词汇化模式进行了修正和补充。李雪、白解红（2009）发现英汉方式动词的共性表现为：存在许多表达相同语义范畴的方式动词。其差异主要表现为：汉语方式动词的类型远没有英语丰富，是由英汉对［方式］的概念化和词汇化方式不同所决定的。

2.3.2.3　［主体］和［背景］表达形式研究

相对于［路径］和［运动］要素，［主体］和［背景］要素在位移事件中并不是必有要素，时常因语境或语用的影响在句法中呈现出隐性的特征。

阚哲华（2010）以 *Frog, where are you?* 无字漫画中的部分图片为实验语料，收集了30份母语为汉语的成人语料，通过与 Slobin（2004）的研究比较发现，汉语无背景成分与英语存在极显著差异，而与西班牙语则无显著差异，倾向于每个位移动词充其量带一个背景成分，其他背景信息则由语境来推断，汉语具有比较明显的V型语言特征，从侧面对汉语类型的归属提供了数据论证。李雪（2011）基于Talmy移动事件框架理论及Chu（2004）移动主体和参照物的概念化原则，对比分析了汉英移动主体和参照物语言表达形式的共性和差异。研究表明，汉英语言表达都基本遵循"移动主体优先于参照物"的认知原则。笔者认为，在自主移动事件中汉英参照物表达位置的差异与认知方式、概念显现原则、语言特性及语用因素等有关。此外，由于人们对同一移动事件概念化的方式不同及言语者认知视角的不同，汉英两种语言在移动主体和参照物的表达方式上也存在违背上述原则的情况，此时移动主体多为不定指的人或事物。许子艳（2014）以*Frog Goes to Dinner*无字漫画书为实验材料，通过实验将统计结果与Slobin、阚哲华的研究结果进行了对比，发现汉语和英语在有背景句的使用上差异不明显，在无背景句的使用比例上低于西班牙语，接近英语；同时，在背景信息数量表达方面，汉语接近西班牙语，与英语相比较，汉语倾向在两个分句中分别表达起点和终点信息，经过点信息描述不明显，英语则同时表达起点和经过点，且使用者提供两个或以上背景信息的比率比汉语高很多，在背景表达上，汉语同时具有V型语言和S型语言的特征。郑国锋（2018）从移动体生命度、移动性、组合性及移动体与话题/主语的互动等四个方面对英汉语位移事件中的移动体进行了对比分析。

这些位移事件语义要素的对比研究结果为汉西语位移表达对比研究奠定了坚实的基础，无论从研究视角还是从研究手段来看，都值得借鉴。

2.3.3 宏事件特征视角下的位移事件切分与表征对比

早期国内研究者探讨运动事件多借用 Talmy 的运动事件理论，其理论主要按运动事件核心图式的表达把语言分成几种类型，但是大多数语言表达运动事件的结构都不止一种，因此有学者提出从构式的角度对位移事件类型进行新的切分，如 Bohnemeyer 提出的"宏事件特征"构式。他认为一个复杂的位移运动可以再分为开始、经过、到达三个子事件，"一个构式具备宏事件特征指当且仅当时间成分能够覆盖这个构式的所有子事件"（Bohnemeyer，2007：496）。如果说 Talmy 的理论注重空间在运动事件中的重要性，Bohnemeyer 则从时间的角度对位移事件的表达进行了更精细的说明。宏事件特征理论在国外关注度渐高，而国内运用这一理论的还比较少。目前从这个角度进行英汉运动事件对比的代表学者是郑国锋（2013；2014）。他通过自建英汉书面语平行语料库对比分析了英汉语使用者对位移运动事件的切分，发现英汉语大多将位移运动映射到"［离开］+［经过］"和"［经过］+［到达］"的概念结构上，因此两种语言使用者对位移运动事件的切分相似，只是相比而言汉语更严格遵守时间律（姜艳艳、陈万会，2019）。虽然仅通过考察位移事件表达中［路径］的数量对语言进行分类不够全面，但基于宏事件特征对英汉位移事件进行对比为这一研究指明了方向，今后可进一步对比汉外口语语料，充分挖掘两种语言具有宏事件特征的复杂运动事件的路径概念切分模式，以对语义类型特征进行比较。

2.3.4　汉外语位移事件表达的应用对比研究

2.3.4.1　汉外语位移事件表达与语言习得

汉外语位移事件的习得研究是位移事件应用研究的一个重要内容，这类研究重视实证，主要聚焦两方面的问题：一是对比母语使用者位移事件表征和发展情况；二是关注二语习得者运动事件的表达特征，探究母语特征对二语习得者运动事件表达的影响。

第一类研究以纪瑛琳等学者为代表，通过考察英汉语儿童对运动事件的表达，发现在空间表达方面汉语儿童语句比同龄英语儿童的语句信息密度高，汉语儿童的空间表达从3岁起即展现出某些与成人的空间表达极为相似的特征。这类研究揭示了母语的特点在语言习得中的重要作用，从动态角度窥视词汇化发展模式，为进一步明确语言类型归属提供了依据。

第二类研究主要解决三个问题：第一，母语特征是否会影响学习者使用第二语言表述位移事件；第二，学习者用第二语言进行位移事件表达时有何特点，位移事件中哪些语义要素更易受到母语特征的影响；第三，随着二语水平的提高，母语特征的影响是否会减小。对这些问题的研究又有两个立足点：中国英语学习者习得英语运动事件和汉语为第二语言学习者习得汉语运动事件。许子艳（2013），曾永红、白解红（2013），李恒、曹宇（2016）等通过对中国英语学习者和本族语者运动事件表达的对比，得出基本一致的结论：汉语的框架结构对路径表达习得存在迁移作用，中国英语学习者对［路径］语义更敏感。郝美玲、王芬（2015）则以汉语为第二语言的学习者作为考察对象，同样认为在［路径］描述上会受其母语语言类型的影响。但是在母语特征的影响是否会受到二语水平的调节这一问题上，研究者有不同观点。曾永红、白解红（2013）统计分析发现中高水平英语学习者在动词使用、背景描述等方面并无显著差异，但更多学者（管博，2012；郝美玲、王芬，2015）认为语言差异对真实位移运动事件表达的影响会随二语水平的提高而减小，二语发展水平是影响运动事件认知和加工的重要因素。钟书能、黄瑞芳（2017）实证研究证实，这个结论同样适用于非真实运动事件。此外，邓巧玲、李福印（2017）研究了外语环境下英语学习对汉语运动事件表达的负迁移，证实学习二语后不论水平高低，二语都会再反向影响一语的运动事件编码。

总之，上述研究多采用实证分析，侧面证实了不同类型语言的词汇化模式差异是二语习得者形成偏误的重要原因，从不同的角度厘清了二语学习者进行运动事件表述时的几个重要的理论问题，对二语教学和学习具有很好的启示作用。

2.3.4.2　汉外语位移事件表达对比与翻译

汉语与其他语言位移事件表征存在差异，给语际翻译带来了一定难度。由一种语言转化为另一种语言需要对原文进行解析和重组，实际上是一种再词汇化的过程。这方面的研究相对较少，研究者多以具体语篇为例，探讨英汉运动事件翻译过程中语义要素的保留和转换。

李雪（2008）对比了英汉移动动词的词汇化模式表现后发现，汉语表示方式的移动动词不如英语丰富，通过对比可见，译者采取的都是添加副词状语的办法来表达英语原文包含在动词中的方式信息，但其弊端是译文不如原文精练，而且过分突显了原文暗含在动词中的方式信息。译者有时也会采取另一种办法，即忽略原文动词中的部分方式信息，仅用表笼统方式的汉语动词来代替原文表具体方式的动词。汉语缺少对应的动词，在相应的译文中译者都以表笼统方式的动词来翻译，忽略包含在原文动词中的具体的方式信息。因为有上下文的衬托，即使省略这些信息，也不影响译文的质量和对原文效果的传达，此法比较可行。刘华文、李海清（2009）提出运动事件的翻译策略，除英译汉时要么添加副词状语，要么忽略英语原文动词中的部分方式信息，还有根据两种语言的特点，将语义要素打乱重新组合等。这些研究对位移事件的英汉互译具有很大的指导意义。

综上，目前学界在汉外语位移事件的对比研究中的外语研究对象不够丰富，且多为汉语与英语的对比，偶有德语、俄语、韩语、日语、越语、蒙语等；研究内容则对真实位移事件的对比研究较为成熟，对非真实运动事件的对比关注度有所上升；研究方法上由思辨描述向量化实证研究转变。汉外语位移事件对比仍有深入研究的空间，本书将基于大规模真实语料的数据驱动进一步加强汉西语位移表达对比的实证研究，以拓展研究范围和领域。

第3章　汉西语位移路径的表征及表达形式对比

　　Jackendoff（1983）在空间事件语义研究中指出语言表达既可指状态，也可指事件，例如英语介词短语在状态中表位置、在事件中表路径，并提出事物、位置、路径三个语义成分。按照Talmy（1985，2000）的运动事件框架理论，运动事件由焦点、背景、运动、路径四个基本成分和方式、原因两个外在成分构成，其中路径是位移事件的核心成分。Talmy（2000：53-57）的词汇化模式中，路径被看作一个复合体，它包含三个主要成分：矢量、构形和指示。这三类成分可以进行不同形式的并合，用一个词来词汇化，或者通过不同的表层形式的组合来表达。史文磊（2014：168）从矢量、构向、路向、维度和视角五个语义范畴对汉语路径进行了解读。

　　Ibáñez（2020）在Talmy（1985，2000）和Jackendoff（1983）的理论基础上，对西班牙语运动事件的语义要素进行了更细致的划分，包括动态要素：位移主体和致移主体（致使位移主体发生移动的要素）；位置要素：起点、经过点、终点、方位和参照物；内在特征要素：运动、移动[①]、方式、方向和位置变化等。

　　本书从位移事件语义要素的视角观察汉西语位移路径表征与表达的相同点和不同点，涉及的概念要素主要有［位移主体］、［背景］、［路径］（［矢量］［构向］［路向］［维度］［视角］）、［方向］和［方式］等。其中，背景是位移主体发生空间移动的参照框架，也可称为参照背景，本书将

---

　　①Ibáñez（2020）认为运动和移动/位移是比较容易混淆的两个概念，位移动词一定包含运动的概念，如"ir（去）"的概念结构为［运动+位移］，但是运动动词不一定包含位移的概念，如"girar（转动）"的概念结构为［运动+方式］。

参照背景具体分为起点背景（下<u>楼</u>）、经过点背景（过<u>河</u>）、终点背景（上<u>山</u>）及范围背景（跑在<u>街</u>上）。

由于语言类型和认知的差异，这些语义成分在汉西语位移表达中呈现出不同的组合方式。本书从位移路径动词的类型及特点、位移路径的表征及表达形式对汉西语位移路径进行对比分析，并进一步对位移路径表达的差异作出合理的解释。

3.1　汉西语位移路径动词概述

路径是位移主体相对于背景所经过的路径或所处的方位（Talmy，2000：25）。汉西语都可以通过多种方式表达路径概念，在自移事件中，位移路径动词是最常用的表达路径的形式之一。汉西语位移路径动词在表征和表达形式上既有相同点也有不同点。

3.1.1　汉语位移路径动词的类型及特点

位移路径动词（文中简称路径动词）是指具有［+方向］语义特征的自移动词（周领顺，2011）。现代汉语常用的路径动词有"来、去、上、下、进、出、回、过、起、开、到、上来、上去、下来、下去、进来、进去、出来、出去、回来、回去、过来、过去、起来"等。本书基于语料，将"来、去、上、下、进、出、回、过、上来、上去、下来、下去、进来、进去、出来、出去、回来、回去、过来、过去"等路径动词作为主要研究对象。

3.1.1.1　汉语位移路径动词的类型

汉语路径动词主要分为简单路径动词和复合路径动词。常用的简单路径动词有8个，分别为具有［指示义］的"来、去"和具有纯［路径义］的"上、下、进、出、回、过"，通常称前者为指示路径动词、后者为非指示路径动词；复合路径动词有12个，为"上来、上去、下来、下去、进来、进去、出来、出去、回来、回去、过来、过去"，具有［路径义+指示义］的特征。这些路径动词既可以单独表达位移事件，也可以位于动词后面表示位移的方向，汉语传统上称之为趋向动词[①]。路径动词比趋向动词的范围广泛，如"靠近、离开、前进、后退"等也属于路径动词，但并不是趋向动词。

3.1.1.2　汉语位移路径动词的特点

汉语不同类型的路径动词具有不同的表征特点和编码特点。

从路径动词表征的位移事件来看，汉语简单路径动词的语义具有较强的概括性。例如，"上"仅表征位移主体由低处到高处的位移，但是对于参照背景是终点背景还是经过点背景，并没有明确的表征；"进"表征位移主体由参照背景外部到其内部的位移，但是对于位移路径的［距离］及位移经过点的［性状］［位移力[②]］的大小等信息，其表征没有具体的刻画。此外，复合路径动词"上来、上去、下来、下去、进来、进去、出来、出去、回来、回去、过来、过去"除了表征"上、下、进、出、回、过"等［路径］，还用"来、去"同时表征言者的［主观视角］。但是西班牙语路径动词的表征与之不同，西语通常将不同的语义要素融合在一个路径动词之中，但一般不可融入［主观视角］。

汉语路径动词编码位移事件，其语法特点主要表现在与背景表达成分、位移主体表达成分组合时，$NP_{背景}$的句法位置、$NP_{位移主体}$的句法位置及构向编码形式等。

（一）$NP_{背景}$的句法位置受$V_{路径}$的类型限制

汉语路径动词的类型不同，$NP_{背景}$在句中的位置也有不同的限制。

指示路径动词"来、去"可以单独使用，也可与$NP_{起点}$或$NP_{终点}$共现，通常不与$NP_{经过点}$共现；$NP_{背景}$既可置于指示路径动词前，也可借助于介词置于其后。例如：

指示路径动词+背景　　　"我来中国了""他去西班牙了"

介词+背景+指示路径动词　"我从学校来""他到图书馆去"

非指示路径动词"上、下、进、出、回、过"表位移时，其后通常与

[①] "起、起来、开、开来、开去"也是汉语的趋向动词，但除了"起来"，单独编码位移事件的频率较低，因此本书未将其列入研究范围。由于本书是从位移事件对比汉西两种语言，为了便于对比取路径动词名称。

[②] 指位移主体移动时自身施力的大小。

NP$_{背景}$共现，"*我上""*他出""*我们过"并不自足，"我上山""他出城""我们过河"才能表达完整的位移事件。这些背景作为句中的处所宾语，表示物体位移的处所，可以是起点背景、经过点背景或终点背景。例如：

非指示路径动词+背景　　　"我上山""他出城""我们过河"

复合路径动词"上来、上去、下来、下去、进来、进去、出来、出去、回来、回去、过来、过去"表位移时可单独使用，NP$_{背景}$的句法位置有一定的限制，通常置于复合路径动词中间或者借助介词置于其前。例如：

非指示路径动词+背景+指示路径动词　"我上山来了""他进城去了"

介词+背景+复合路径动词　　　　　"我从山上下来""他从楼上下去"

可见，汉语"来、去"和"上、下、进、出、回、过"等简单路径动词后面直接可以出现NP$_{背景}$，充当句子的宾语，"来、去"也可不带宾语，但"上、下、进、出、回、过"表达位移时大都要带宾语，"上+宾语"是优选形式。而"上来、上去、下来、下去、进来、进去、出来、出去、回来、回去、过来、过去"等复合路径动词后面不可以直接出现NP$_{背景}$，NP$_{背景}$要放在复合路径动词的中间。NP$_{背景}$还可以由介词标引置于指示路径动词或复合路径动词之前，但不可置于非指示路径动词之前。

（二）NP$_{位移主体}$的句法位置受其有定性影响

NP$_{位移主体}$的位置既可在句首，也可在句尾。在句首置于路径动词之前时，位移主体通常具有有定特性，词语形式通常为专有名词、人称代词、光杆普通名词、"指+量+名"短语以及可识别实体的"数+量+名"短语或"一+量+名"短语[①]。例如：

堂吉诃德出了白杨树林。（专有名词）

他第四天就来了。（人称代词）

姑姑上了岸。（光杆普通名词）

那对老姐妹就欣喜若狂地进了餐厅。（"指+量+名"短语）

楼上的两三个孩子飞奔着下楼。（可识别实体的"数+量+名"短语）

一辆公共汽车刚过去。（可识别实体的"一+量+名"短语）

---

①光杆普通名词、数量名、一量名形式通常指无定形式，不过在具体语境下可指有定形式。

NP_{位移主体}置于路径动词之前时，既可以搭配起点背景，也可以搭配经过点背景或者终点背景。但是，置于路径动词之后时，搭配的背景有一定的限制条件。

NP_{位移主体}置于路径动词之后时，通常具有无定特性，为无识别线索的实体；词语形式通常为"数+量+名"短语或"一+量+名"短语。例如：

他们一进大院，里面出来<u>两个漂亮姑娘</u>。（"数+量+名"短语）

在我准备离去的时候，从门口进来<u>三个戴着礼帽的男士</u>。（"数+量+名"短语）

接着进来<u>一位戴着眼镜、西装革履的中年男士</u>。（"一+量+名"短语）

此时，参照背景可以搭配起点背景或经过点背景，但是不可搭配终点背景。例如：

*进院两个漂亮姑娘

*回家一位中年男士

（三）方位词编码构向受NP_{背景}的性质及界态影响

汉语位移事件根据参照背景的性质及界态特征进行构向编码。在参照背景为［-处所义］或［+有界］特征时，倾向于用显性的形式编码构向，如"来到门前"，用方位词"前"编码位移主体与参照背景的空间方位关系（即构向），参照背景为［+处所义］或［-有界］时，常隐性编码构向，如"来到诊所"，没有方位词编码位移主体与"诊所"的空间关系。因此，编码构向的方位词的隐现也是汉语位移事件表达的重要特征。

由此可见，汉语位移句中与路径动词共现的NP_{背景}的句法位置较为复杂，不同类型的路径动词与NP_{背景}的位置有不同的限制条件；NP_{位移主体}的句法位置与有定无定相关度较高，且无定位移主体对参照背景具有限制条件；表空间方位的构向的编码与参照背景的界态特征息息相关。

3.1.2　西班牙语位移路径动词的类型及特点

西班牙语中常用的路径动词有"venir（来）、ir（去）、subir（上）、bajar（下）、entrar（进）、salir（出）、volver（回）、pasar（过）、irse（去/离开）、ascender（上）、descender（下）、penetrar（进）、adentrarse（进）、irrumpir（进）、regresar（回）、retornar（回）、atravesar（过）、

cruzar（过）"等。本书基于语料，将上述全部路径动词作为主要研究对象。

3.1.2.1　西班牙语位移路径动词的类型

西班牙语路径动词主要有指示路径动词和非指示路径动词。常用的指示路径动词有"venir（来）"和"ir（去）"，具有［指示义］，常用的非指示路径动词有"subir（上）、bajar（下）、entrar（进）、salir（出）、volver（回）、pasar（过）"，具有纯［路径义］，还有融合了［路径］概念以外其他语义要素的"ascender（上）、descender（下）、penetrar（进）、adentrarse（进）、irrumpir（进）、regresar（回）、retornar（回）、atravesar（过）、cruzar（过）"等。但是与汉语不同的是，西语没有融合［路径义+指示义］的复合路径动词。

3.1.2.2　西班牙语位移路径动词的特点

西班牙语不同类型的路径动词具有不同的表征特点和编码特点。

西班牙语路径动词比较丰富，不仅有具有指示义的"venir（来）、ir（去）"和具有纯路径义的"subir（上）、bajar（下）、entrar（进）、salir（出）、volver（回）、pasar（过）"，还有突显［背景］［位移力］［距离］及位移主体的［主观意识］等不同位移概念要素的路径动词，如"irse（去/离开）、ascender（上）、descender（下）、penetrar（进）、adentrarse（进）、irrumpir（进）、regresar（回）、retornar（回）、atravesar（过）、cruzar（过）"等。这些动词融合了不同的概念要素，在一定程度上丰富了西班牙语路径动词的语义表达，由它们表征位移事件，更有助于了解位移事件的全貌。例如：

subir　　a　　　la　　montaña
　上　介词　冠词　　山　　（山为终点背景）

ascender　　la　　montaña
　　上　　冠词　　山　　（山为经过点背景）

entrar　en　　la　　selva
　进　介词　冠词　热带雨林　（由热带雨林外到热带雨林内的位移）

penetrar　en　　la　　selva
　进　　介词　冠词　热带雨林　（由热带雨林外到热带雨林深处的位移）

但是，西班牙语没有［路径义+指示义］的复合路径动词，指示义体现的是言/叙者的主观视角，西班牙语路径动词通常不体现［主观视角］[①]，上述路径动词也不能出现在其他动词之后作趋向补语。

西班牙语路径动词编码位移事件时，表达形式比较简单。$NP_{背景}$与$NP_{位移主体}$通常都有两个句法位置，路径动词前或路径动词后，不同的位置有一定的制约条件；构向的编码除位移事件中的方位介词"en"（在……里）以外，其他编码构向的方位副词通常不出现在句子层面。此外，［主观视角］参与位移事件编码的频率较低。

（一）$NP_{背景}$常置于路径动词之后

西班牙语路径动词可与$NP_{背景}$共现，按照其SVO型语言的语序类型特征，无论是$NP_{起点}$、$NP_{经过点}$还是$NP_{终点}$，通常都置于路径动词之后。由于西班牙语路径动词大多是不及物动词，后面不可以直接带宾语，需要用介词标引参照背景，作为路径动词的介词补语[②]（Bosque，2010：683-699）。例如：

Los niños subieron[③] a la torre.
冠词 小孩子们 上 到（介词） 冠词 塔
（小孩子们上了塔。）

Los viajeros bajaron del[④] avión.
冠词 旅客 下 从（介词） 飞机
（旅客下了飞机。）

Los alumnos entraron en el aula.
冠词 学生们 进 到（介词） 冠词 教室

---

①西班牙语自移路径动词没有［路径义+指示义］的复合路径动词，但是致移动词有［致使义+指示义］的"traer（带来）""llevar（带去）"，是西班牙语中为数不多的融合指示义的动词，将在第5章详细分析。

②汉西语对同一语法现象所指称的术语并不完全相同，汉语置于动词之前的介词短语被称为"状语"，西班牙语无论在动词前还是动词后，介词短语都被称为"补语"。

③"subieron（上）"与前文提到的路径动词"subir（上）"形态不同，前者是后者陈述式简单过去时第三人称复数的变位形式。在西班牙语句子中，核心动词需要根据人称、时态、式等进行变位。文中多数例句位移动词都有形态变化，与本书论点相关之处已在文中作出详细解释，其余无关论点的变位形式不一一标出。

④西班牙语语料中的"del"是西班牙语的介词"de"和阳性单数定冠词"el"的缩合形式。

（学生们进了教室。）

Los   alumnos   salieron   del   aula.

冠词   学生们   出   从（介冠缩合）   教室

（学生们出了教室。）

Ana   volvió   a   casa.

安娜   回   到（介词）   家

（安娜回到家。）

Pasamos   por   un   túnel.

（我们）过   通过（介词）   冠词   隧道

（我们过了一条隧道。）

不过，路径动词"subir（上）、bajar（下）、pasar（过）、cruzar（过）"同时也具有及物动词的属性，"atravesar（过）"没有不及物动词的属性，这些路径动词不需要介词标引，NP背景直接出现于其后，此时参照背景通常为经过点背景。例如：

Los   niños   subieron   las   escaleras.

冠词   孩子们   上   冠词   楼梯

（孩子们上了楼梯。）

Bajé   un   piso   más.

（我）下   冠词   楼层   更

（我又下了一层楼。）

Pasamos   el   río   muy   rápido.

（我们）过   冠词   河   很   快

（我们很快过了河。）

NP背景置于路径动词之前有两种情况：一是由介词标引置于路径动词之前，作为路径动词的介词补语；二是NP背景置于路径动词之前，作为动词的宾语，需要宾格代词作为标记。

通过CORPES语料库随机抽取"subir（上）、bajar（下）、entrar（进）、salir（出）、volver（回）、pasar（过）"表达的位移事件各100例中，NP背景位于路径动词之前的例句占比仅为1%，且有一定的限制条件，分为三种情况。其一，突显参照背景或用代词指代前文出现过的参照背景。例如：

A　mi　pueblo　vuelvo　siempre　en　Navidad.
到　我的　家乡　　回　　经常　　在　圣诞节

（我经常圣诞节回家乡。）

Por　allí　pasa　mucha　gente.
从　那里　过　　很多　　人

（从那里过去很多人。）

其二，有两个NP_{背景}共现时，其中一个NP_{背景}可置于路径动词之前，另一个置于路径动词之后。例如：

Por　calles　empedradas　　bajaron　al　puente　de　Carlos.
从　　街道　用石铺砌的　（他们）下　到　　桥　　的　卡洛斯

（他们从石头铺砌的街道下到卡洛斯桥。）

En　el　　hospital　entraron　por　Urgencias.
在　冠词　医院　　　进　　　从　急救通道

（他们从急救通道进到医院。）

其三，位移事件在从句中出现。例如：

Algunas　mujeres　encalan　el　recipiente　de　lata　para　que
一些　　妇女　　粉刷　冠词　容器　　的　铁皮　为了　连词

a　las　flores　no　suban　las　hormigas.
到　冠词　花　不　上　　冠词　蚂蚁

（一些妇女粉刷铁桶为了不让蚂蚁上到/爬到花儿上。）

Descubrió　　que　a　La　Bestia　también　se　suben　mujeres,
（他）发现　连词　到　野兽号列车　　也　　　上　　妇女

de　　todas　las　edades.
介词　所有的　冠词　年龄

（他发现妇女也可以上野兽号列车，无论年龄多大。）

NP_{背景}作为宾语置于路径动词前时，由于违背西语SVO语言的正常语序，需要与NP_{背景}保持性数一致的宾格代词"lo/la/los/las"作为标记，标明NP_{背景}是宾语，而不是主语。例如：

Las　escaleras　de　la　plaza　las　subió　despacio.

冠词　台阶　介词　冠词　广场　宾格代词（他）上　慢

（他慢慢地上了广场的台阶。）

（二）NP_{位移主体}的句法位置受重成分后置原则与突显原则制约

西班牙语NP_{位移主体}既可置于路径动词之前，也可置于路径动词之后。决定NP_{位移主体}位置的因素不仅是其有定无定的特性，还要考虑重成分后置原则与突显原则。西班牙语的重成分后置原则是以路径动词为中心，要么保持"前轻后重"，要么保持"前后相似"。例如：

Ya　viene　el　autobús.

已经　来　定冠词　公共汽车

（公共汽车已经来了。）

"el（阳性单数定冠词）autobús（公共汽车）"为"定冠词+名词"的形式，是有定的位移主体，但是西班牙语中只有NP_{位移主体}和路径动词共现时，常将NP_{位移主体}置于路径动词之后，以保证符合重成分后置的原则。有定形式的光杆名词出现在指示路径动词之前时，则需要增加动词之后的句法成分复杂度，以保证"前后相似"或"前轻后重"的重成分后置原则。例如：

El　autobús　venía　casi　vacío.

定冠词　公共汽车　来　几乎　空的

（公共汽车来的时候几乎是空车。）

"定冠词+数词+（名词）"作为有定形式，NP_{位移主体}根据突显原则既可以置于路径动词之前，也可置于其后。例如：

Los　dos　hombres　salieron　tras　él.

定冠词　两个　男人　出　在……后面　他

（那两个男人跟在他后面出去了。）

Con　aquel　fardo　volvieron　los　tres　infantes　a　sus hogares.

和　那个　大包　回　定冠词　三个　小孩　到　他们的　家

（三个小孩儿带着那个大包回到他们的家。）

"不定冠词+名词"的形式作为无定的位移主体，在"不定冠词+名词+修饰语"或句首有时间状语时，通常置于路径动词之后。例如：

Se detuvo　　el　　　　autobús　　　y　　　subió

　　停　　定冠词　公共汽车　连词　　上

un hombre de cara ancha y con una cinta blanca atada a la frente.

一个宽脸、前额绑着白色绷带的男人

（公共汽车停下了，上来了一个宽脸、前额绑着白色绷带的男人。）

Ese día　entró　　　un chico joven.

　那天　　进　　一个年轻的小伙子

（那天进来一位年轻的小伙子。）

　Una vez　entró　un hombre　en　la librería　y me saludó.

　一次　　　进　一个男人　介词　书店　　　并问候我

（一次一个男人进了书店并向我问好。）

但是，在与NP背景共现时，由于NP背景通常位于路径动词之后，为保证"前后相似"，也可将无定形式的NP位移主体置于路径动词之前。例如：

Un muchacho　sube　ágilmente　a　una alta roca.

一个年轻人　　上　　敏捷地　到　一个高的岩石

（一个年轻人敏捷地上了一个高高的岩石。）

Una mujer　ha entrado　　en　　　el café.

一位妇女　　　进　　　介词　　咖啡店

（一位妇女进了咖啡店。）

除了保持"前后相似"外，受突显原则的影响，说话人可以将其认为重要的信息放在位移事件句中靠前的位置。例如：

Dos　clientas　salen　de　　la　　　casa　de　Sole.

两位　顾客　　出　从　定冠词　家　的　索莱

（两位顾客从索莱家出来。）

De　　la　　　casa　salieron　dos　mocetones　rubios.

从　定冠词　房子　　出　　两个　青壮年　金发的

（从房子里出来两个金发的青壮年。）

前者突显位移主体，则将NP位移主体置于路径动词之前，后者突显参照背景，则将NP位移主体置于路径动词之后。

（三）通常没有显性的构向表达形式

无论参照背景是否有界，参照背景的处所义是强是弱，西班牙语位移事件表达中通常都没有显性的构向表达形式。例如：

Llegaron　　　　a　　　　la　　　　puerta.
（他们）到　　到（介词）　冠词　　　门
（他们到了门前/口。）

Entramos　　　　en　　　　la　　　　consulta.
（我们）进　到（介词）　冠词　　　诊所
（我们进了诊所。）

西语位移事件表达均无方位词编码构向，构向常由路径动词和介词激活。

此外，西班牙语位移表达中［主观视角］的参与度较低。西班牙语除了没有表征［主观视角］的复合路径动词，基于汉西语平行语料库考察，汉语用突显［主观视角］的路径动词"来/去"编码的位移事件，西班牙语也可由无主观视角的路径动词"llegar（到）""acercarse（靠近）""dirigirse（向……移动）"等进行编码。此外，在编码"下雨"等自然现象的位移事件时，西班牙语既可用短语表达，也可用一个动词表达。

纵观上述汉西语位移表征及编码的差异，可以发现，导致路径动词表征差异的原因是汉西语母语者对位移事件的认知不同；表达形式不同不仅是由于动词表征不同，还源于语序类型及界态特征的差异。

3.2　汉西语位移路径表征对比

汉西语位移路径主要由路径动词来表征。汉西语都有简单路径动词，包括指示义的路径动词"来、去""venir（来）、ir（去）"和纯路径义的路径动词"上、下、进、出、回、过""subir（上）、bajar（下）、entrar（进）、salir（出）、volver（回）、pasar（过）"。通过汉西语路径动词的表征对比发现，汉语路径动词表征位移概念要素时颗粒度^①（degree of granularity）较大，汉语简单路径动词仅表征位移的［路径］，西语路径动词不仅突显［路径］概念，还可细化路径的［距离］以及表征［背景］［位移力］和位移主体的［主观意识］等多种概念要素，颗粒度较小，语义成分表征得更加具体、详尽；且汉语复合路径动词将言/叙者的［主观视角］表征进去，而西班牙语除了"venir（来）"和"ir（去）"之外，则没有［主观视角］的表征特点。根据语料观察，除"来""venir（来）"和"出""salir（出）"呈现出"一对一"表征形式，其他路径动词均呈现"一对多"表征形式。

3.2.1 "来/去"与"venir/ir（se）"的表征

汉语"来"和西班牙语"venir（来）"的表征基本相同，"去"和"ir（irse）"有同有异，具有不对称性。

3.2.1.1 "来"与"venir"

汉语和西班牙语在物理空间中都可以用指示路径动词表征位移事件，该类动词与说话人所处的位置有参照关系。在表征"从别的地方到说话人所在的地方"的位移时，汉语常用指示路径动词"来"，西班牙语使用指示路径动词"venir（来）"，这两个路径动词的位移主体都可以是人、动物或者通过人的控制可以自由移动的实体，且语义指向也基本相同。

首先，"来"与"venir（来）"表征的位移事件中位移主体实体性质基本相同，均可为自主移动性较强的人、动物或通过人的控制可以自由移动的实体。例如：

（1）a. 区里的领导**来**了，大叔、大婶们也**来**了，一句句亲切的问候，汇聚成一股暖流在姑娘、小伙儿的心田。

    b. 最近几年，水清了，白鹭也**来**了，"我记忆中黄柏河的样子又回来了"。

---

① "颗粒度"原为胶片成像术语，指感光底片经曝光洗印以后形成影像的银粒粗细程度，颗粒度越小，图像的清晰度就越高。Slobin（2004）提出将事件分割为路径组件与事件描述的颗粒度有关，本书借用此术语解释汉西语位移动词的表征差异，一个位移动词表征的位移概念要素越少，其颗粒度越大，反之，表征的位移概念要素越多，其颗粒度就越小，表征的位移事件就越具体。

  c. 在地铁站，候车人很多，虽然不排队，车**来**了，大家都左顾右盼有序上车，尽量避免碰到或踩到别人。

（2）a. **Vinieron** muchas de las compañeras.

    来   很多   介词   女同事

  （来了很多女同事。）

  b. Entonces **vinieron** los lobos.

    那时   来   狼

  （那时狼来了。）

  c. Siguieron conversando hasta que **vino** el tren.

    继续   聊天   直到   来   火车

  （他们继续聊天直到火车来了。）

  其次，汉西语"来"和"venir（来）"的语义指向都可为位移的［起点］［终点］或［目标］。例如：

（3）a. 传说在东汉明帝的时候，有两个印度和尚用白马驮着佛经**来**中国传教。

  b. 他们**来**到一个古老的镇上，这种南方的古老村镇是很迷人的。

  c. 牛月清说：看看娘的鞋在不在？鞋不在。两人就疯了一般开了屋门往院子**来**。

  d. 我们刚从祖国**来**，马上就要回到她身边去，他们向我要求的是祖国母亲的祝福。

  例（3a）（3b）"中国""古老的镇"为"来"的终点；例（3c）"院子"为位移的目标，但不一定是位移的终点；例（3d）"祖国"为位移的起点。

  西班牙语"venir（来）"与汉语"来"相似，语义指向也都可为位移的［终点］［起点］或［目标］。例如：

（4）a. Él y Silvia, su esposa, **vinieron** a Barcelona a celebrarlo conmigo.

                来   到 巴塞罗那

  （他和他的妻子希尔维亚来巴塞罗那跟我一起庆祝。）

  b. Un sábado **vinieron** a mi casa el director y el subdirector de

         来   到 我的 家

la sucursal del Banco Santander de Alcorcón.

（一个周六，阿尔科孔桑坦德银行分行的行长和副行长来到我家。）

c. Cuando terminó la actuación，la cantante **vino**　hacia　la barra.

　　　　　　　　　　　　　　　　　　来　　向　　吧台

（表演结束时女歌手向酒吧柜台走来。）

d. Afortunadamente，mamá **vino**　de　la cocina.

　　　　　　　　　　　来　从　厨房

（幸亏妈妈从厨房来了。）

例（4a）（4b）"Barcelona（巴塞罗那）""mi casa（我家）"为路径动词"vinieron（来）"的终点；例（4c）"la barra（酒吧柜台）"为动词"vino（来）"的目标；例（4d）"la cocina（厨房）"为动词"vino（来）"的起点。

虽然汉西语"来"和"venir（来）"在路径概念结构表征上基本相同，但是在投射到语言表层进行编码时却有很大的差异（详见3.3.1）。

3.2.1.2　"去"与"ir（se）"

表征"从所在地到别的地方"的位移时，汉语常用指示路径动词"去"表征；西班牙语除了用路径动词"ir（去）"表征，还可以用路径动词"irse（去/离开）"表征，且它的语义指向和对位移主体的实体性质的要求并不相同。

首先，"去"和"ir（去）""irse（去/离开）"在位移主体的实体性质上具有不对称性。汉语"去"表征的位移主体通常具有较强的自主性，如人或人组成的团体；西班牙语"irse（去/离开）"与汉语相同，而"ir（去）"表征的位移主体范围更广，可为人、动物或通过人类的控制可以自由移动的实体。例如：

（5）a. 待他走后，（我）搓了搓脸，使自己活泛起来，推三轮车**去**了五号楼。

b. 代表团结束了在南京的参观访问，乘专机**去**上海参观访问。

（6）a. El viernes　　**fui**　　　a　la casa　de　mis amigos.

　　星期五　（我）去　介词　　家　　的　　朋友们

（星期五我去了我朋友们的家。）

b. El perro **fue** a la puerta，ladró y luego regresó.

　　狗　　去　介词　　门　　叫　连词　然后　　回

（*狗去了门口，叫了几声，然后又回来了。）

c. La pelota **iba** contra la ventana.

　　球　　去　对着　　窗户

（*球向窗子去。）

　　汉西语位移主体都可为自主移动的人或表人的集合体，如例（5a）"我"、例（5b）"代表团"和例（6a）"我"。西语与汉语不同的是，动物或通过人类的控制可以自由移动的实体也可。如例（6b）中的位移主体是"El perro（狗）"，为能够自主位移的动物，符合西班牙语语法规则，而在汉语中"*狗去了门口"则不常见。在CCL语料库和BCC语料库中，以"鸡、鸭、鹅、狗、猫、猪、牛、羊、蜜蜂、蝴蝶、青蛙"等动物为例搜索，未见其为位移主体与"去某处"共现。例（6c）中的位移主体是"la pelota（球）"，为通过人类的控制可以自由移动的实体，可以作为"ir（去）"的主语，但是汉语"*球向窗子去"不符合语法规则。可见，西班牙语指示路径动词"ir（去）"表征的位移主体比汉语"去"范围更广。

　　其次，"去"和"ir（去）""irse（去/离开）"语义指向具有不对称性。汉语"去"可以指向［终点］［目标］或［起点］，最常突显的是位移的［终点］，平行语料库中［终点］指向的占比为98.72%，［起点］和［目标］指向占比均为0.64%；西班牙语动词"ir（去）"与"去"相似，通常突显位移的［终点］指向，且语言表层需体现位移终点背景，而"irse（去/离开）"更加突显位移的［起点］，尽管作为起点的参照背景不常在语言层面表达，终点背景可省略。例如：

（7）a. 我经常**去**马德里出差。

　　b. Solía **ir** bastante a Madrid por asuntos de trabajo.

（8）a. "那你**去**吧。"妈妈说。

　　b. -Bueno，pues **vete**- dijo mi madre.

（9）a. 到此为止，我对这一切都厌倦了，就拿着简单的行李**去**了南方一座深山中的寺庙。

  b. Para entonces ya estaba harto de todo，de modo que hice la maleta y **me fui** a un monasterio budista perdido en el sur de China.

  汉语"去"后既可出现NP$_{目标}$，如例（7a）中的"马德里"和例（9a）中的"寺庙"，也可不出现NP$_{目标}$，如例（8a）。西班牙语出现NP$_{目标}$时，可用"ir（去）"或"irse（去/离开）"表征，如例（7b）"ir（去）a（介词）Madrid（马德里）"和例（9b）"me fui（去）a（介词）un monasterio budista（寺庙）"；当位移的目标背景未出现在语言表层时，只能用"irse"表征，而不能用"ir"，如例（8b）"vete（你去，irse的变位形式）"，"*ve（你去，ir的变位形式）"则不符合语法规则。

  汉语"去"突显了位移的［+终点］和［+目标］的特征；"ir（去）"表征位移主体向着远离说话人的方向，沿路径前进，突显目标，即具有［+目标］［+终点］的语义特征，突显离开且向终点位移。"irse（离开）"表征位移主体离开起点，沿路径前进，可突显目标，也可不突显目标，即具有［±目标］［±终点］的语义特征。汉语"去"通过聚焦域的演变发生了历时语义变化，从东汉以前的"去$_离$"逐渐发展为东汉以后的"去$_往$""去$_到$"（史文磊，2014：173）。西班牙语的"ir（去）"与汉语"去$_往$""去$_到$"相似，"irse"主要表"去$_离$"，但也可表"去$_往$""去$_到$"。"irse"是由"ir+se"构成的，"se"是附着语素，实现动词的体貌价值，"ir"通过添加附着语素使原有的［+目标］［+终点］有界位移获得了［-目标］［-终点］无界位移的体貌。语料库显示，突显［+目标］［+终点］特征时，"ir"的使用频率远高于"irse"，分别为145例与30例。

  综上，汉语"去"与西班牙语"ir（去）"对位移主体的实体性质限制条件不同，与西语动词"irse（去/离开）"的语义指向倾向性不同。可见，汉语"去"表征的位移事件更加概括，而西班牙语"ir"和"irse"对位移主体和语义指向的要求更加具体。

3.2.2　"上/下"与"subir/bajar"的表征

  汉西语路径动词"上/下"和"subir（上）/bajar（下）"均表征位移主

体由低处到高处/由高处到低处的位移，表征的位移具有指定的方向，路径指向与重力的垂直矢量有关[①]。汉语"上/下"表征位移概念要素时，颗粒度较大，仅突显位移［路径］，西班牙语除了突显［路径］的"subir（上）/bajar（下）"，还可用"ascender（上）/descender（下）"来表征，突显［路径］和［背景］，其表征的位移事件更加细致。

3.2.2.1　"上"与"subir（ascender）"

汉西语路径动词"上"和"subir（上）"均表征自下而上的位移，不过西语除了"subir（上）"，还可以用"ascender（上）"表征。这三个动词通常表征的位移主体相同，均为能够自主移动的实体，包括人、动物或通过人类的控制可以自由移动的实体（如运输工具）等。

不同的是，汉西语对参照背景的维度有一定的限制。汉语"上"与西语"subir（上）"表征的位移事件中，参照背景既可以是终点指向，具有零维的特征，又可以是位移发生的范围背景，具有二维的特征；而"ascender（上）"常用来表征在参照背景内部的自下而上的位移，即参照背景常具有二维特征。位移图式对比详见图3.1。

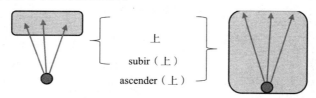

图3.1　"上"与"subir、ascender"位移图式对比

（10）a. 我**上**了八楼顶。

　　　b. 一只山猫**上**树追逐一只山鸡。

　　　c. 部队货车**上**山，要为养路工人和牧民捎菜。

（11）a. **Subieron** al piso.

　　　（他们上楼了。）

　　　b. El gato **sube** a la cama.

①尽管位移与重力的垂直矢量有关，但并不代表位移一定是垂直发生的，只是位移的起点和位移的终点在垂直方向上有高低之分。

（猫上了床。）

　　c. El autobús de los soldados **sube** hasta la cumbre.

（士兵们的大巴上到山顶。）

　　d. **Subió** las escaleras con facilidad.

（他敏捷地上了楼梯。）

　　e. **Ascendía** por las escaleras.

（他上楼梯。）

　　例（10a）（10b）中"上"和例（11a）（11b）（11c）中"subieron（上）""sube（上）"表征的位移事件中，参照背景分别为"楼顶""树上""楼上""床上""山顶"，也是位移的终点，被视为零维的点；例（10c）中"上"和例（11d）中"Subió（上）"表征的位移事件中，参照背景分别为"山""楼梯"，被视为二维的面，突显位移主体由山的底部到顶部和从楼梯底端到顶端的移动。因此"上"和"subir（上）"表征的颗粒度较大，既可以突显位移终点，终点具有零维的特征，又可以突显位移的背景，背景具有二维的特征。

　　而西班牙语路径动词"ascender（上）"词义为"subir（上）o elevarse（升）"，也可以表征自下而上的位移，与"subir（上）"同义时，在表征位移主体人或动物自主地由低处向高处移动时，参照背景有一定的限制，通常为具有二维特征的"escalera（楼梯）""piso（楼）"或"montaña（山）"等。例如：

　　（12）a. **Ascendimos** una escalera.

（我们上了一段楼梯。）

　　　　b. Cuatro muchachos y un perro **ascienden** la montaña.

（四个少年和一条狗上了山。）

　　例（12a）"Ascendimos（上）"的位移背景是"escalera（楼梯）"；例（12b）"ascienden（上）"的位移背景是"montaña（山）"，常被视为二维的面，而不是零维的点。"ascender（上）"可选用的位移背景比"subir（上）"的范围窄，且表征的位移路径是由背景内部的底端到顶端的位移。可见，"上"与"subir""ascender"在表征"自下而上"的位移时，呈现出

"一对多"的现象。

3.2.2.2 "下"与"bajar（descender）"

汉西语路径动词"下"和"bajar（下）"是表征自上而下的位移，不过西语除了"bajar（下）"，还可以用"descender（下）"表征。这三个动词的相同点是表征的位移事件中，参照背景既可以是起点指向，也可以是终点指向，还可以是位移发生的范围背景。例如：

（13）a. 母亲吓了一跳，忙下炕去拉舅舅。

　　　b. 搜索犬下到洞内。

　　　c. 汽车飞速下山。

（14）a. Los perros **bajaron** del todoterreno.

　　　（狗从越野车上下来。）

　　　b. **Bajó** al campo a trabajar.

　　　（他下地干活。）

　　　c. El coche **baja** por la calle Atocha.

　　　（轿车沿阿托查街下来。）

　　　d. **descender** de la montaña

　　　（下山）

　　　e. **descender** al sótano

　　　（下到地下室）

　　　f. **descender** las escaleras

　　　（下楼梯）

例（13a）"下"、例（14a）"bajaron（下）"及例（14d）"descender（下）"表征的位移事件中突显了位移的零维起点"炕""todoterreno（越野车）""montaña（山）"；例（13b）、例（14b）和例（14e）突显了位移的零维终点"洞""campo（田地）""sótano（地下室）"；例（13c）、例（14c）和例（14f）突显了位移发生的二维范围背景"山""calle（街）""escaleras（楼梯）"。

汉西语表征不同的是，汉语"下"和西语"bajar（下）"位移主体通常为能够自主移动的人、动物或通过人类的控制可以自由移动的实体，如果位移主体为动物时很少用"descender（下）"表征向下的位移。位移图式对比详见图3.2。

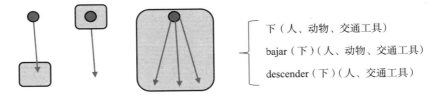

下（人、动物、交通工具）

bajar（下）（人、动物、交通工具）

descender（下）（人、交通工具）

图3.2　"下"与"bajar、descender"位移图式对比

如例（13）和例（14）所示，"下"和"bajar（下）"的位移主体可以是人，如"母亲""他"；可以是动物，如"搜索犬""狗"；可以是交通工具，如"越野车""轿车"。但是，动物通常不能成为"descender（下）"的位移主体。例如：

（15）a. **Descendió** hasta la planta baja.

　　　（他下到一楼。）

　　　b. El coche **desciende** por el camino del bosque.

　　　（轿车从森林里的公路下来。）

例（15）"descender（下）"的位移主体可以为"他"和"轿车"，但是语料库中很少见动物作为位移主体的情况。汉语"下"与西班牙语"bajar（下）""descender（下）"在表征"自上而下"的路径时，呈现"一对多"的现象。

综上，汉语路径动词"上/下"的表征颗粒度较大，西班牙语路径动词除了纯路径义的"subir（上）/bajar（下）"，还有突显［背景］［位移主体］等概念要素的"ascender（上）/descender（下）"表征垂直矢量的位移，表征颗粒度较小。

3.2.3　"进/出"与"entrar/salir"的表征

汉西语路径动词"进/出"和"entrar（进）/salir（出）"是包含终点/起点的路径动词，且属于逾界类路径动词，即位移主体在位移时超过了一定的空间界限。

3.2.3.1 "进"与"entrar（penetrar/adentrarse/irrumpir）"

汉语"进"表征位移主体由参照背景外部向参照背景内部移动时，参照背景通常为有一定界限的空间，西班牙语除了路径动词"entrar（进）"，还有"penetrar（进）""adentrarse（进）""irrumpir（闯进）"等多个位移动词可以表征由外到内的移动，汉西语表征上呈现"一对多"的现象，且不同的西语路径动词表征的侧重点各不相同。位移图式对比详见图3.3。

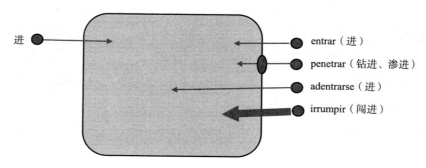

图3.3 "进"与"entrar、penetrar、adentrarse、irrumpir"位移图式对比

汉语路径动词"进"与西班牙语路径动词"entrar（进）"都是颗粒度较大的表征由外向内位移的路径动词，位移主体均可为人、动物或交通工具，位移的参照背景均为有界性，即只要位移主体越过有界参照背景的界线，便可使用"进""entrar（进）"表征这一位移事件。例如：

（16）a. 他转身**进**了房间。

b. 两人取了酒就喝了起来，一直喝到天黑，鸡上了架，狗**进**了窝，还在喝。

c. 警车**进**村，村子里的大人、小孩早就跑得差不多了。

（17）a. **Entró** en la oficina.

（他进了办公室。）

b. El perro **había entrado** en la casa y yacía a los pies del niño.

（狗已经进了房子，躺在小男孩儿的脚下。）

c. El coche del doctor **entra** en el patio.

（医生的车进了院子。）

西班牙语路径动词"penetrar（进）""adentrarse（进）""irrumpir（闯

进）"表征的由外向内的位移事件除了越过参照背景的界线外，还可表征位移路径的经过点、位移路径的距离或位移时位移主体的主观意识等概念要素。

　　"penetrar（进、钻进、挤进、渗入）"可以表征人或物从原有的空间进入另一个空间内部，或者表征一个物体通过缝隙进入另一个物体，侧重突显由外向内位移的［方式］或路径的［经过点］，此时位移通常受到不同因素的阻碍。例如：

　　（18）a. El ladrón **penetró** en la casa por la puerta trasera.

　　　　　（小偷从后门进入宅院。）

　　　　b. **penetrar** en la cueva

　　　　　（钻进山洞）

　　　　c. **penetrar** entre las filas

　　　　　（挤进队列）

　　　　d. El agua **penetra** la tierra.

　　　　　（水渗入土地。）

　　例（18a）"penetró（进）"表征位移主体"El ladrón（小偷）"从有界参照背景"宅院"的外部到其内部的位移，由于小偷进宅院非光明正大的进入，因此有道德或法律因素阻碍；例（18b）"penetrar（进）"表征位移主体从山洞外向山洞内的位移，"山洞"本身比"房间"等参照背景更具崎岖性与危险性，因此位移受到参照背景自身不利特征的阻碍；例（18c）"penetrar（进）"表征位移主体通过人群从队列外挤进队列内，同样是参照背景为"进"带来了阻碍；例（18d）"penetra（进）"表征位移主体"agua（水）"通过孔隙进入另一物体"tierra（土地）"，此时位移主体通常为液体，受到参照背景自身性质的阻碍，"进入"的位移速度较慢。因此，"penetrar（进）"与"entrar（进）"相比，由外向内的位移都具有一定的阻碍因素，突显了不同的［位移力］。

　　"adentrarse（进）"在表征人或物体由外向里的位移时，侧重表征进入有界空间内部的深度，即路径的距离较长。例如：

　　（19）a. **Se adentró** en el edificio por una puerta situada al fondo del vestíbulo.

　　　　　（他从大厅尽头的一扇门进入大楼。）

b. El pequeño barco **se adentra** en el mar.

　　（小船驶入深海。）

例（19a）"Se adentró（进）"表征位移主体"他/她"不是通过大楼外立面处的门进入的大楼，而是在楼体内部较远处的门进入的，位移距离比"entrar（进）"长；例（19b）"se adentra"表征位移主体"barco（船）"进入了大海的深处，而不是在海边附近的位置。

"irrumpir（闯进）"侧重于表征位移主体进入某空间内部时的方式，是强行的、暴力的、猛烈的，是不被期待的，虽然也是因为有一定的阻碍因素才会强行进入，但是与"penetrar"相比，"irrumpir"具有更强的主观意识，且有突发性特征。例如：

（20）a. Un grupo de alborotadores **irrumpió** en el café.

　　（一批闹事的人闯入咖啡馆。）

　　b. Los tanques **irrumpieron** en la plaza.

　　（坦克闯进广场。）

例（20a）"irrumpió（闯进）"表征位移主体"Un grupo de alborotadores（一批闹事的人）"突发的以暴力的方式由咖啡馆外进入咖啡馆内的位移；例（20b）"irrumpieron（闯进）"表征位移主体"Los tanques（坦克）"强行从广场外开进广场内的位移。位移主体通常为人或通过人的控制可以自由移动的实体。

3.2.3.2　"出"与"salir"

表征位移主体由内而外的位移时，汉语"出"与西班牙语"salir（出）"呈现"一对一"的现象。与"进"和"entrar（进）"相同，"出"和"salir（出）"的参照背景通常也为有界空间，只要位移主体越过了参照背景的边界线，就可以用"出"和"salir（出）"来表征由内到外的位移。例如：

（21）a. 努尔哈赤于次日**出**城阅兵。

　　b. 汽车**出**了格尔木50多千米，公路直插昆仑山腹地。

（22）a. **Salí** del ascensor y me dirigí con pasos apresurados al vestíbulo.

　　（我出了电梯，急步到大厅。）

　　b. Cuando el toro **salía** del chiquero ya estaban en el ruedo los picadores.

（当公牛从牛栏出来的时候，长枪手已经在斗牛场了。）

c. Me despertó la luz del día al **salir** el tren del túnel.

（火车出隧道的时候日光唤醒了我。）

例（21a）"出"表征位移主体"努尔哈赤"从参照背景"城"的内部到外部的位移；例（21b）"出"表征位移主体"汽车"在人的控制下从参照背景"格尔木"（青海省中西部城市）的城市内部到城市外部的位移。

例（22a）"Salí（出）"表征位移主体"我"从参照背景"ascensor（电梯）"内到电梯外的位移；例（22b）"salía（出）"表征位移主体"toro（公牛）"从参照背景"chiquero（牛栏）"里面到牛栏外面的位移；例（22c）"salir"表征位移主体"火车"从参照背景"túnel（隧道）"的内部到隧道外部的位移。

综上，汉西语逾界类路径动词具有不对称性，表征由里向外的路径动词"出""salir（出）"具有"一对一"的特征，而表征由外向里的路径动词"进"与"entrar（进）""penetrar（进）""adentrarse（进）""irrumpir（闯进）"呈现"一对多"的特征。汉语路径动词"进"概念表征的颗粒度较大，西班牙语路径动词表征的语义更多，分别突显位移的［经过点］，位移路径的［距离］［位移力］，位移主体的［主观意识］等概念要素。

3.2.4　"回"与"volver（regresar/retornar）"的表征

汉西语路径动词"回"和"volver（回）"都可以表征位移主体从别处移动到原来所处地方，原来的地方既可以是完整路径的起点，也可以是完整路径中的某一个经过点，概念表征颗粒度较大。西班牙语除路径动词"volver（回）"外，还可以用"regresar（回）"和"retornar（回）"来表征，但这三个动词的选择与路径终点位置和参照背景的属性有关。位移图式对比详见图3.4。

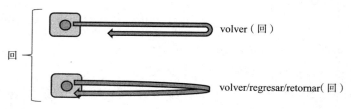

图3.4 "回"与"volver、regresar、retornar"位移图式对比

汉语路径动词"回"和西班牙语路径动词"volver（回）"表征从位移起点外的某一点向位移起点方向的移动，可以指回到路径起点的位移，也可以指回到了整段路径的某一经过点的位移。例如：

（23）a. 没想到到了第四天，周处竟安然无恙地**回**家了。

b. 德默雷斯特转身对第二驾驶员说："**回**经济舱看看损坏的情况，用对讲电话向我报告。"

（24）a. El viajero sale de Madrid，va a París，luego a Londres y **vuelve** a París，y **regresa** cuando **vuelve** a Madrid.

（旅行者离开马德里，去巴黎，然后去伦敦，又回到巴黎，回到马德里时就回到了原地。）

b. Sólo 251.000 refugiados han podido **retornar** a sus países en 2009.

（2009年只有二十五万一千位难民回到了他们的祖国。）

例（23a）"回"表征位移主体"周处"从"家"以外的其他地方移动到终点"家"的位移，"家"是整段位移路径的起点也是终点；例（23b）"回"表征位移主体"驾驶员"从"驾驶室"到"经济舱"的位移，"经济舱"不一定是"驾驶员"完整位移路径的起点。同理，例（24a）第一个"vuelve"表征位移主体"旅行者"从起点马德里出发，途经"巴黎"，到达"伦敦"后又回到"巴黎"，"巴黎"是路径的经过点，第二个"vuelve"表征"旅行者"回到起点"马德里"，因此"volver"既可以表征返回路径上的经过点，也可以表征回到路径的起点。

西语路径动词"regresar（回）"和"retornar（回）"则不同，通常表征的是回到路径起点的位移。如例（24a）"regresa（回）"表征位移主体"旅行者"从起点马德里出发又回到终点马德里的位移；例（24b）"retornar

（回）"表征位移主体"难民"离开国家后又重新回到国家的位移。

除了位移终点是路径的经过点还是起点的差异，"volver（回）"的使用频次最高，"regresar（回）"居中，"retornar（回）"使用频次最低，平行语料中三个动词的使用数量分别为314例>108例>5例。CORPES语料库中三个动词的使用频次高低与平行语料一致，分别与三个动词共现的背景及频次（frecuencia conjunta[①]）有同有异，使用频次为前20的背景详见表3.1。

表3.1　CORPES语料库中与"volver、regresar、retornar"共现的背景及频次

路径动词	volver	regresar	retornar
背景及频次	casa（家）（3322） España（西班牙）（699） Madrid（马德里）（658） puerta（门）（566） país（国家）（449） lugar（地方）（438） calle（街）（380） cama（床）（337） coche（车）（331） sitio（地方）（313） ciudad（城市）（313） pueblo（村镇）（300） tierra（故乡）（276） habitación（房间）（257） Barcelona（巴塞罗那）（245） cocina（厨房）（197） suelo（地面）（182） hotel（旅馆）（177） centro（中心）（176） colegio（学校）（175）	casa（家）（1284） Madrid（马德里）（351） España（西班牙）（332） país（国家）（223） lugar（地方）（172） Barcelona（巴塞罗那）（157） ciudad（城市）（154） pueblo（村镇）（146） tierra（故乡）（134） habitación（房间）（128） hotel（旅馆）（87） hogar（家）（84） salón（大厅）（76） cocina（厨房）（70） Estados Unidos（美国）（70） calle（街）（62） Europa（欧洲）（59） colegio（学校）（56） París（巴黎）（53） Francia（法国）（51）	país（国家）（33） España（西班牙）（26） origen（出生地）（23） casa（家）（23） lugar（地方）（20） Madrid（马德里）（12） ciudad（城市）（10）

由表可见，"volver（回）"的使用频率最高，背景范围也最广，可

---

①频次数据来自西班牙皇家语言学院CORPES语料库中统计的动词与名词搭配的频次（freq），后文同。

为表国家或城镇的专有名词，如"España（西班牙）""Madrid（马德里）"等；表处于某地理位置的机构、组织、单位、活动场所等的处所名词，如"país（国家）""ciudad（城市）""pueblo（村镇）""lugar（地方）""colegio（学校）""casa（家）""calle（街）""habitación（房间）""cocina（厨房）""hotel（旅馆）"等；还可以为普通名词，如"puerta（门）""cama（床）"等。上述背景除最后一项普通名词的参照背景外，均可与"regresar（回）"共现，但使用频率不如"volver（回）"。而"retornar（回）"通常只与表国家或城镇的专有名词和抽象名词共现，且使用频率最低。

综上，汉语路径动词"回"表征具有概括性地从他处到原处的位移；西班牙语路径动词"volver（回）""regresar（回）""retornar（回）"则根据位移终点是否为整段路径的起点及参照背景的属性来选用不同的动词表征。

3.2.5 "过"与"pasar（cruzar/atravesar）"的表征

汉西语路径动词"过"和"pasar（过）"作为具有途经义的路径动词，表征位移主体经过参照背景的位移，参照背景可为一维背景、二维背景或三维背景，位移路径可与参照背景相交或相切，概念表征的颗粒度较大。西班牙语除了"pasar（过）"，"cruzar（过）""atravesar（过）"也是表征途经义的路径动词，但只能表征与参照背景相交的位移。位移图式对比详见图3.5。

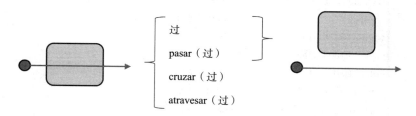

图3.5　"过"与"pasar、cruzar、atravesar"位移图式对比

汉语路径动词"过"和西班牙语路径动词"pasar（过）"表征的位移事件中，参照背景可具有一维特征、二维特征或三维特征，位移路径与参照背景既可相交也可相切。例如：

（25）a.帝国主义如果干涉，不过三八线，我们也不管；如果过了三八

　　线，我们一定打过去。

　　b. 小猫钓鱼，小马过河。

　　c. 汽车过了铁索大桥，慢慢又开始蜇进高山峻岭。

（26）a. **Pasó** por mi lado y no me reconoció.

　　（他从我身边过却没认出我。）

　　b. **pasar** el río a nado

　　（泅水过河）

　　c. **Pasa** por el puente todos los días.

　　（他天天从这座桥上过。）

　　例（25a）"三八线"、例（26a）"mi lado（我身边）"为一维背景，例（25b）"河"、例（26b）"río（河）"为二维背景，例（25c）"桥"、例（26c）"puente（桥）"为三维背景。例（26a）表征位移主体"他"从参照背景"我"的身边经过的位移，即位移没有穿过参照背景，而是经过了与参照背景相切的路径。例（26b）（26c）位移主体分别穿过了参照背景"河""桥"，从其一端移动到另一端。例（25a）（25b）（25c）位移主体都是与参照背景有相交线的位移，此时汉语也常用"穿过""越过"等双音节路径动词表达。

　　"过"也可以表征位移主体与参照背景相切的位移。例如：

　　（27）怎么碰上游若水啦？不错，正好从他家门口过。

　　例（27）"过"并不表征位移主体从参照背景"门"穿过，而是从门前经过，与"门"没有相交线，此时汉语常用"经过""路过"来表达。

　　与"pasar（过）"不同的是，西语"cruzar（过）"和"atravesar（过）"通常只能表征通过参照背景的位移，此时参照背景多具有二维或三维的特征。例如：

　　（28）a. Tardaron varios días en **cruzar** el desierto.

　　（他们用了好几天时间穿过沙漠。）

　　b. La anciana **atravesó** la calle.

　　（老太太穿过了大街。）

　　例（28a）"cruzar"表征位移主体"他们"从参照背景"沙漠"的一边

到另外一边的位移；例（28b）"atravesó"表征位移主体"老太太"从参照背景"街道"的一头到另外一头的位移。"沙漠""街道"都是位移的途经路径。

可见，汉语路径动词"过"表征位移路径时颗粒度更大，而西班牙语根据参照背景的维度特征及路径与参照背景的关系选择不同的路径动词"pasar（过）""cruzar（过）""atravesar（过）"进行表征。

综上，汉语除路径动词"来"和"出"以外，"去""上""下""进""回""过"等路径动词的概念表征颗粒度较大，位移［路径］是突显的概念要素，而西班牙语在突显位移［路径］［背景］［位移主体］等不同概念要素时路径动词的选择更加丰富，如"subir（上）、ascender（上）、bajar（下）、descender（下）、entrar（进）、penetrar（进）、adentrarse（进）、irrumpir（进）、volver（回）、regresar（回）、retornar（回）、pasar（过）、atravesar（过）、cruzar（过）"等。总体而言，汉语路径动词与西班牙语路径动词表征位移时呈现"一对多"的现象，不同的动词突显的概念要素不同。

另外，通过语料还可以发现汉西语路径动词表征言/叙者的主观视角方面的差异。复合路径动词"上来、上去、下来、下去、进来、进去、出来、出去、回来、回去、过来、过去"①不仅表征位移路径，同时表征言/叙者的［主观视角］；而西班牙语没有"*subir（上）+venir（来）"这样的组合形式，也没有动词可以融合［主观视角］这一概念要素，只有"subir（上）、bajar（下）、entrar（进）、salir（出）、volver（回）、pasar（过）"等简单路径动词表征位移的路径，不含言/叙者的主观视角。例如：

（29）a. 你游了半天了，快**上来**歇会儿。

     b. Ya has nadado buen rato. **Sube** y toma un descanso.

（30）a. 等门的女佣人立即**下来**开了门。

     b. Al momento **bajó** una criada que los estaba esperando，y les abrió la puerta.

---

① 汉语路径动词"上、下、进、出、回、过"与"来、去"组合表征言者视角方面的差异不大，为了避免重复，均统一放在此处说明。

（31）a. 我看到门房**出去**扔垃圾。

b. He visto al portero **salir** con las basuras.

（32）a. 就在我起身准备离去的时候，从门口**进来**三个戴着礼帽的男士。

b. Tres hombres **entraban** charlando en el momento exacto en que yo me disponía a salir.

（33）a. 狼对屋里的孩子们说我是你们的外婆，我**回来**了，请把门打开。

b. El lobo corrió entonces a la cabaña，llamó a la puerta y les dijo a los niños：«¡Soy vuestra abuela，ya **he vuelto**，abrid!»

例（29a）"上来"表征了位移主体从处于较低位置的泳池里到较高位置泳池外的位移，同时体现了说话人的主观视角，为靠近说话人的位移，而例（29b）"Sube（上）"只能表征由低处到高处的位移，无法体现主观视角，如果没有前文语境，可以理解为说话人与听话人一起在游泳池里，即"上去歇会儿"，也可以理解为说话人在泳池外，听话人在泳池内，即"上来歇会儿"。同理，例（30a）"下来"表征了位移主体"女佣人"从楼上到楼下的位移，且言/叙者的视角在楼下，"女佣人"是趋近言/叙者视角的移动，而例（30b）"bajó（下）"无法表征是趋近还是远离言/叙者的位移，可以理解为言/叙者在楼上，即"下去开门"，若理解为言/叙者在楼下，即"下来开门"。例（31a）"出去"表征位移主体"门房"从屋内到屋外的位移，且远离说话人，但例（31b）"salir（出）"无法表征是远离说话人的位移，若理解为说话人在屋外，则为"出来扔垃圾"。例（32b）"entraban（进）"虽然也无法表征说话人的主观视角，但是根据语境，可以判断出说话人处于屋内，此时理解为"进来"；例（33b）"he vuelto（回）"也不表征说话人的主观视角，但是用语境也可判断出为趋近说话人的位移。

总之，汉西语路径动词表征的主要差异为汉语路径动词概念表征的颗粒度比西班牙语路径动词大，因此路径动词呈现"一对多"的特征；此外，汉语复合路径动词可将言/叙者的主观视角表征进去，突显言/叙者的主观视角，而西班牙语没有类似的复合路径动词突显主观视角。

3.3　汉西语位移路径表达形式对比

　　Talmy（2000：21）认为，语言意义和表达形式之间存在系统的联系，但是，语义要素与表达形式之间远不是一一对应的关系。鹿士义、高洁、何美芳（2017）提出"在将现实世界中的运动事件与语言编码建立联系的过程中，不同语言对同一运动事件具有不同的概念化方式和表达方式，运动事件的表达具有类型学的意义"。汉西语在位移事件的表征和表达形式上也有较大的差异，上文已经详细描写了汉西语在语言表征上存在概念化方式的差异，本节将具体观察两语言表层的表达形式的异同。

　　汉语路径动词编码位移事件时其形式复杂度高于西班牙语，主要体现在汉语背景的编码形式比西班牙语复杂，如NP$_{背景}$可由介词标引也可无介词标引，NP$_{背景}$可置于路径动词之前也可置于路径动词之后，而西班牙语形式比较简单，通常由介词标引，置于路径动词之后；汉语构向的表达形式比西班牙语更加精确，在参照背景具有无界特征时，汉语要用方位词编码位移主体与空间的方位关系，而西班牙语不需要在语言表层体现出该方位关系；汉语视角编码常体现主观视角，用"来/去"或"V+来/去"编码位移事件，而西班牙语常体现客观视角；汉语自然现象中的位移主体编码为分析型，路径与位移主体独立编码，而西班牙语为综合型，路径与位移主体可融合在一个动词中。

3.3.1　V$_{路径}$与NP$_{背景}$的组合

　　汉西语路径动词与NP$_{背景}$共现时，主要有两种情况：一是NP$_{背景}$直接位于路径动词后面。例如，汉语有"上山、下水、进教室"，西语有"subir（上）la montaña（山）、bajar（下）las escaleras（楼梯）"。二是由介词介引NP$_{背景}$位于路径动词前面（西语通常是后面）。例如，汉语有"从山上下来、到学校去、沿路回去"，西语有"bajar（下）de（从）la montaña（山）、ir（去）a（到）la escuela（学校）、volver（回）por（通过）el camino（路）"。

3.3.1.1　汉语"V$_{路径}$+NP$_{背景}$"与西语"'V$_{subir}$'类+NP$_{背景}$"/"NP$_{背景}$+PA+'V$_{subir}$'类"

　　汉西语路径动词虽然其后面直接可以出现NP$_{背景}$，但汉西语之间以及汉语内部不同路径动词之间的差异比较大。

首先，指示路径动词"来、去"和非指示路径动词"上、下、进、出、回、过"后面可直接出现NP_{背景}，无须介词标引。例如：

我来中国　他去西班牙

我们上山　他们下飞机　　她下水

你进屋　　你们出城

他回家　　她们过河

汉语作为SVO型语言，从语序即可判断出动词的两个论元哪个是位移主体，哪个是空间论元。此时，参照背景可以是起点背景、经过点背景或终点背景。

西班牙语的路径动词只有"subir（上）、bajar（下）、pasar/curzar/atravesar（过）"因具有及物动词的属性，其后可直接出现NP_{背景}，而其他路径动词均不可以，因为均为不及物动词，并且此时背景通常为经过点背景。此外，西语的名词之前通常需要添加冠词，位移事件中的背景通常为有定背景，作为背景的名词前需加与之保持性、数一致的定冠词表有定。例如：

subir	la	cuesta		subir	a	la	roca
上	冠词	坡		上	到（介词）	冠词	岩石
bajar	la	escalera		bajar	de	la	cama
下	冠词	楼梯		下	从（介词）	冠词	床
pasar/cruzar/atravesar	el	río		pasar/cruzar	por	la	calle
	过	冠词	河	过	从（介词）	冠词	街
*entrar	la	sala		entrar	en	la	sala
进	冠词	厅		进	在（介词）	冠词	厅
*salir	la	ciudad		salir	de	la	ciudad
出	冠词	城		出	从（介词）	冠词	城
*volver	casa			volver	a	casa	
回	家			回	到（介词）	家	

其次，汉语复合路径动词"上来、上去、下来、下去、进来、进去、出来、出去、回来、回去、过来、过去"与NP_{背景}组合时，NP_{背景}通常不能置于其后，而是置于非指示路径动词和指示路径动词之间。例如：

上山来　　*上来山

下河去　　*下去河

进屋来　　*进来屋

出城去　　*出去城

回家来　　*回来家

过河去　　*过去河

西班牙语由于没有相对应的复合路径动词，因此NP$_{背景}$的位置通常仍是位于上述路径动词之后。但是，有时NP$_{经过点}$也可以置于西班牙语路径动词之前，称为"宾语前置"。由于西班牙语是比较典型的SVO型语言，因此宾语前置时必须有宾格代词作为标记词，置于NP$_{背景}$与路径动词之间，以标示位于路径动词前面的名词为宾语，而非主语。例如：

（34）La　　montaña　　la　　subieron　　muy　　rápido.

　　　　冠词　　山　　宾格代词　（他们）上　　很　　快

　　　　（他们很快上了山。）

（35）Las　　escaleras　　las　　bajaron　　lentamente.

　　　　冠词　　楼梯　　宾格代词　（他们）下　　慢慢地

　　　　（他们慢慢地下楼。）

（36）El　　río　　lo　　pasamos　　a nado.

　　　　冠词　　河　宾格代词　（我们）过　　以游的方式

　　　　（我们游过河。）

宾格代词作为标记词，要与其所指代的名词保持性、数一致。西班牙语的宾格代词有"lo（阳性单数宾格代词）""la（阴性单数宾格代词）""los（阳性复数宾格代词）""las（阴性复数宾格代词）"四种形式。例（34）"montaña（山）"为位移事件的经过点背景，是阴性单数名词，前置于路径动词"subieron（上）"时，二者中间需要添加阴性单数宾格代词"la"作为标记。同理，例（35）"escaleras（楼梯）"为经过点背景，是阴性复数名词，前置于路径动词"bajaron（下）"时，动词之前需要阴性复数宾格代词"las"作为标记。例（36）"lo"是阳性单数宾格代词，与经过点背景"río（河）"保持性、数一致，标记其作为宾语的句法成分。

此外，虽然背景是位移事件的一个参考框架，正是相对于该参照背景，位移主体的路径或方位才能得以描述（Talmy，2000：26），但是在语言表层，参照背景根据语境既可显现也可隐现。简单路径动词表征的位移事件结构往往都含有位移背景，汉语一定要激活在表层，西班牙语可以默认，不用激活。所以，表层形式上出现了不对应的差异，即汉语"V_{简单路径}+NP_{背景}"在西班牙语中单独使用路径动词"V_{路径}"表达位移。语料显示，"上+NP_{背景}"88例，西语隐去终点背景14例；"下+NP_{背景}"150例，西语隐去起点背景32例；"进+NP_{背景}"共243例，西语隐去终点背景29例；"出+NP_{背景}"共124例，西语隐去起点背景11例。例如：

（37）a. 她一**上炕**就站起来，脑袋顶着纸天棚。

b. Nada más **subir** se puso de pie y su cabeza casi tocó el techo.

（38）a. 五分钟后我**下楼**了，一手拿着新提包，一手拿着雷特拉35打字机。

b. **Bajé** cinco minutos después，con mi bolso nuevo en una mano y la Lettera 35 en la otra.

（39）a. 那两位迎接的官员一**进房间**，脸上冷漠的表情立刻消失了。

b. Cuando **entraron** los dos oficiales que la habían recibido，sus expresiones cambiaron.

（40）a. 我没有回答，只是摇着头拒绝，**出了门**就迈开大步走，脚步既不坚定，也不漂浮。

b. Le rechacé sin palabras y **salí**. Eché a andar con un paso que no era ni firme ni flojo ni lo contrario.

汉语"V_{简单路径}+NP_{背景}"，若隐去NP_{背景}，则都是不自足、不完整的句子，即便背景为已知背景。如例（37a）"她一上炕就站起来"若隐去NP_{背景}变为"*她一上就站起来"，例（38a）"五分钟后我下楼了"省略NP_{背景}变为"*五分钟后我下了"，例（39a）"那两位迎接的官员一进房间，……"变为"*那两位迎接的官员一进，……"，例（40a）"出了门就迈开大步走"变为"*出了就迈开大步走"等。这种现象可能与汉语的韵律有关。汉语的音步一般由两个音节组成，单音节形式不足以构成独立的音步（冯胜利，1998），因此双音节短语"下山"可以看作是双音节音步的产物。然而，双音化的条件并非一定是路径动词与NP_{背景}共现，有时起点背景转化为视角元素也可以满足汉语的韵律。如例（37a）变为"她一上来就站起来"，例（38a）变为"五分钟后我下去了"，例（39a）变为"那两位迎接的官员一进来，……"，例（40a）变为"出去了就迈开大步走"等也是符合汉语语法规则的句子。

西班牙语位移句在背景为已知信息时可以隐去NP_{背景}。如例（37b）路径动词"subir（上）"表征位移主体"她"自下而上的位移，虽然位移的终点背景"炕"没有在语言层面表达出来，但是根据前文语境已知终点为炕上。同理，例（38b）路径动词"Bajé（下）"表征位移主体"我"由高至低的位移，虽然没有出现起点背景"piso（楼）"，但是通过前文已知位移主体移动前处于楼上的位置。例（39b）尽管"entraron（下）"所在的小句中没出现终点参照背景"房间"，但是前文出现过，因此可视为已知信息，可以隐去。例（40b）"salí（出）"表征由内向外的位移，根据语境可知位移主体"我"原处于门里，"门"为已知信息，因此隐去了起点背景。

遵循语言经济原则，西班牙语可以省略已知背景，仅用路径动词表达位移，对言/叙者和听者而言，为已知信息的起点背景或终点背景再次出现在语言表层属于重复现象，而西班牙语一贯秉承以不同的形式避免重复的原则，如例（37b）—（40b）分别省略了背景"kang（炕）""piso（楼）""habitación（房间）"和"puerta（门）"。古川裕（2002）提出了人类普遍的认知倾向"终端焦点化"，即面对事件的起承转合，人们往往重视终结，相对轻视起因，对位移事件而言则是重视终点而轻视起点。因此，在西班牙语例句中，"下+NP_{背景}"省略的基本都是已知的起点信息，而经过点和终点均未见省略背景的现象。此外，西班牙语是表音文字，每个单词都有其特定的读音，不需要用其他的词来满足韵律需求。

在不省略参照背景的情况下，西班牙语通常由介词标引NP_{背景}，汉语也可用介词标引NP_{背景}，标引起/终点的常用介词与西班牙语介词呈现"一对多"的现象，标引经过点的介词呈现"多对一"的现象，标引方向的介词也呈现"多对一"的现象。例如，"从"标引起点，西班牙语可用介词"de/desde"标引；"到"标引终点，西班牙语可用介词"a/hasta"标引；"沿/顺/从"可标引经过点，西班牙语用介词"por"标引；"朝/向/往"可标引方向，西班牙语用介词"hacia"标引。除介词表征引起的表达差异外，介词短语的语序也不同。

3.3.1.2　汉语"Pre+NP$_{背景}$+V$_{路径}$"与西语"V$_{路径}$+Pre+NP$_{背景}$"

汉西语路径动词与NP$_{背景}$共现时，最主要的一个表达形式是借助介词把NP$_{起点}$或NP$_{经过点}$介引到路径动词前面。这是汉语常见的语序，西班牙语也有同样的语序，不过最普遍的用法是介词介引NP$_{起点}$或NP$_{经过点}$置于路径动词后面。

（一）"从+NP$_{起点}$+V$_{路径}$"与"V$_{路径}$+de/desde+NP$_{起点}$"

汉西语路径动词均可与起点背景共现，汉语常由介词"从"标引起点背景置于路径动词之前；而西班牙语由"de"和"desde"两个表征不同的介词标引，常置于路径动词之后。西语两个起点介词的区别在于，"de"是最普遍的标引位移起点的介词，不涉及位移中的其他路径元素，具有无界性；而"desde"有强调位移起点本身的特点，通常也有对应的终点元素，但是在句子表层可以省略（Bon，2010Ⅱ：187），具有有界性。例如：

（41）a. 他**从车上下来**，跟他们聊天，并出示他那张惊人的通行证。

　　　b. **Se baja del auto,** habla con ellos y les muestra su impresionante salvoconducto.

（42）a. 他们会**从山上下来**，在天亮前直接到达火车站，一只脚都不用踏进这个城市。

　　　b. **Bajarán desde el monte** e irán a por ella directamente antes de que amanezca，sin necesidad de pisar la ciudad.

（43）a. 昨天，星际时间大约是436950，我**从四号会议舱出来**。

　　　b. Ayer，alrededor de la hora estelar 436950，**salí de la sala** de conferencias número cuatro.

例（41a）（42a）（43a）中汉语均用介词"从"标引了位移起点"车上""山上""四号会议舱"，置于路径动词"下来""出来"之前。而西语例（41b）（43b）中均用介词"de"标引位移起点"auto（车）""sala（舱室）"；但是（42b）选用了介词"desde"标引位移起点"monte（山）"。

例（41b）路径动词"Se baja（下）"与背景"el auto（车）"之间需要标引起点的介词"de"连接，且置于路径动词之后。由于只是表明位移的起点是车上，未涉及下车后的具体终点，具有无界性，因此言者选用了介词"de"。

　　而例（42b）"Bajarán（下）desde（从）el monte（山）"中介词"desde"标引了位移起点"山"，后文又提到了整个位移的终点"火车站"，有强调位移起点和终点的意图，具有有界性，因此例（42b）选用了介词"desde"来标引位移起点（具体差异如图3.6）。

图3.6　"de"与"desde"的差异

　　同理，例（43b）为位移主体从舱内向舱外的位移事件，只突显了位移的起点，但未强调舱外某处为位移终点，因此选用介词"de"标引了位移起点"la sala（舱室）"。

　　汉西语路径动词与NP$_{起点}$共现时，导致两种语言介词短语位置差异的原因与语序类型有关。从语言类型来看，汉语和西班牙语都是SVO型语言，典型语序为"主语（位移主体）-谓语（路径动词）-宾语（背景）"。因此，如"下车""下山"等表达符合SVO语序，占比94.31%，为无标记形式，而汉语"从车上下来""从山上下来"将背景"车""山"提至谓语之前，则需使用介词"从"作为出位标记，占比仅为5.69%。但是，"在VO语言里，一般使用前置词，而且介词短语位于动词之后。在900多种语言里面，只有汉语是VO语言的介词短语主要位于动词之前"（刘丹青，2017：225）。

　　西班牙语与大多数VO语言一样，具有及物属性的路径动词"subir（上）、bajar（下）、pasar/cruzar/atravesar（过）"与背景的语序为"V$_{路径}$+NP$_{背景}$"（详见3.3.1.1）。但具有不及物属性的路径动词与NP$_{背景}$共现时必须由介词标引背景，作为该路径动词的介词补语，即"V$_{路径}$+Pre+NP$_{背景}$"。由于西班牙语的介词补语在句法中的位置具有一定的灵活性，因此也有"Pre+NP$_{背景}$+V$_{路径}$"的形式，但路径动词后通常有位移主体或其他成分。可能是因为西班牙语是V型语言，位移路径通常是着重突显的内容，而其背景成分次之，因此参照背景信息通常不出现前置现象。

　　陈忠（2020）提出汉语是"背衬（背景）优先"的语言，英语是"显体（位移主体）优先"的语言，背衬优先的语言背衬分布的三个表现之一即为句中涉及动作结束之前的背衬信息前置于动词，显体优先的语言无论背衬信息表示动作结束前或后，一律置于动词后。按照这一类型划分，通过搜集语料可证实汉语是"参照背景优先"的语言，而西班牙语是"位移主体优先"的语言。

（二）"沿/顺/从+NP$_{经过点}$+V$_{路径}$"与"V$_{路径}$+por+NP$_{经过点}$"

汉西语路径动词都可与经过点背景共现，标引经过点背景的汉语介词比西班牙语介词丰富。汉语可由介词"沿/顺/从"标引位移的经过点背景，西班牙语通常用介词"por"标引。这些介词属于"线"性介词，在空间轴上表示的是一段距离（张斌，2010：714）。西班牙语"por"标引的经过点背景与路径的内部空间关系有关，路径可以包含经过点背景，也可不包含。若路径包含经过点背景，汉语可用"沿/顺/从"标引，而当路径不包含经过点背景时，汉语更倾向于用"从"标引。例如：

（44）a. AA和程心**沿着**一架细长的舷梯**上**了穿梭机。

b. AA y Cheng Xin **subieron por** una estrecha y larga escalera para alcanzar la lanzadera.

（45）a. 只见**顺着**山坡**下来**许多穿白的人，装束像苦行赎罪的。

b. Vio a deshora que **por** un recuesto **bajaban** muchos hombres vestidos de blanco，a modo de disciplinantes.

（46）a. 那大院很深，**从大门进去**，一个院子套着一个院子，仿佛永远走不到头。

b. El patio de aquel sitio era muy grande. **Entramos por** la puerta principal，lo atravesamos y enseguida llegamos a otro patio. Parecía que ese lugar contase con una infinidad de patios.

（47）a. 我一**从走廊出来**就开始注视墙上所有的东西。

b. Al **salir por** el pasillo comencé a fijarme en todo lo que había en las paredes.

（48）a. 公共汽车**从**我们村**过**。

b. El autobús **pasó por** nuestra aldea.

例（44a）经过点背景为"舷梯"，例（45a）经过点背景为"山坡"，位移主体"上""下"的位移路径包含经过点背景，由"沿着""顺着"标引，此时位移主体倾向于贴着参照背景进行移动，且经过点背景的距离较长，可概括为"长距相交"型。例（46a）途经背景为"大门"，位移路径包含经过点背景，且经过点背景的距离较短，由"从"标引；例（47a）经过点背景为"走廊"，虽然"走廊"的距离可以很长，但是"出"是瞬时动作，无法表征途经了很长的距离，因此也由"从"标引，可归纳为"短距相交"型。例（48a）经过点背景为"村"，位移主体"公共汽车"可以从经过点背景村子里穿过，也可以在村子前面路径，由"从"标引位移路径包含或不包含的背景，后者可归纳为"短距相切"型。

　　西班牙语的位移经过点路径无论是"长距相交"型、"短距相交"型，还是"短距相切"型（对比详见图3.7），都用介词"por"标引经过点背景，如例（47b）（48b）。

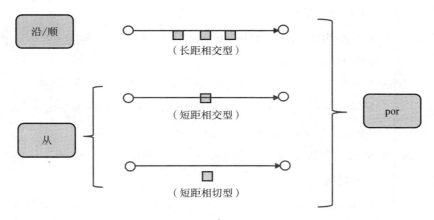

图3.7　"沿""顺""从""por"的差异对比

　　从语序来看，"沿/顺/从"及其标引的经过点背景均置于路径动词之前，与标引起点或方向的介词短语相同，如例（47a）（48a）；西班牙语介词"por"及其标引的经过点背景通常置于路径动词之后，如例（44b）和例（46b）（48b），虽然VO语言的介词短语通常位于动词之后，但是西班牙语也有与汉语相同的位于动词之前的情况，如例（45b）"por（介词）un recuesto（山坡）bajaban（下）muchos hombres（很多人）"，但是此类情况为少数，不具有典型性。

　　此外，西班牙语自上而下或自下而上的位移事件中，起点路径论元和终点路径论元都必须有介词标引，而途经路径论元既可以用介词"por"标引，也可以不用介词标引。例如：

（49）a.我们来到一处门廊，进去后又上了一段**楼梯**。

　　　　b. Llegamos a un portal，entramos，**ascendimos** una escalera.

（50）a. 他看到深水王子正走**上**宫殿前长长的宽**石阶**，露珠公主跟在他
　　　　后面。

　　　　b. Vio que Aguas Profundas **subía por** las escaleras de delante del
　　　　palacio，y Gota de Rocío estaba detrás de él.

（51）a. 他拖着箱子**下了坡**。

　　　　b. **Bajó la cuesta**，arrastrando la maleta.

（52）a. 我们飞速**下山**，跑向家里。

　　　　b. **Bajamos por el monte** a toda prisa camino de la casa.

　　例（49a）—（52a）途经背景"楼梯""石阶""坡""山"置于路径
动词"上""下"之后，无须介词标引。西班牙语有两种形式，例（49b）
"ascendimos（上）una escalera（楼梯）"和例（51b）"Bajó（下）la cuesta
（坡）"为无标记形式，而例（50b）"subía（上）por（介词）las escaleras
（石阶）"和例（52b）"Bajamos（下）por（介词）el monte（山）"为介词
"por"标引途经背景的形式。两种形式的形成与路径动词的属性有关。西班
牙语大多数路径动词为不及物动词，但是"subir（上）""bajar（下）"既有
及物动词的属性，也有不及物动词的属性。例（49b）"ascendimos（上）"
和例（51b）"Bajó（下）"为及物动词，因此无须介词标引，可直接与途经
路径论元组合，例（50b）"subía（上）"和（52b）"Bajamos（下）"为不
及物动词，需要介词标引路径论元，且介词短语置于路径动词之后。

　　由于对背景实体的认知以及对位移路径侧重表达不同，汉语母语者和
西班牙语母语者对位移经过点和位移起点的理解并不相同。如"下楼/下楼
梯"，汉语母语者常把"楼/楼梯"看成一个整体，倾向于将其视为起点；而
西班牙语母语者常将其视为一段距离，更倾向于表达通过楼梯向下位移的过
程，也可以说此过程包含了位移的起点、经过点与终点（对比详见图3.8），
因此在表达形式上汉西语产生了差异。

图3.8　汉西语"下+途经背景"的认知图式差异

古川裕（2002）提出位移动词"下"在语义上具有双指向性特点，其宾语既可以是体现终点指向的名词，也可以是体现起点的名词。但是通过西班牙语例句反观汉语，"下"不仅可以指向起点和终点，还可以指经过点，即位移途经的背景，如"下山""下楼梯""下坡"等，将"山""楼梯""坡"等具有一定长度的实体背景在认知中视为一个二维的"面"，而非像起点和终点一样的零维的"点"。"上"在语义上具有单指向性，常指向终点，但在途经背景为"山""楼梯""坡"时，也指向位移的经过点。

汉语"下"与起点、经过点、终点共现时都有无标记和有标记两种表达方式；而西班牙语"bajar/descender（下）"只有与经过点共现时才有无标记和有标记两种表达形式，路径动词分别为及物动词和不及物动词的用法，与起点和终点共现时均为有标记的表达方式，可见西班牙语表向下运动的主要位移动词"bajar（下）"比汉语"下"的语法属性更加丰富，详见表3.2。

表3.2　汉西语"下""bajar"与背景共现的标记对比

背景	汉语		西语	
	无标记	有标记	无标记	有标记
起点	下马	从马上下来	/	Bajar del caballo
经过点	下坡	从坡上下来	Bajar la cuesta	Bajar por la cuesta
终点	下水	下到水里	/	Bajar al agua

（三）"朝/向/往+NP_{方向}+V_{路径}"与"V_{路径}+hacia+NP_{方向}"

路径论元为［方向］信息时，即论元为目标指向时，汉语和西班牙语路径论元的实现方式相同，都需要介词"朝/向/往"和"hacia"标引位移的目标指向。因受到语序类型的影响，汉语的介词"朝/向/往"与其标引的目标指向论元常置于路径动词之前①；而西班牙语介词"hacia"及其标引的位移目标指向常置于位移动词之后。

更重要的差别是，汉语常用的结构为"朝/向/往+NP + V$_{方式}$+ V$_{路径}$"，平行语料库中与"朝/向/往+NP+V$_{路径}$"的比例为114：3，［方式］参与度很高，而西班牙语语料则无［方式］参与。例如：

（53）a. La señora **vino hacia** mí y me felicitó.

　　　b.*那位女士来向我并祝贺我。（直译）

　　　c.那位女士向我走来并向我表示祝贺。（意译）

（54）a. **Fui hacia** el ordenador y revisé mi correo.

　　　b.*我去向电脑并检查我的邮件。（直译）

　　　c.我走向电脑并检查我的邮件。（意译）

例（53a）中"La señora（那位女士）"位移的路径是"vino（来）"，位移的目标指向是"mí（我）"，西班牙语的表层形式为"vino（来）+hacia（向）+mí（我）"，但是汉语"来+向+我"不符合语法规则，介宾短语要放在动词的前面，还要加上方式动词"走"才符合汉语的语言习惯，而此时"来"的位移概念由综合位移义转向了路径方向义。例（54a）中位移主体是"我"，位移路径是"fui（去）"，位移目标指向是"el ordenador（电脑）"，西班牙语中还是直接用"fui（去）+hacia（向）+el ordenador（电脑）"，而汉语不能使用"去+向+电脑"，要用"向电脑走去"，同样需要加上方式动词，或者直接用方式动词代替指示路径动词，"走向电脑"也符合语法规则。再如：

（55）a.（红嘴乌鸦）一边盘旋，一边**朝着我扑下来**。

　　　b. **Se lanzó hacia** mí en picado，rozando mi rostro.

（56）a.转身一看，竟是艾AA正**向她跑过来**。

　　　b. Se volvió y vio a AA **corriendo hacia** ella.

（57）a.秦河满脸尴尬，丢下棍子，**往河边走去**。

---

① "朝/向/往"虽然都可以标引方向，但是"朝"仅可位于动词之前，而"向/往"可位于路径动词之前，也可位于方式动词之后，如"飞+往+NP""跑+向+NP"。

b. Turbado y avergonzado，Qin He tiró el palo al suelo y **anduvo hacia** la orilla.

例（55a）（56a）（57a）均为"朝/向/往+NP +V$_{方式}$+V$_{路径}$"的表达形式，此时，西班牙语例句中的核心动词不是路径动词，而是方式动词"Se lanzó（扑）""corriendo（跑）""anduvo（走）"，介词"hacia"编码了位移路径。

从语序类型看，汉语和西班牙语虽然都是SVO型语言，但是介词短语的语序并不相同。SVO型语言的典型语序为"主语-谓语-宾语"，例（53a）（54a）、例（56b）（57b）的介词短语"hacia（向）+mí（我）""hacia（向）+el ordenador（电脑）""hacia（向）+ella（她）""hacia（向）la orilla（河边）"都位于谓语动词之后，符合正常的SVO型语言的语序。而汉语是非典型的SVO型语言，例（53c）"向我走来"介词短语位于动词之前，例（54c）"走向电脑"介词短语位于动词之后。汉语介词短语位于动词前后是有条件限制的，若有指示路径动词出现，即言/叙者以主观视角描述位移事件，介词短语置于动词之前；若仅有方式动词出现，即言/叙者以旁观者身份描述位移事件，介词短语置于动词之后。

从事件类型看，尽管不同学者对现代汉语的位移事件类型有不同的看法，但从语言事实出发，以方式动词为谓语中心词的动趋式是汉语自然语篇中更为普遍的事件结构，可将汉语视为附加语类型结构比重较高的语言（刘礼进，2014）。在指示路径动词与方向介词共现时，汉语的"来/去"失去了综合位移义，仅表达［方式］+［路径］中的路径方向义，甚至还可以用［方式］+［方向］取代［路径］成分；西班牙语则是［路径］+［方向］表达位移。这也表明了汉语具有附加语框架语言的特征，常由方式和路径共同编码位移事件，而西班牙语更倾向于动词框架语言的特征，路径为核心，方式可隐去。因此，汉语可见如下例句。

（58）a. **狗跑去**隔壁楼梯，被好心人捡到了。

b. 前几天我们村里一只**羊跑去**喝水，喝了以后就死掉了，厂里就赔了两百块钱。

c. 在与对方守门员争抢中双双倒地，**皮球**向大门**滚去**，可惜被五牛后卫抢险解围。

汉语位移主体为动物或通过人类的控制可以自由移动的实体时，通常在指示路径动词前加上位移方式动词共同编码位移事件，如例（58）"跑去""滚去"。范立珂（2014）指出了普通话"来/去"具有综合位移义、路径方向义、纯方向义三种位移概念。作为指示路径动词的"来""去"具有综合位移义，其概念结构为［运动+路径+主观方向］，西班牙语的"venir（来）""ir（se）（去）"也是如此。而"跑去""滚去"中"去"具有路径方向义，其概念结构为［路径+主观方向］。也就是说，此时"去"失去了［运动］的概念，但是位移事件中［运动］是核心成分，因此汉语常在"去"之前使用表［运动］的方式动词与"去"一起表达位移事件，"*狗去隔壁楼梯""*羊去喝水"和"*皮球向大门去"的形式是不常见的。这也可以解释郝美玲、王芬（2015）与鹿士义、高洁、何美芳（2017）的研究中指出汉语单独使用指示路径动词表达位移的比例最少的原因，因为位移主体的生命度限制了指示路径动词的使用范围。

而西班牙语是典型的动词框架语言，即用核心动词来表达位移路径，方式在言/叙者不想突出强调的情况下可以隐去，如"El perro fue a la puerta（*狗去了门口）"，"fue（去）"的概念结构仍为［运动+路径+主观方向］，言/叙者不想突显"狗"的位移方式是"跑""跳"还是其他方式，因此在语言表层无须体现。再次表明西班牙语中能够自主位移的人、动物和通过人类的控制可以自由移动的实体都可以作为"ir（se）（去）"的位移主体，方式为非必要成分（汉西语位移方式表达异同详见4.1）。

综上，汉语路径动词与西班牙语路径动词的编码差异与位移的参照背景有关。首先，汉语按照SVO语序的特点，参照背景在位移动词之后时通常无须介词标引，起点背景、途经背景和方向背景可以通过介词标引前置于路径动词；而西班牙语除了"subir（上）""bajar（下）""pasar（过）"作为及物动词时可以不用介词标引背景，其他路径动词都需要介词标引背景，且介词短语常置于路径动词之后。西班牙语起终点介词根据事件界态特征有不同的选择，而汉语根据参照背景的距离及位移主体与参照背景之间的空间关系可选择不同的介词。

3.3.1.3 "V_{路径}+到+NP_{终点}"与西语"V_{路径}+a/hasta/en+NP_{终点}"

汉语NP_{终点}有两种句法位置，位于简单路径动词之后或简单路径动词与指示路径动词之间。例如：

来/进到教室　　　（V_{简单路径}+到+NP_{终点}）

进到教室来/去　　（V_{非指示路径}+到+NP_{终点}+V_{指示路径}）

西班牙语NP_{终点}通常位于路径动词之后。例如：

venir　　　hasta　　　mi　　casa　　（V_{指示路径}+hasta+NP_{终点}）

来　　到（介词）　我的　　家

volver　　　a　　　　la　　universidad　（V_{非指示路径}+a+NP_{终点}）

回　　到（介词）　定冠词　　大学

entrar　　　en　　　el　　aula　　（V_{非指示路径}+en+NP_{终点}）

进　　到（介词）　定冠词　教室

汉语可由介词"到"标引位移的终点背景，西班牙语标引终点路径论元的有"a"和"hasta"两个介词，其差别仍基于位移事件的界态特征，"a"是最普遍的标引位移目的地或终点的介词，没有特殊的强调意味，也不考虑其他的位移路径，具有无界性；而介词"hasta"指路径延伸的界限，强调所及位移的终点，同时突显到达终点之前的路径（Bon，2010 I：290），具有有界性。此外，路径动词为"entrar（进）"时，更常用介词"en"标引位移的终点，并且汉西语介词与其标引的终点背景在位移事件中的语序是相同的。例如：

（59）a. 罗辑和大史一起，从树干的电梯直**下到**地面一层。

　　　b. Luo Ji y Shi Qiang cogieron el ascensor del tronco para **bajar a** la planta baja.

（60）a. 四眼和几个农民跟在他们的村长身后，**下到**了悬崖脚下。

　　　b. El Cuatrojos y algunos aldeanos，precedidos por su jefe，**bajaron hasta** el pie del acantilado.

例（59a）"下到地面一层"与例（60a）"下到悬崖脚下"中介词"到"分别标引了位移终点"地面一层""悬崖脚下"，置于路径动词"下"之后。而例（59b）"bajar（下）a（介词）la planta baja（一楼）"中"la planta baja（一楼）"是位移的目标或终点，位移事件中没有强调其他路径元素之意，因此选用过了介词"a"；（60b）"bajaron（下）hasta（介词）el pie del acantilado（悬崖脚下）"中"el pie del acantilado（悬崖脚下）"是位移的终点，尽管语言表层没有出现"从悬崖上"这个起点背景，但是"hasta"暗含了从悬崖上经过一段路程最终到达悬崖脚下的整个位移路径，只是终点是突显元素。

（61）a. 我从容地踏上电梯，**上到**六楼。

　　　b. Con tranquilidad puse los pies en el ascensor y **subí a** la sexta planta.

（62）a. （族老们）**出到**院子里，只见二门口都站满了人。

　　　b. Los jefes **salieron al** patio，vieron que estaba llena de gente al lado de la segunda puerta.

（63）a. 我们选择**回到**摩洛哥去。

　　　b. Optamos por **regresar a** Marruecos.

例（61b）（62b）（63b）都用介词"a"标引了向上位移的终点"la sexta planta（六楼）"、向外位移的终点"el patio（院子）"和向原处位移的终点"Marruecos（摩洛哥）"。"a"是唯一一个以中立的方式标引位移运动中预期终点的介词，既不强调位移本身，也不强调位移终点，而"hasta"强调位移终点，但标引的终点不一定是相关位移运动的预期终点（Bon，2010 Ⅱ：186）。"a"与"hasta"的差异对比详见图3.9。

图3.9　"a"与"hasta"的差异

（64）a. 婉喻很谨慎，没**有**进到客厅**来**。

　　　b. Wanyu，muy prudente，no entró en el salón.

例（64a）汉语用介词"到"标引由外而内的位移终点"el salón（客厅）"，西班牙语没有选择"a"或"hasta"，而是选用了介词"en"标引。通常来说，介词"a"用来标引位移的终点，可视为"方向介词"，也可称为"动态介词"，介词"en"标引空间位置，可视为"处所介词"，也可称为"静态介词"，如"en la habitación（在房间里）"。但是介词"en"在特殊情况下可以用来标引某动作朝向的地点，即与表朝向某空间内部移动的动词连用之时，如entrar（进入）、meterse（进入、钻入）等（Bon，2010 I：305）。选择"a"或"en"具有较强的主观性，若将终点背景视为零维的点，则常用介词"a"标引，若将终点背景视为三维的立体空间，则常选用介词"en"标引。例如：

（65）a. 两岸的村庄里，都有木筏和小船下水。

b. A lo largo del viaje vi que muchos barquitos y canoas de los pueblos adyacentes **entraban al** río.

（66）a. 一个民兵用嘴叼着手电筒下了地洞。

b. Un miliciano **se metió en** el agujero con una linterna en la boca.

例（65a）的终点背景"水"在西班牙语母语者的认知里被视为一个"点"，而非立体的空间，由介词"a"标引终点；例（66a）的终点背景"地洞"被视为三维的立体空间，由介词"en"标引终点。

至于介词短语的语序，汉西语介词与其标引的终点背景在位移事件中都置于简单路径动词之后，是因为按照人类的认知经验，基于Lakoff"来源–路径–目的"（source-path-goal）图像基模，终点背景无法像起点背景一样提至路径动词之前。不同的是，汉语介词短语还可以置于非指示路径动词与指示路径动词之间，如例（63a）"回到摩洛哥去"，例（64a）"进到客厅来"，添加了言/叙者的主观视角；而西班牙语的非指示路径动词无法添加主观视角，因此介词短语仍位于路径动词之后，如例（63b）"regresar（回）a（到）Marruecos（摩洛哥）"，例（64b）"entró（进）en（到）el（冠词）salón（客厅）"。

此外，"从""到"属于"点"性介词，在空间轴上所表示的点是运动的，无论是起点还是终点，都相对地隐含着另一个终点或起点（张斌，2010：714）。西班牙语表"从+起点+到+终点"可以用两组不同的介词搭配，即"de+起点+a+终点"和"desde+起点+hasta+终点"。同理，前者只是指出位移的起点和终点，而后者有强调位移起点和终点的意味。例如：

（67）a. Fuimos **de** Los Ángeles **a** San Francisco en avión；y luego，**desde** San Francisco，en autobús **hasta** Nueva York.

　　　b. 我们乘飞机**从**洛杉矶**到**圣弗朗西斯科，然后乘大巴**从**圣弗朗西
　　　斯科**到**纽约。

　　于言/叙者而言，从洛杉矶到圣弗朗西斯科距离约615千米，坐飞机是正常的交通工具，无须强调，使用了"de…a…"这组介词；而相比之下，从圣弗朗西斯科到纽约距离4 600多千米，乘坐的交通工具却是大巴，言/叙者要强调位移起点与终点间的路程之遥远，便使用了"desde…hasta"这组介词。

　　视角是言/叙者在表征位移事件时对"路径+背景"片段的选定或窗口化，视角分为基本视域和指向（史文磊，2014：172）。"来/venir""去/ir"分别为指向说话人和远离说话人的位移，是否使用或者使用哪个取决于言/叙者的主观视角。除汉语复合路径动词体现主观视角而西班牙语无此类复合动词外，西班牙语［主观视角］参与度较低还体现在汉语用指示路径动词"来""去"编码的位移事件上，西语有时还用纯路径义的路径动词编码。

　　通过汉西语平行语料库发现，汉语语料中指示路径动词"来"编码的位移事件共426例，在西班牙语语料中使用"llegar/alcanzar（到）"100例，"acercarse/aproximarse（靠近）"22例，dirigirse（向……移动）5例，即未体现言/叙者主观视角的占比为29.81%。"去"共340例，西班牙语语料中使用"llegar（到）"29例，"dirigirse"（向……移动）23例，"acercarse（靠近）"18例，未体现言/叙者主观视角的占比为20.59%[①]。这些数据表明西班牙语母语者在表达位移事件时，［主观视角］的参与度比汉语母语者低。例如：

（68）a. 五分钟以后，弗拉乌·海恩兹来了。

　　　b. A　　los　　cinco　minutos　llegó　　　Frau Heinz.
　　　介词　冠词　　五　　分钟　　到　　弗拉乌·海恩兹

（69）a. 酒吧很小，我们去的时候，表演者们站在门口抽烟和聊天。

　　　b. Era un bar pequeño,　cuando　　llegamos,　　los bailaores
　　　　　　　　　　　　　当……时　（我们）到　　表演者们

---

　　①汉语也有"来"和"到"通用的情况，如"他们来了"和"他们到了"，前者突显趋近于说话人的位移，后者突显位移的终点。平行语料库的数据比例在一定程度上反映的是汉西语母语者在写作和翻译时的主观倾向。

estaban fumando	y	charlando	en	la	puerta.
吸烟	连词	聊天	在	冠词	门

例（68a）（69a）"来"和"去"编码的位移事件不仅体现了说话人的主观视角，而且在目标指向恰好也是位移终点时，在起点与终点间建立了一定的距离关系，但是西班牙语语料都用了路径动词"llegar（到）"来编码。

例（68b）"llegó（到）"、例（69b）"llegamos（到）"都表征位移主体移动的终点，并不能体现出该终点与言/叙者所在之处的距离关系。可见，"来/venir" "去/ir"和"llegar（到）"的差别是"来/venir" "去/ir"突显［+主观方向］，表明目标，但不强调到达，且该目标以说话人为参照点；但是"llegar（到）"突显的是［+终点］，强调到达，表明终结，不以说话人为参照点，具有［-主观方向］的语义特征。

（70）a. 这时候一对男女来到我们桌前。

b. Una pareja **se acercó** entonces a la mesa.

一对男女　　靠近　　这时候　到（介词）冠词　桌子

（71）a. 到七点半的时候我终于忍不住去吧台询问提姆的去向。

b. A las siete y media **me acerqué** a la barra

七点半时　　　（我）靠近　到（介词）冠词　吧台

y preguntépor Dean.

连词　　询问　　关于（介词）　提姆

例（70a）"来"编码位移主体"一对男女"从他处向目标指向"我们桌"移动；例（71a）"去"编码位移主体"我"远离所在地向目标指向"吧台"的移动。"来""去"都以说话人所在位置为参照。

而西班牙语语料用"acercarse（靠近）"来编码。例（70b）"se acercó（靠近）"表征位移主体"una pareja（一对男女）"向目标指向"la mesa（桌子）"的移动；例（71b）" me acerqué（靠近）"表征位移主体向目标指向"la barra（吧台）"的移动。虽然后者具有［+方向］的语义特征，但是"来/venir" "去/ir"具有［+主观方向］的特征，而"acercarse（靠近）"具有［-主观方向］特征。

（72）a. 中午之前我就开着车来到了总督府。

b. Antes del mediodía　　　　**me dirigí**　　　a　　la Alta Comisaría

中午之前　　　（我）向……移动　　介词　　　总督府

en　　　　　mi　　　propio　　automóvil.

表工具（介词）　我的　　自己的　　　车

（73）a. 坎德拉利亚不得不去厨房安排晚餐。

b. Candelaria　no tuvo más remedio que　　　　**dirigirse**　　　a

坎德拉利亚　　　　　不得不　　　　　　　向……移动　　向

la　　cocina　para　ir organizando　la　　cena.

冠词　厨房　为了　　安排　　冠词　晚餐

同样，例（72a）（73a）"来""去"编码的位移事件体现了说话人的主观视角，而例（72b）"me dirigí（向……移动）"编码了位移主体"我"向目标指向"Alta Comisaría（总督府）"的位移；例（73b）"dirigirse（向……移动）"编码了位移主体"Candelaria（坎德拉利亚）"向目标指向"cocina（厨房）"的位移。"dirigirse（向……移动）"与"acercarse（靠近）"一样，具有［-主观方向］的语义特征。

综上，汉语惯用"来""去"表征趋近说话人或远离说话人的位移，具有［+主观方向］的语义特征，而平行语料中西班牙语除了用"venir（来）""ir（去）"编码以外，也有一定比例的语料中路径动词仅具有［-主观方向］的语义特征，如"acercarse（靠近）""dirigirse（向……移动）"，或具有［-主观方向］［+终点］的语义特征，如"llegar（到）"。可见，汉语母语者的位移表达常突显［主观视角］，而西班牙语母语者的表达中［主观视角］表达的频率低于汉语母语者。但是"llegar（到）"突显位移终点，后面不可再补充其他事件，"acercarse（靠近）""dirigirse（向……移动）"可以由目的介词"a/para"标引补充事件。

3.3.2 NP_{背景}与方位词的组合

史文磊（2014：170）指出构向是路径的语义要素之一，在位移事件中，构向指位移发生后[①]，位移主体与参照背景在"运动—时体"框架内形成的几何置向关系。构向编码直接反映不同民族对空间关系的认知方式。人们对空间的认知是与语言同时发展起来的，语言再现的空间不是真实世界的"传真照片"，而是经过意识过滤的图解（刘宁生，1994）。从汉西语平行语料对比来看，汉西语位移事件的构向编码有很大的差异性。

方位词是汉语编码构向的重要手段，方位词的选择取决于言/叙者如何看待名词所代表的物体的几何性质（刘宁生，1994）。汉语根据参照背景的属性、维度或空间界态不同，在表达位移时，编码构向的方位词具有可选择性。西班牙语常在静态事件中用方位词编码构向，在位移事件中很少由方位词编码构向，但并不代表西语位移事件没有构向概念，位移主体与背景的构向关系可由路径动词与介词搭配共同激活。也就是说，汉语表达位移事件时，除了关注位移路径，也侧重描述位移主体与参照背景的空间关系，而西班牙语表达位移事件时，更关注位移路径，不具体描述位移主体与参照背景的空间关系。因此，位移事件中的构向编码也是西班牙语母语者汉语位移表达时容易产生偏误之处。

3.3.2.1　汉西语"NP$_{专名}$+零形式"对比

在汉语位移事件中参照背景为地点域中表地名的专名时，被视为零维的点，无论是表达位移起点还是表达位移终点，通常不使用方位词编码构向。例如：

（74）a. 既然我们**从中国来**，就该回中国去。

　　　b. Ya que **venimos de China**，tenemos que volver allá.

（75）a. 塞缪尔·霍尔先生**来到了马德里**。

　　　b. Sir Samuel Hoare **llegó a Madrid**.

例（74a）"中国"是国家名，例（75a）"马德里"是城市名，都属于表地名的区域专名，"*从中国里来""*从中国旁来""*来到马德里里""*来到马

---

①其实，汉语位移事件的构向编码不仅指位移发生后位移主体与参照背景的几何置向关系，也指位移事件发生前二者之间的空间关系，如"从树上掉下来"中的"上"。但是，无论是位移前的构向还是位移后的构向，都与参照背景的属性、维度及界态有关。

德里前"等都是不符合语法规则的表达。西班牙语例句也未体现任何方位词。

3.3.2.2　"NP_{处所}+方位词"与西语NP_{处所}

在汉语位移事件中参照背景为地点域中的地形名、园厂名、建筑名、机构名等时，根据言/叙者对参照背景界态的识解不同，可决定是否对构向进行编码。若参照背景被识解为零维的点，则不编码构向，若参照背景被识解为三维的有界空间，则由方位词编码构向。例如：

（76）a. 他**从沙漠来**，坐着敞篷车。

　　　b. **Viene del desierto**，en un coche convertible.

（77）a. 偶尔我看见一个妇人**从沙漠中回来**。

　　　b. A veces veo a una mujer **volver del desierto**.

（78）a. **从美容院出来**的时候包里已经没有了那些样板。

　　　b. **Salí de la peluquería** sin los patrones.

（79）a. **从博物馆里出来**时……

　　　b. En el momento de **salir del museo**…

（80）a. 两姐妹**来到公园**，林于然兴奋地在草地上乱跑。

　　　b. Las dos hermanas **llegaron al parque**，Lin Yuran corrió emocionado por la hierba.

（81）a. 他慢慢走过一个小山坡**来到公园里**。

　　　b. Recorrió una pendiente lentamente y **llegó al parque**.

例（76a）"沙漠"为地形名，在位移事件中被识解为零维的点，因此不用方位词编码构向；而例（77a）"沙漠"被识解为三维的有界空间，方位词"中"编码位移主体"妇人"与参照背景"沙漠"的空间关系。例（78a）"美容院"为兼类机构名，在句中被识解为零维的点，未编码构向；而例（79a）"博物馆"也是兼类机构名，但是在句中被识解为三维的有界空间，方位词"里"编码位移主体与参照背景的构向关系。例（80a）（81a）"公园"为园厂名，前者在句中被识解为零维的点，后者被识解为三维的有界空间。

汉语根据识解角度有构向编码的选择性，而此时的西班牙语句例（76b）-（81b）均为"V_{路径}+Pre+NP_{背景}"的结构，无论是位移起点背景还是终点背景，均被视为零维的点。

3.3.2.3　"NP_{普名}+方位词"与西语NP_{普名}

在汉语位移事件中参照背景为不能指称地点域的名词时，普通名词常由方位词"上、下、前、后、东、南、西、北、左、右、中、间、里、内、外、边、旁"等置于其后编码构向，人称代词则由复合方位词置于其后编码构向。例如：

（82）a. 快从浴缸里出来。

　　　b. **Sal** para afuera **de la tina**.

（83）a. 他从马上下来。

　　　b. **Bajó del caballo**.

例（82a）"浴缸"为普通名词，"里"是方位词，句中为构向要素，表明位移主体位移发生之前与参照背景的几何位置关系。此时"浴缸"被视为三维的参照背景，"里"表明位移起点为浴缸内部，而非其他方位。例（82b）"Sal（出）"表征位移主体从"tina（浴缸）"这个起点开始位移，不仅没有体现言/叙者的主观视角（原因详见3.2.2），也没有显性的位移开始前位移主体与参照背景之间的空间位置关系的编码，"tina（浴缸）"只是起点路径论元，被视为零维的点，具有［-有界］的特征，由介词"de"标引，但是动词"sal（出）"表征的就是由里到外的位移，与介词一起激活了空间方位关系。沈家煊（1995）指出"有界"和"无界"主要指的是人的认识，不是指客观实际，即便"浴缸"有客观的界限范围，但在语料中言/叙者将其识解为无界。

同理，例（83a）"马"为普通名词，尽管"下"可以表征位移的起点为参照背景的上方，但是仍需要表达位移主体与参照背景的空间位置关系的方位词"上"编码构向；而西班牙语"Bajó（下）del（从）caballo（马）"，介词"de"只是标引位移起点的介词，其语义虽然无法表达位移主体与参照背景的空间位置，但是因为动词"bajar（下）"是由高到低的运动，与介词共同自然激活了位移主体是位于参照背景"马"上的空间位置关系。

（84）a. 最后，我们**来到**了一扇巨大的**门前**。

　　　b. Al final，**llegamos a** la gran puerta de acero del puente de mando.

（85）a. 一看到我们进入大厅，玛丽塔和泰德·阿尔瓦雷斯-比古妮娅就**来到**了我们**身边**。

b. Marita y Teté Álvarez-Vicuña **se acercaron a su hermano y a mí** tan
　　pronto nos vieron entrar en el salón.

例（84a）"门"作为参照背景，被视为二维的面，具有［-有界］的特
征，水平方向的方位词"前"，赋予了终点路径论元有界性。构向的编码使
位移结束后位移主体与参照背景的空间位置关系更加细致、更加具象。例
（84b）"llegar（到）a（介词）la puerta（门）"，将"门"视为零维的
点，由介词"a"标引，突显位移主体到达的终点是门，而不强调位移主体与
门的空间几何关系。秦洪武、王克非（2010）研究表明，英语位移动词与目标
指向介词构成的结构式come/go to-NP结构能强制将非处所义的个体解读为处
所，也就是个体所处位置。西班牙语同英语一样，"puerta（门）"只是一个
个体，不能代表个体所处的位置，是介词"a"强制赋予了"puerta（门）"处
所义。

例（82a）（83a）（84a）的参照背景为普通名词，"普通名词+方位词"
构成了汉语空间表述的主要形式之一。而例（85a）参照背景"我们"是人称
代词，"空间介词+人称代词"不能表述空间位置，因此需要"身边""旁
边""面前"等复合方位词共同编码。"身边"为构向要素，表明位移事件
结束时位移主体与参照背景的泛向位置关系为"旁边"，而不是"前面、后
面"等水平方向的方位。例（85b）位移主体"Marita y Teté Álvarez-Vicuña
（玛丽塔和泰德·阿尔瓦雷斯-比古妮娅）"移动的参照背景是"su hermano
（他哥哥）y（和）yo（我）"[①]，动词"se acercaron（靠近）"同样没有主
观视角（原因详见3.2.2），在已然位移事件中参照背景也是位移的终点。"su
hermano（他哥哥）y（和）yo（我）"作为个体，本身不能代表其所处的位
置，同样是介词"a"改变了其语义类型。

此外，汉西语平行语料中"来+到+终点+（方位词）"结构的例句共112
例，其中"来+到+终点+方位词"结构共47例，参照背景通常被识解为二维的

---

①西语原文参照背景为"他哥哥和我"，汉语语料中译者将其译为"我们"，并不影响本节关于构向的
研究。原文"a（介词）mí（我）"介词后要求使用夺格人称代词，因此形式为"mí（我）"，而作为位移
主体应为主格人称代词"yo（我）"。

无界实体。例如，"打字机、门、桌、床、阳台、孤峰、雕塑、柜台、广场、走廊、纪念碑、田、广场、墙、墙洞"等，方位词有"前/前面、后面、下、里/中、外/外面、边"等。而"屋、店、楼"等三维实体也有用方位词来编码构向的例子，此时处所义较弱，需要方位词明确位移主体与参照背景的空间方位关系，而如"客店""面包店""黄鹤楼"等处所义较强的参照背景则不强制方位词的使用。例如：

（86）a. 一个四月的早晨，弗拉乌·兰根赫姆**来到店里**。

b. Frau Langenheim **llegó al** taller una mañana de abril.

（87）a. 第二天，他**来到**上次不幸遭人兜在毯子里抛掷的**客店**。

b. Otro día **llegó a** la venta donde le había sucedido la desgracia de la manta.

（88）a. 就在这时候我看到门房**从楼里**出来，走向牛奶店

b. En ese mismo momento vi **salir** a mi portero camino de la lechería.

例（86a）"来到店里"和例（87a）"来到客店"的参照背景都是"店"，但是"店"处所义较弱，"*来到店"则不自足，因此需要添加方位词构成"来到店里"。例（87a）"客店"处所义较强，则不需要添加方位词编码构向。同理，"*来到楼""*来到屋"等表达形式也需添加方位词变为"来到楼外面""来到屋前"等。例（88a）"从楼里出来"由"里"编码构向，"*从楼出来"则不自足。

其他58例"来+到+终点"结构中，参照背景为地名、建筑机构等处所义较强的三维有界实体时均未与方位词共现。例如，西班牙（España）、马德里（Madrid）、萨拉曼卡（Salamanca）、西方（Occidente）、三亚（Sanya）、纽约（Nueva York）；总督府（Alta Comisaría）、拉鲁内塔街（La Luneta）、总部（oficinas centrales）、专卖店（casa）、时装店（taller）、珠宝店（joyería）、客店（venta）、家（casa）、诊所（consulta）、门廊（portal）、走廊（pasillo）、院（patio）、试衣间（probador）、房间（cuarto）、车间（taller）、值班室（sala de personal）、静默室（sala de meditación）、办公室（oficina）、艺术馆（sala）、控制中心（centro de control）、酒吧（bar）、站台（andén）和墓地（cementerio）等。

西班牙语仍是用"V$_{路径}$+Pre+NP$_{背景}$"的形式表达，这些三维实体仍被识解为零维的点。而西班牙语母语者用汉语表达时容易出现"*掉到湖""*跑到窗"的偏误，对汉语方位词的使用还有待从构向编码特征方面加以理解。

综上，汉语位移事件中的构向编码比西班牙语复杂。汉西语的构向差异不仅与参照背景的属性、维度和界态特征有关，也与介词的类型强制能力和名词处所义的强弱程度有关。汉语具有无界特征的二维实体参照背景需要方位词赋予其有界特征，而西班牙语是通过介词实现的。汉语处所义较弱的参照背景需要与方位词共现表处所，处所义较强的背景则不需要，西班牙语不必考虑此类问题。

3.3.3 "下"与NP$_{雨雪（位移主体）}$组合

汉语"下"的位移主体除能够自主移动的实体外，还可以是在一定的自然外力作用下可移动的实体，如"雨""雪""冰雹""霜""雾"等表自然气象的实体。汉语作为分析型语言，常用"下雨""下雪""下冰雹""下霜""下雾"等短语来表达，表达形式为"下+NP$_{位移主体}$"，概念结构为［运动+路径］+［位移主体］；而西班牙语作为综合型语言，常用一个动词表达，表达形式为"V"，概念结构为［运动+路径+位移主体］，此时该自然现象具有陈述性，但是，当位移主体有修饰成分时，西班牙语也可用短语表达，此时具有修饰性。

3.3.3.1 "下雨"类与西语动词"llover"类

根据位移主体移动性的强弱，以及该自然现象产生的位置高低对路径的影响，西班牙语有不同的表达形式。"雨、雪、冰雹"作为位移主体时，由于其产生的位置处于云层，其位移路径相对明晰，指由空中落到地上或其他低处，此时，西班牙语可用专门的无人称动词来表达。例如：

（89）a. 到了九月底就开始一场接一场**下雨**，几乎每天傍晚都有一场。

b. A finales de mes empezó a **llover**, una tarde, otra, otra.

（90）a. 从昨天傍晚就开始**下雪**，现在还在下。

b. Empezó a **nevar** durante la tarde de ayer y todavía no ha parado.

（91）a. 运气太差了，下雨了，甚至**下了冰雹**，电视信号也没了。

  b. Ya es mala suerte, les llueve. Más aún, **graniza**. Y se va la señal de la tele.

（92）a. 夜色将近；尽管没有再像那天一样**下霜**，但似乎每个清晨都比前一天更冷一些。

  b. Ya casi era de noche; aunque no ha vuelto a **escarchar** como aquel día, parece que cada madrugada es más fría que la anterior.

（93）a. 气温很高，阳光明媚，和星期一不同，那天**下雾**了。

  b. Las temperaturas fueron altas y lució el sol, a diferencia de lo ocurrido el lunes cuando **hubo niebla**.

  例（89a）—（93a）中用路径动词"下"来表达"雨""雪""冰雹""霜""雾"从天空降落下来的位移。"雪""雨""冰雹""霜""雾"为位移主体，作为施事宾语常置于路径动词之后，因此其表达形式为"下+NP$_{位移主体}$"。

  而西语例（89b）—（91b）中用专门的无人称动词"llover（下雨）""nevar（下雪）""graniza（下冰雹）"来表达"下雨""下雪"和"下冰雹"。而"霜"的词义为"在气温降到0℃以下时，接近地面空气中所含的水汽在地面物体上凝结成的白色冰晶"，可见其产生的位置较低，在接近地面空气中形成，因此向下的位移不明显，例（92a）用"下霜"强调"霜"由高到低的位移，但是也可以说"上霜"表达"霜"的存现，其由高到低的移动性比"雨""雪""冰雹"弱，此时西班牙语也可用无人称动词"escarchar（下霜）"来表达。

  汉语用"动词+名词"的形式来表达此类位移事件，而西班牙语用一个动词来表达，从构词角度看，这些动词都是由"与名词相同的词根+动词词尾"构成的。例如：

nieve（雪）> "niev-"（词根）+ "-e"（名词词尾）

    > "nev-"（词根）+ "-ar"（动词词尾）> nevar（下雪）

lluvia（雨）> "lluv-"（词根）+ "-a"（名词词尾）

    > "llov-"（词根）+ "-er"（动词词尾）> llover（下雨）

granizo（冰雹）> "graniz-"（词根）+ "-o"（名词词尾）

> "graniz-"（词根）＋ "-ar"（动词词尾）＞granizar（下冰雹）

escarcha（霜）＞"escarch-"（词根）＋ "-a"（名词词尾）

> "escarch-"（词根）＋ "-ar"（动词词尾）＞escarchar（下霜）

西班牙语动词原形由词根和词尾两部分构成， "-ar"是第一变位动词的词缀， "-er"是第二变位动词的词缀， "-ir"是第三变位动词的词缀①。

"nevar"是由词根 "nev-"和第一变位动词的词缀 "-ar"构成的，词根为 "雪"之意，词缀赋予其动态特征，但尾缀本身没有向下位移之意，而是由于人类的生活经验，雪的自然动态为由天空落到地面的自上而下的位移，因此 "nevar"的词义为 "caer（落）nieve（雪）"。

"llover"是词根 "llov-"和第二变位动词的词缀 "-er"构成的，词根为 "雨"之意，尾缀 "-er"同样没有自上而下的位移之意，但是赋予了 "雨"动态特征，因此根据生活经验， "llover"的词义被定为 "caer（落）lluvia（雨）"。

同理， "granizar"由词根 "graniz-"和词缀 "-ar"构成，词义为 "caer（落）granizo（冰雹）"。但是 "escarchar"与前三个动词不同，同样是由词根 "escarch-"与尾缀 "-ar"构成，但是在自然经验中， "escarcha（霜）"向下的位移不显著，因此 "-ar"赋予其动态特征后词义为 "formarse（形成）escarcha（霜）"，此动态特征并非位移，更倾向于突显存现。

西语这些动词表征自然物从高到低位移事件时，不仅表征运动、路径等语义成分，还把位移主体纳入进去表征，其概念结构为［运动＋路径＋位移主体］，用无人称动词表达侧重叙述事件。而 "雾"指 "气温下降时，在接近地面的空气中，水蒸气凝结成的悬浮的微小水滴"，通常是悬浮在空中的状态，呈现更弱的由高到低的移动性。如例（93a） "下雾"并非强调 "雾"由高处移动到低处，更多是突显 "雾"的存现。此时西班牙语中没有一个专门的动词来表达 "下雾"，通常用动词短语 "hay niebla（有雾）"来表达。

3.3.3.2 "下+修饰语+雨"类与西语 "caer +lluvia（雨）"类

在 "雨" "雪" "冰雹" "霜" "雾"等位移主体前有修饰成分时，

---

①具体哪些动词用哪些尾缀是西班牙语母语者约定俗成的表达。

西班牙语常用路径动词"caer（掉、落）"与"lluvia（雨）""nieve（雪）""granizo（冰雹）""escarcha（霜）""niebla（雾）"连用的形式表达。

"caer（掉、落）"此时词义为"Dicho de un cuerpo：Moverse de arriba abajo por la acción de su propio peso.（某物体由于自重落下。）"，此时的表达形式与汉语相同，为"V+NP$_{位移主体}$"。例如：

（94）a. 巨大的前厅已经挤满了嘈杂的人群，外面**下着暴雨**，准备离开的观众和等待观看下一场电影的观众挤作一团。

b. El gran vestíbulo se mantenía abarrotado y ruidoso：sobre la calle **caía un aguacero** y los espectadores a la espera de salir se mezclaban apretados con los de la sesión a punto de empezar.

（95）a. 初春一个寒冷的清晨，**下了**两个钟头的**鹅毛大雪**，地面上顿时积起了十厘米厚的雪。

b. Una fría mañana de comienzos de primavera，**grandes copos cayeron** durante dos horas y，rápidamente，unos diez centímetros de nieve se amontonaron en el suelo.

（96）a. 天空被遮住了，**下了**一场让我们震耳欲聋的**大冰雹**。

b. Se cubrió el cielo y **cayó un granizo duro** que ensordeció nuestras cabezas.

（97）a. 那里还经常**下很厚的霜**。

b. Suele también **caer una tupida escarcha** sobre el lugar.

（98）a. 在费拉拉，冬天**下了浓雾**，连一米的距离都不能看清楚。

b. En Ferrara **cae** en invierno tan **espesa niebla** que no se ve a un metro de distancia.

例（94a）"下了暴雨"中"暴"表明"雨"的量大且急，例（94b）就用"caía（落）un aguacero（暴雨）"这样的"V+NP$_{位移主体}$"的词组来表达；例（95a）"下了两个钟头的鹅毛大雪"表明"雪"的体积大，下雪时长长，例（95b）则用"grandes copos（鹅毛大雪）cayeron（落下、掉下）""V+NP$_{位移主体}$"的词组表达；例（96a）"下了一场让我们震耳欲聋的大冰雹"表明"冰雹"体积大且伴随巨大的声音，例（96b）使用了"cayó（落下、掉下）un granizo duro（大冰雹）"；例（97a）"下很厚的霜"表明"霜"的量大，例（97b）使用了"caer（下）una tupida escarcha（很厚的霜）"表达；例（98a）"下了浓雾"表明"雾"的量很大，例（98b）使用了"cae（落下、掉下）espesa niebla（浓雾）"来表达。上述例句中位移主体都有修饰成分，此时侧重描写"雪""雨""冰雹""霜""雾"落下来时的方式及位移的过程（详见表3.3）。

表3.3　"下雨"类与"llover"类表达对比

汉语表达形式	移动距离	移动性	西语表达形式I	西语表达形式Ⅱ
下雨	长	强（移动）	llover	caer lluvia
下雪	长	强（移动）	nevar	caer nieve
下冰雹	长	强（移动）	granizar	caer granizo
下霜	短	中（移动/存现）	escarchar	caer escarcha（少）
下雾	短	弱（存现）	hay niebla	caer niebla（少）

从动词配价理论来看，西班牙语动词"llover，nevar，granizar，escarchar"为零价动词，不强制要求与某种性质的名词性词语相关联，动词本身就能表示相对完整的意义，而动词"caer"是一价动词，强制要求与一种性质的名词性词语相关联，通常是行为动作的施事或主体成分，因此名词"lluvia，nieve，granizo"与"caer"在语法上属于"依存关系"。这两种形式都可以表达"下雨、下雪、下冰雹"等天气。而汉语都使用位移动词"下"来表达。

在西方形态语言中，由重音形式控制"词"这一级基本语言单位，以区别于短语形式，动词和相关语义成分的身份是明确的；而汉语由声调控制"字"这一级基本语言单位，词和短语在形式上往往难以区别，因此汉语有时对某些动词的分析会产生分歧（张斌，2010：119）。如"下雨"，有些学者认为其是零价动词，有些学者则认为"下"是动词，"雨"是其宾语，从配价上看"雨"是"下"的一个配价成分，因此"下雨"不是零价动词。这两种看法恰好与西班牙语的两种表达形式相对应，"下雨"＝"llover"时，为零价动词，"下雨"＝"caer lluvia"时，为一价动词。至于选择哪种表达形式，还要看言/叙者更倾向于表达"下雨"这一天气情况还是更侧重于描写"下着怎样的雨"。

综上，汉语路径动词编码的位移事件句语法复杂度比西班牙语高。这主要表现在汉语不同类型的路径动词与NP_{背景}组合时，NP_{背景}的句法位置可置于指示路径动词或非指示路径动词之后，可由介词介引于指示路径动词或复合路径动词之前，也可置于复合路径动词之中，西班牙语NP_{背景}位置相对简单，主要由介词介引于路径动词之后；汉语NP_{背景}为普通名词时，需要构向编码明确位移后位移主体的空间方位，西班牙语更侧重突显位移路径，构向无须出现在语言表层；汉语视角参与度明显高于西班牙语；汉语"下雨"类自然现象位移主体编码为分析型，西班牙语为综合型，位移主体有修饰语时为分析型。而导致这些差异的原因主要是汉西语的语言类型及母语者的认知具有差异性。

3.4　对汉西语位移路径表达差异的解释

汉西语位移路径的语言表征及路径表达形式在［位移主体］［背景］及［构向］等多方面呈现出诸多相同点和不同点，其相异点主要与两种语言在注意视窗开启阶段、语序类型、背景的界态特征及汉西语母语者认知位移事件的识解方式等不同所致。

3.4.1　注意视窗开启不同

注意视窗开启的阶段不同，可以导致汉西语路径动词的表征差异，进而影响位移事件中背景的编码。语言的表达形式可以使人注意到所指场景的分布，注意视窗是指将一个或多个最大注意视窗置于所指场景上的过程，分为初始、中间、终端视窗开启；视窗开启的本质之一就是在视窗开启过程中，某个或某几个场景可以显化，在恰当的语境下，听话人可以推断出未显化的场景（泰尔米，2020卷I：225-234）。与位移事件相关的视窗开启被称为路径视窗开启，汉西语路径动词呈现"一对多"的现象与路径视窗开启息息相关。

汉语路径动词"去"和西班牙语路径动词"ir（去）"表征远离说话人的

位移时，最常开启的视窗为"终端视窗"，"初始视窗"可以作为补全成分开启，"中间视窗"通常是闭合的；而"irse（去/离开）"最常开启的视窗为"初始视窗"，"终端视窗"为补全信息，"中间视窗"也常闭合。开启哪个视窗取决于言/叙者的主观意识，闭合的视窗可以是可推断出的场景，也可以是言/叙者认为的说话人无须知晓的次要信息。

汉语路径动词"上"和西班牙语路径动词"subir（上）"表征自下而上的位移时，最常开启的为"终端视窗"，也可为"中间视窗"或"初始视窗"；而"ascender（上）"最常开启的是"中间视窗"。因此，由于注意视窗开启的阶段不同，汉语路径动词更具有概括性，而西班牙语开启不同的注意视窗有不同的动词表征。

由于注意视窗开启阶段的差异，编码背景时所选的背景就存在差异，起点背景、经过点背景和终点背景还需要不同的介词标引，因此汉西语语言表层的形式也不同。

3.4.2　SVO语序类型同中有异

汉语和西班牙语都属于SVO型语言，但是SVO型是所有语序类型中特征最不稳定的类型，因为SVO型可能是VSO型演变而来的，也可能是SOV型演变而来的。汉语的SVO型可能来自汉藏祖语的SOV型，因此也遗留了SOV语言的部分特点（刘丹青，2003：102），西班牙语的SVO型可能来自拉丁语的SOV型（刘丹青，2021：103）。虽然汉西语都被归为SVO型语言，但是两种语言在语序上还是存在很大的差别的，最主要地体现为介词在句中的位置差异及方式动词与路径动词的位置关系。

典型的SVO型语言通常使用前置词，且介词短语位于动词之后，从这一点来看，西班牙语是比较典型的SVO型语言。例如：

bajar（下）de（从）la montaña（山）

subir（上）al（到）monte（山）

correr（跑）hacia（向）el coche（轿车）

entrar（进）por（通过）la puerta（门）

西语介词"de/a/hacia/por"与名词组合以后，均位于位移动词之后。而汉语是非典型的SVO型语言，介词短语既可位于动词之后，也可位于动词之前。例如：

我从山上下来，穿着黄军装，走得飞快。

他沿山路一直上到山顶。

她从大门进来，一身灰尘一脸疲惫。

Tai（1985）认为汉语方所成分句法位置体现了"时间顺序原则"，起点在动词之前，终点在动词之后。而西班牙语更注重"突显原则"，认知上突显的概念在句法表达上往往也处于突显的位置，因此也会出现介词短语位于路径动词之前的现象，不过，其使用频率较低。

此外，汉语介词短语位于动词之前时，位移动词后常添加主观视角的"来/去"，而西班牙语母语者按照母语习惯往往会有"*我从山上下""*她从大门进"的表达，而这些在汉语里就成为不自足的句子。

3.4.3 参照背景界态特征差异

参照背景的界态特征不仅影响了西班牙语位移事件句中介词的选择，还影响了汉语位移事件句中方位词的隐现。

认知语义学认为界态是构形结构系统内的一个范畴，由无界和有界两种下属概念构成。无界量是连续的、不定的，不带有内在的限定特征。有界量为独立的单元实体。边界的概念蕴含在界限范畴中，但在概念上可与之分离（泰尔米，2020卷I：30）。Slobin（1996）曾经提到了"边界跨越"（boundary-crossing）这一术语，用来说明西班牙语区分有界和无界路径表达。界态特征主要体现在位移动词、参照背景及连接二者的介词上。汉语位移动词的界态特征通常与介词的界态特征相符，而西班牙语通常根据参照背景的界态选择介词。汉语根据参照背景的界态特征选择出现方位或隐现方位词，而西班牙语位移事件表达通常不出现方位词。

首先，汉语路径动词通常为有界动词，如"来、去、上、下、进、出、回、过"等，有界动词通常与有界介词搭配，如"从……来、上到"。西班牙语与汉语不同，路径动词"entrar（进）、salir（出）"是有界动词，"subir（上）、bajar（下）、volver（回）、pasar（过）"为无界动词，都可

与有界介词搭配或与无界介词搭配，如"entrar en/a…（进到……）、salir de
（从……出）""subir a…（上到……）、subir hacia…（向……上）、subir
por…（通过……上）"。介词的选用与位移动词的界态关联性不高，而是与
参照背景具有高度关联性，介词和参照背景的界态特征并不影响位移动词本身
的界态特征。

　　汉语介词"从"在位移事件中标引空间位移的起点，西班牙语根据参照
背景的界态特征选用不同的介词表征，"de"通常标引位移的起点，但是参
照背景具有无界特征，而当参照背景为有界时，应用"desde"表征。汉语介
词"到"在位移事件中标引空间位移的终点，西班牙语介词"a"表征的位移
通常为无界，而"hasta"通常为有界。汉语介词"朝、向、往"在位移事件
中都标引空间位移的方向，西班牙语用介词"hacia"标引。汉语用路径动词
"过"表征位移的经过点，西班牙语则用介词"por"标引。而介词的选择取
决于对参照背景界态的认定，例如：

subir　　a　　la　　furgoneta（上小型货车）
　上　　到　　冠词　　小型货车

subir　hasta　la　　segunda　planta（上到二楼）
　上　　到　　冠词　　第二　　层

subir　hacia　el　　techo（向屋顶上去）
　上　　向　　冠词　　屋顶

subir　por　las　　escaleras（上楼梯）
　上　　从　　冠词　　楼梯

参照背景小型货车被视为零维的点，为无界特征，用介词"a"标引终
点；二楼被视为从一楼到二楼的二维的面，为有界特征，用介词"hasta"标
引终点；屋顶被视为零维的点，为无界特征，用介词"hacia"标引方向；楼
梯被视为通过的点，也具有无界特征，用介词"por"标引途经点。

　　其次，汉语NP背景与方位词的组合中，从NP背景的属性来看，NP专名通常没
有方位词编码构向，NP普名通常有方位词编码构向，NP处所则要依据参照背景的
界态特征选择是否用方位词显性编码构向。NP处所被识解为零维的点时，无须
编码构向，若NP处所被识解为三维的有界空间，则需方位词编码构向，进一步

细化位移主体移动后与参照背景的空间方位关系。

3.4.4　识解的视角维度差异

识解是认知语法的核心概念之一，旨在解释为何人们对待同一事件在语言中会有不同的表达形式，与认知语言学的核心原则"现实–认知–语言"完全一致（王寅，2016：90）。Langacker（1987）认为识解是分析主观性的具体方案，包括五个维度：详略度、辖域、背景、视角、突显。本章讨论的识解角度主要是指言/叙者主观视角在位移事件中的参与程度，也就是识解中的视角差异。

首先，从词汇层面看，汉语有"非指示路径动词+指示路径动词"的组合形式，而西班牙语只用"非指示路径动词"表达。汉语的非指示路径动词"上、下、进、出、回、过"可以构成复合路径动词"上来、上去、下来、下去、进来、进去、出来、出去、回来、回去、过来、过去"，后者在位移事件表达中添加了言/叙者的主观视角。汉语的趋向动词"来、去"不仅具有方向性，还具有参照性；"V+来/去"表示位移主体朝向或者远离观察主体的视点的位移（王宜广，2016：61）。汉语通常在语言层面体现"来、去"的视角，此时"来、去"已经发生了语法化，表示路径的指示语"指向说话人"或"背离说话人"。而西班牙语只有不含主观视角的非指示路径动词"subir（上）、bajar（下）、entrar（进）、salir（出）、volver（回）、pasar（过）"。例如：

Subió（他上）muy（很）rápido（快）

［他很快上来（上去）了。］

西班牙语位移事件"Subió muy rápido"在汉语中可以识解为"他很快上来（上去）了"，而不会被识解为没有主观视角的"*他很快上了"。这是因为汉语位移路径更倾向于将说话人的主观视角表征进去，以说话人自己为参照点标示出位移主体的位移趋向。而西班牙语路径动词虽然也是以说话人自己为参照点，但是没有把说话人的主观视角表征进去，在西班牙语母语者的认知中，根据语境可以判断出位移主体是在做朝向说话人的位移还是远离说话人的位移，这样西语只有"上"类简单路径动词而没有"上来/上去"等复合路径动词。

汉语位移事件主观视角的参与度是有不同的限制条件的，如上文所述的未与背景共现的事件中，主观视角的参与度较高，如"他们下来了""我们进去了""她回去了"等；在与背景共现的事件中，正常SVO语序时，主观视角参与自由度较高，如"他们下山了"或"他们下山来/去了"，"我们进屋了"或"我们进屋来/去了"，"她回公司了"或"她回公司来/去了"；在介词短语位于动词之前时，语序为SOV，主观视角参与度也较高，如"他们从山上下来/去了""我们从屋里出来/去了""她从公司回来/去了"。

有学者曾指出汉语的句法结构往往会受到韵律结构的制约。主观视角的参与度可能取决于汉语的韵律规则。也有学者提出汉语是"声调显抑扬，松紧定顿挫"的语言，要维持汉语的节奏就要控制句子的字数。汉语又是以双音节为主的语言，因此"上、下、进、出、回、过"等路径动词在句子里通常会与"来/去"连用，构成复合路径动词，以满足韵律的和谐；或者连接背景以构成一个韵律词，如"上楼、下山、进船、出门、回办公室、过马路"等。汉语的韵律范围是以动词为核心建立起来的，从动词往右派重音，"他们下山了"中"山"是名词，可以接受重音，而"*他们下了"动词右边是虚词，无法派重音，重音留在动词"下"上，但是左侧有两个音节，右侧需要添加成分才能平衡，因此添加了主观视角的"来/去"。

汉语是表意文字，而西班牙语是表音文字，因此西班牙语类似英语，属于"语调显抑扬，轻重定顿挫"的类型。一是西班牙语不同的词类有轻重读之分，如动词、名词、形容词、副词等为重读词，前置词、冠词、连词等为轻读词；二是重读词有一定的划分重读音节和非重读音节的规则，如"bajé"的重音在字母"e"上，由重音符号标识，因此无须添加其他成分来保持其语句的韵律。也就是说，西班牙语位移事件句韵律由动词的重音和不同词类的轻重音决定，不靠添加主观视角来平衡。

其次，从语言表达层面来看，平行语料显示，汉语具有［＋主观视角］的指示路径动词在西语语料中由［-主观视角］的路径动词表达。汉语指示路径动词"来"为核心动词的语料中有29.81%的西班牙语例句未用指示路径动词"venir（来）"，而选用了"llegar（到）""acercarse/aproximarse（靠近）""dirigirse（向……移动）"等动词；"去"为核心动词的语料中有

20.59%的西班牙语例句未用指示路径动词"ir（去）"，而选用了"irse（离开）""llegar（到）""dirigirse（向……移动）""acercarse（靠近）"。"llegar（到）""acercarse（靠近）""dirigirse（向……移动）"都是言/叙者未将自己的主观视角放入其中的动词，"到某处""靠近某处""朝向某处移动"无法客观识解出是趋近说话人还是远离说话人的位移，因此只能靠语境作出主观识解。

上述两个方面都体现出了汉语与西班牙语的识解差异，无论是词汇还是句法结构，西班牙语主观视角的参与度都比汉语低。

3.5　小结

本章节主要基于事件概念结构、语序类型及认知差异对汉西语路径动词的表征进行了分类描写与说明，并对路径动词编码的位移事件的表达形式进行了对比。具体包括指示义路径动词"来/去""venir（来）/ir（去）"与纯路径义路径动词"上/下/进/出/回/过""subir（上）、bajar（下）、entrar（进）、salir（出）、volver（回）、pasar（过）"等的表征及编码对比。观察发现，汉西语路径动词表征位移事件时差异性大于共性。

于表征而言，首先，汉语路径动词概念表征的颗粒度较大，汉语简单路径动词只表征［路径］一种概念要素，而西语除了具有表征概括的路径动词，还有表征多种概念要素的路径动词，如"上"与"subir（ascender）"、"下"与"bajar（descender）"、"进"与"entrar（penetrar/adentrarse/irrumpir）"、"回"与"volver（regresar/retornar）"、"过"与"pasar（cruzar/atravesar）"等。究其原因，西班牙语在突显位移路径的同时可以融合其他的概念要素，而汉语单音节路径动词很难融合其他概念。虽然西班牙语路径动词在突显位移路径的同时可以融合其他的概念要素，但是通常不融合指示概念，无法体现言/叙者的主观视角，而汉语复合路径动词是纯路径义动词与指示义路径动词的组合，可体现言/叙者的主观视角。其次，西班牙语表征位移事件时注意视窗开启阶段不同可选用不同的路径动词，如"ir（去）"开启终端视窗，而"irse（去/离开）"开启初始视窗，终端视窗作为补全成分。

于编码而言，首先，汉西语路径动词都可以与位移背景表达成分组合，但是路径论元实现的方式不尽相同，最主要的差异在于标引背景的介词及语序类型差异导致的介词短语的位置不同。由于汉语语序的功能，NP$_{背景}$位于路径动词之后可无须介词标引，如"来中国"；位于路径动词之前通常有介词标引，如"从中国来"。而西班牙语具有及物属性的路径动词后无须介词标引NP$_{背景}$，NP$_{背景}$前置于路径动词时需要宾格代词作为标记；不及物属性的路径动词后通常由介词标引NP$_{背景}$，作为路径动词的介词补语，由于西班牙语语序比汉语灵活，介词补语也可置于路径动词之前。汉西语介词也不是一一对应的，汉语标引经过点背景与方向背景的介词比西班牙语丰富，西班牙语标引起/终点背景的介词比汉语丰富。其次，表征位移事件的汉西语路径动词在构向编码和视角编码上具有差异性。汉语参照背景为［-处所义］或［+有界］特征时，倾向于用显性的形式编码构向，参照背景为［+处所义］或［-有界］时，常隐性编码构向，而西班牙语无论参照背景处所义强弱，无论是否有界，通常都没有显性的构向。汉语位移事件中常将言/叙者的主观视角"来、去"表达出来，而西班牙语常用客观视角表达位移事件。

总之，通过描写汉西语路径动词在位移事件表达时的共性与差异，可以发现不同民族的人们尽管对位移图式的认知相同，但是表征位移事件的语言表层结构可以不同，主要是因为路径动词的概念结构不同，致使其突显的语义信息也各有倾向，而且基于语序类型差异和识解差异，即便具有相同语义特征的路径动词编码位移事件时表层的句法形式也可能不同。此外，汉语方式概念的参与度比西班牙语高，如"*她向我来——她向我走来""*我向电脑去——我向电脑走去""他从台阶上下去——他从台阶上滚下去""他们从洞里出来——他们从洞里爬出来"等，有方式的表达比无方式的表达更容易被汉语母语者接受，表明汉语"V$_{方式}$+V$_{路径}$"为优选模式，西班牙语则可单独使用"路径动词"表达，对此类内容将在第4章进行详细描写与解释。

第4章 汉西语位移方式的表征及表达形式对比

　　位移事件中的方式①是比较宽泛、复杂的概念。Talmy（2000：152）认为方式是位移主体运动时表现出来的一种附加特征，是伴随位移的行为或状态；Slobin（2004，2006）提出方式的维度有运动模式、速度、节奏、举止、情感、评估、工具等。当方式这一概念融合进了主要动词，这个动词就可被称为方式动词（Talmy，2000：27-29）。在位移事件中，可将此类动词更准确地概括为位移方式动词②，以区分汉语中具有非位移属性的方式动词（如"庆祝、批发、调解"等）。Haiso（2009：30）认为位移方式动词往往具有以下某些特征：步态、速率、路径、接触、介质、动力等。范立珂（2015：106）将速度、介质、方向、背景、动体数量、动体情态、轨迹形状、声音状态等归纳为广义的"位移方式"的概念。

　　由于不同位移方式动词突显的方式概念要素有所不同，汉西语位移方式动词的表征也就存在一定的差异。本书主要以［位移力］、［样态］（包括［步态］）、［速度］、［工具］、［位移主体情态］等方式语义特征，以及可融合在西班牙语方式动词中的［介质］［方向］［背景］［轨迹］等概念要素来分析汉西语位移方式动词表征异同。

---

①何洪峰（2006）将方式分为陈述性方式和修饰性方式两类。如"他慢慢地游过了河"这一位移事件有两层方式：第一层"游"是"过河"的方式，第二层"慢慢地"是游的方式。第一层由动词构成谓语陈述位移发生的方式，称为陈述性方式；第二层由状语表方式，称为修饰性方式。本书仅研究类似"游"的位移方式动词，即位移事件中与运动无法分离的内在属性，而非位移内在属性的修饰性方式暂未列入研究范围。

②本书界定的位移方式动词是指具有［+自移］［+方式］语义特征的自移动词，如"走、跑、飞"等，汉语致移动词虽然多数具有［+方式］概念，但是不属于本章分析的位移方式动词。

根据人类的经验认知，位移事件通常都是伴随某种方式发生的，但是言/叙者的关注点是否在位移方式上，可直接影响语言层面有无方式概念的编码，不同语言的位移方式的编码又因认知图式的差异而呈现不同的形式。本章从位移方式动词的类型及特点、位移方式的表征及位移方式的表达形式对汉西语位移方式进行对比分析，揭示其相同点和不同点，并试图解释汉西语位移方式表达差异产生的根源。

4.1 汉西语位移方式动词概述

在位移事件中，方式是位移主体运动时表现出来的一种附加特征（Talmy，2000：152）。汉西语都可以通过多种形式表达方式概念，在自移事件中，位移方式动词是最常用的表达形式之一。汉西语位移方式动词在表征和表达形式上既有相同点也有不同点。

4.1.1 汉语位移方式动词的类型及特点

位移方式动词是指具有［+方式］或［+状态］语义特征的自移动词（周领顺，2011）。现代汉语常用的位移方式动词[①]有"走、跑、流、跳、飞、爬、冲、钻、扑、滚、逃、游"等。本书基于语料，收集了25个"V跳"类位移方式动词，将其中使用频率较高的"跳、走、跑、飞、爬、流"以及固有定向位移方式动词"落、掉、摔、滴、漏、沉"作为本书研究的对象。已有研究显示，汉语的位移方式动词尽管没有典型的附加语框架语言的数量及类型多，但是与动词框架语言相比数量占优且类型丰富（阚哲华，2010；李雪，2011；刘礼进，2014；黄玉花、王莹，2019）。

4.1.1.1 汉语位移方式动词的类型

汉语位移方式动词从不同角度可以划分为多种类型。Chu（2004：202-203）按照不同的方式类型将汉语分为十类，其中与位移方式相关的有：足部

---

①这些位移方式动词是《现代汉语频率词典》（北京语言学院语言教学研究所编，1986）中使用度级次较高的动词。

运动（走、跑、冲、奔、逛、溜达、蹦、跳、跨、登）；介质运动（飞、游、走、爬）；速率运动（走、跑、冲）；失控运动（跌、摔、倒）；自含运动（滚、转、弹）；流动运动（滴、漏、涌、流）等。

刘岩（2013）将位移方式动词分为用于非施动事件的方式动词（掉、摔、落、跌等）；用于施动事件的方式动词（钻、摔等）；用于自主事件的方式动词（走、跑、跳、飞、爬、游等）。

姜淑珍、黎昌抱（2018）以 Slobin（2004，2006）方式凸显梯度概念为理论依据，统计出汉语基本方式动词的使用频率更高，具有显赫性，如"走、跑、跳、游、飞"等，这些动词语义涵盖广、精细度较低、能产性强，通过分析型构词手段表征高方式动词，如"慢跑""小跑""疾跑"等。

本章研究的"跳"类和"落"类汉语位移方式动词也是从汉西语平行语料中选出的使用频率较高的基本方式动词。不同类型的位移方式动词在表征上呈现出不同的特点。

4.1.1.2　汉语位移方式动词的特点

Slobin（2004，2006）提出了位移方式凸显梯度（cline of manner salience）的概念，衡量梯度的主要标准为位移事件方式表达的颗粒度及方式动词的库存量，并依据颗粒度将位移方式动词分为基本方式动词和高方式动词。汉语位移方式动词表征的总体特点是基本方式动词［方式］表征的颗粒度较大，表征的方式不够具体；高方式动词［方式］表征的颗粒度较小，表征的方式更加具体，但是使用频率低。

汉语基本方式动词［方式］表征的颗粒度较大，如"走"，仅从［步态］概念表征了人或鸟兽以双脚交互的方式向前移动，但是未表征其他方式要素，如［速度］是"快"还是"慢"，［位移主体的情态］是"闲适"或是"趾高气扬"等。

周领顺（2011）根据位移方式动词反映的移动状态程度将其划分为以描写性与叙事性为两端的连续统。状态的凸显程度不同，影响了方式位移动词矢量（起点、经过点、终点）的表征。描写性越强（状态凸显度越高）的位移方式动词表征位移事件图式节点的可能性越小，即与起点背景、经过点背景、终点背景共现的概率越小，激活范围元素的概率越大。例如：

*从房间散步——在房间里散步

*散步过大街——在大街上散步

*散步到河边——在河边散步

反之，叙事性越强（状态凸显度越低）的位移方式动词表征位移事件图式节点的可能性越大。例如：

跑下山

游过河

走进房间

其实，叙事性强的位移方式动词与基本方式动词相似，只是从不同的角度进行的分类。不同的位移方式动词在编码位移事件时也呈现出了不同的特点。

汉语高方式动词在编码位移事件时通常与范围背景共现，基本位移方式动词从表达形式看有如下几个特点。

（一）"V$_{方式}$+V$_{路径}$"为优选表达模式

汉语位移方式动词可单独编码位移事件，也可与路径动词搭配共同编码位移事件（通常为单音节方式动词），且后者是汉语位移事件表达的优选模式（阚哲华，2010；刘礼进，2014；郝美玲、王芬，2015；鹿士义、高洁、何美芳，2017）。常见的表达形式有：

V$_{方式}$+V$_{非指示路径}$ 跑出、爬上、飞进、跳下、走过

V$_{方式}$+V$_{指示路径}$ 跑来、走来、飞来、飞去、游去

V$_{方式}$+V$_{非指示路径}$+V$_{指示路径}$ 跑出来、走过来、跳上去、飞进去

（二）参照背景NP$_{背景}$句法位置复杂，常有方位词编码构向

"V$_{方式}$"或"V$_{方式}$+V$_{路径}$"与NP$_{背景}$共现时，NP$_{背景}$有多个句法位置，可位于动词前，也可位于动词后；位于动趋式后的NP$_{背景}$可在非指示路径动词后，也可插在复合路径动词中间。例如：

V$_{方式}$+Pre+NP$_{背景}$（+V$_{指示路径}$）   跑向学校/跑到学校（来/去）

V$_{方式}$+V$_{非指示路径}$+NP$_{背景}$（+V$_{指示路径}$）   跑进教室（来/去）

Pre+NP$_{背景}$+V$_{方式}$+V$_{指示路径}$ 向大树跑去

Pre+NP$_{背景}$+V$_{方式}$+V$_{非指示路径}$+V$_{指示路径}$ 从医院跑出来

　　而且，根据参照背景的性质及维度特征，处所义较弱的普通名词或需要突显方位的处所名词常需要方位词进一步说明位移前或位移后位移主体与参照背景的空间关系。刘丹青（2003：163）指出在表达方所题元时，方位词比前置词有更强的句法强制性。例如：

　　　从门**前**爬过

　　　跳进水**中**

　　　从图书馆**旁**走过一个人。

　　　图书馆**旁**走过一个人。

　　　*从图书馆走过一个人。

　　NP_{背景}在带助词"了"的位移事件句中，可置于"了"前或"了"后，置于背景前、动词后的"了"强调前面动词的动作性，而置于背景后、句尾的"了"强调前面位移事件的完成。例如：

　　　跑进了教室

　　　跑进教室了

（三）无定NP_{位移主体}句法位置多样

　　"V_{方式}+V_{路径}"与NP_{位移主体}共现时，有定NP_{位移主体}通常置于路径动词之前，而无定NP_{位移主体}通常有三个位置：

　　　V_{方式}+V_{简单路径}+NP_{位移主体}　　　　　跳出一个人/跑来一个人

　　　V_{方式}+V_{非指示路径}+NP_{位移主体}+V_{指示路径}　　　跳出一个人来

　　　V_{方式}+V_{复合路径}+NP_{位移主体}　　　　　跳出来一个人

　　总之，汉语基本位移方式动词具有显赫性，位移方式动词矢量的表征与动词的状态程度有关，状态凸显程度越高，越不易表征矢量。在"V_{方式}+V_{路径}"优选位移表达模式中，NP_{背景}与NP_{位移主体}的句法位置比较多样，通常受到动词的性质、趋向补语的性质、宾语的性质、体标记"了"及语境等多种因素的制约（陆俭明，2002）。

4.1.2　西班牙语位移方式动词的类型及特点

　　Talmy（2000：152）认为大部分的欧洲语言，方式常融合进动词中，且不通过曲折形式表达。他还认为西班牙语的方式动词不含路径，但实际上西班牙语方式动词应分为两类，一类是含路径的方式动词，即位移方式动词，如"correr（跑）、nadar（游）、caminar（走）"等，另一类是不含路径的方式动词，如"tambalearse（摇晃）、temblar〔颤抖）、patalear（踢蹬）"等（Morimoto，2000：48-58）。

基于语料收集到的西班牙语位移方式动词有"abalanzarse（扑上去）、andar（走）、arrastrarse（爬）、arrojarse（跳下）、brincar（跳）、brotar（涌出/冒出）、callejear（逛街）、caminar（走）、chorrear（流）、cojear（一瘸一拐地走）、correr（跑、流）、corretear（跑来跑去）、derramarse（流）、deslizarse（滑行/流）、encaramarse（爬上/登上）、errar（徘徊、流浪）、escalar（爬上）、escurriese（滑下去/溜走）、galopar（马疾驰）、gotear（滴）、huir（逃）、lanzarse（投入/冲向）、merodear（转悠）、pasear（散步）、precipitarse（扑向）、resbalar（流）、resbalarse（滑倒）、retozar（欢跳）、revolotear（飞来飞去）、rodar（滚）、rodear（绕道）、saltar（跳）、serpentear（弯曲移动）、surcar（飞过）、tirarse（跳下）、trepar（爬上）、triscar（尤指孩子或幼畜欢蹦乱跳）、trotar（尤指马小跑）、vagabundear（游荡）、vagar（游荡/徘徊）、volar（飞）、zambullirse（跳进水里）"。

本章将常用的"andar（走）、arrastrarse（爬）、arrojarse（跳下）、brincar（跳）、callejear（逛街）、caminar（走）、chorrear（流）、cojear（一瘸一拐地走）、correr（跑、流）、corretear（跑来跑去）、derramarse（流）、deslizarse（滑行/流）、encaramarse（爬上/登上）、escalar（爬上）、gotear（滴）、lanzarse（投入/冲向）、revolotear（飞来飞去）、saltar（跳）、surcar（飞过）、tirarse（跳下）、trepar（爬上）、trotar（尤指马小跑）、volar（飞）"等作为主要的研究对象。

4.1.2.1　西班牙语位移方式动词的类型

按照Slobin（2004，2006）位移方式凸显梯度划分的基本方式动词和高方式动词的分类形式，西班牙语高方式动词略多于基本位移方式动词。

基本位移方式动词有"andar（走）、arrastrarse（爬）、brincar（跳）、caminar（走）、chorrear（流）、correr（跑、流）、derramarse（流）、

deslizarse（滑行/流）、gotear（滴）、huir（逃）、resbalar（流）、rodar（滚）、saltar（跳）、volar（飞）"。

高方式动词有"callejear（逛街）、cojear（一瘸一拐地走）、corretear（跑来跑去）、errar（徘徊/流浪）、galopar（马疾驰）、merodear（转悠）、pasear（散步）、retozar（欢跳）、revolotear（飞来飞去）、rodear（绕道）、serpentear（弯曲移动）、surcar（飞过）、triscar（尤指孩子或幼畜欢蹦乱跳）、trotar（尤指马小跑）、vagabundear（游荡）、vagar（游荡/徘徊）"。还有一些方式动词，除了表征［方式］，还具有明确的［方向］信息，如"abalanzarse（扑上去）、arrojarse（跳下）、brotar（涌出/冒出）、encaramarse（爬上/登上）、escalar（爬上）、escurriese（滑下去）、lanzarse（投入/冲向）、precipitarse（扑向）、tirarse（跳下）、trepar（爬上）、zambullirse（跳进水里）"等，也可归为此类。

上述三类西班牙语位移方式动词在位移事件的表征和编码上也呈现出了自身的特点。

4.1.2.2　西班牙语位移方式动词的特点

西班牙语位移方式动词表征的总体特点除了表征［方式］概念，还可以表征［路径］［背景］［位移主体］［方向］等多种概念要素。

基本方式动词在表征相同方式概念时，根据［路径］的差异，可由不同的近义方式动词表征，如"saltar（跳）"，位移路径的［轨迹］可以是落回原处或他处，而"brincar（跳）"通常表征落回原处的位移。

高方式动词除了［方式］表征的颗粒度比较小，还融合了［背景］或［位移主体］等概念。高方式动词［方式］表征的颗粒度较小，如"cojear（一瘸一拐地走）"突显了［步态］，"galopar（马疾驰）"突显了［速度］，"triscar（尤指孩子或幼畜欢蹦乱跳）"突显了［样态］，"serpentear（弯曲移动）"也突显了［样态］，但表征的［方式］更加具体。高方式动词除了突显更加具体的位移方式，还可表征［背景］要素，如"callejear（逛街）、rodear（绕道）、zambullirse（跳进水里）"；或者表征［位移主体］要素，如"galopar（马疾驰）、triscar（尤指孩子或幼畜欢蹦乱跳）、trotar（尤指马小跑）"表征了［位移主体］的性质，"pasear（散步）、vagar（闲逛）"表征了［位移主体］的情态。

其他位移方式动词主要表征［方式+方向］的概念，如"abalanzarse（扑上去）、arrojarse（跳下）、brotar（涌出/冒出）、encaramarse（爬上/登上）、escalar（爬上）、escurriese（滑下去）、lanzarse（投入/冲向）、precipitarse（扑向）、tirarse（跳下）、trepar（爬上）"。

按照周领顺（2011）状态凸显度的分层方式，西班牙语高方式动词属于描写性较强的位移方式动词，如"errar（徘徊/流浪）、merodear（转悠）、pasear（散步）、serpentear（弯曲移动）、vagabundear（游荡）、vagar（游荡/徘徊）"等，通常激活范围元素，其余均为具有叙事性的位移方式动词。叙事性位移方式动词又可分为［-方向］和［+方向］两类，前者常激活范围背景、方向背景或经过点背景，后者常激活起点背景或终点背景。

西班牙语位移方式动词的表征差异影响了位移事件的表达形式，主要体现为与之共现的背景表达需要不同的介词标引。西班牙语标引起点背景的介词有"de"，标引经过点背景的介词为"por"，标引终点背景的介词有"a"，标引方向背景的介词为"hacia"，标引范围背景的介词有"en/por"。

西班牙语描写性较强的位移方式动词通常与范围背景共现，需要由表范围的介词"por"介引范围背景。例如：

pasear　　　por　　　el parque　　（在公园散步）

　散步　　介词　　　公园

vagar　　　por　　　las calles　　（在街上游荡）

　游荡　　介词　　　街道

"pasear（散步）"和"vagar（游荡）"作为描写性较强的高方式动词，通常只与范围背景共现，介词"por"标引的参照背景"el parque（公园）"是位移主体移动的场所。"por"不仅可以突显位移主体移动的范围，还可以体现在范围内不同点的位移。虽然介词"en"也可标引范围背景，但是"pasear（散步）、vagar（游荡）"移动性较强，突显在范围背景内多个经过点的集合，通常与"por"搭配。也可以说，"en"表达静态范围，"por"表达动态范围。

［-方向］特征的叙事性位移方式动词除了用"por"或"en"标引范围背

景，还可用"hacia"标引方向背景，或用"por"标引经过点背景。例如：

andar　　por/en　　la plaza　（在广场上走）

　走　　在　　　广场

correr　hacia　　el aula　（跑向教室）

　跑　　向　　　教室

saltar　　por　　la ventana　（从窗户跳过）

　跳　　通过　　窗户

上述两类西语位移方式动词通常具有无终性，因此通常不与起点背景或终点背景共现，但是也有例外，"correr（跑）"和"volar（飞）"可以接受终点补语（Aske，1989；Morimoto，2000）。需要注意的是，"volar（飞）"可接受的终点补语通常为国家或城镇等地域专有名词。例如：

correr　al　　banco　（跑到银行）

　跑　　到　　银行

volar　　a　　Madrid　（飞到马德里）

　飞　　到　　马德里

[+方向] 特征的叙事性位移方式动词用介词"de"介引起点背景，用介词"a"介引终点背景。例如：

arrojarse　　de　　una torre　（从一座塔上跳下）

　跳下　　从　　塔

trepar　　a　　un árbol　（爬上树）

　爬上　　到　　树

此外，受到西班牙语母语者的认知经验的影响，西班牙语位移事件最优选的表达形式为单独使用路径动词编码，默认了位移方式。例如：

Los alumnos　salieron　del　aula.

　学生们　　　出　　从　　教室

（学生们走出教室。）

西班牙语由路径动词"salieron（出）"编码位移事件，"走"的方式已经默认，因此语言表层未体现"caminar（走）"。但若需要表达位移方式，可由方式动词的副动词形式或副词短语的形式编码。例如：

salir　　caminando　（走出）

出　　走（副动词）

salir　　a pie　　（走出）

出　　步行（副词短语）

若方式副动词或方式副词短语与参照背景共现，路径动词常置于前位，背景和方式副动词或副词短语的位置关系受到距离象似性和重成分后置原则的制约。例如：

salir　　del　aula　　caminando　　（走/出教室）

出　　从　教室　走（副动词）

salir　　caminando　　del　　aula　（走出/教室）

出　　走（副动词）　从　教室

salir　caminando　del　aula del segundo piso（走出/二楼的教室）

出　走（副动词）　从　教室　　二楼

综上，汉西语位移方式动词的表征既有相同点也有不同点。汉语"V$_{方式}$+V$_{路径}$"的优选表达形式与西班牙语的优选表达形式差异不仅受到了位移方式动词概念结构表征的影响，也受到了语言类型和汉西语母语者认知的影响。

4.2　汉西语位移方式表征对比

汉西语位移方式主要由位移方式动词来表征，不同的是，面对同样的位移事件，汉西语突显的方式概念要素并不相同。方式概念结构主要包括［运动模式］［速度］［节奏］［举止］［评估］［工具］［介质］［方向］［背景］［动体数量］［动体情态］［轨迹形状］［声音状态］［步态］［路径］［接触］［动力］等（Slobin，2004，2006；Haiso，2009；范立珂，2015）。汉语在位移方式动词的表征上突显［样态］［速度］［位移力］和位移［方向］［介质］等语义要素，而西班牙语有的位移方式动词除了表征上述概念要素，还同时表征位移的［轨迹］或位移的［背景］。此外，虽然汉西语都用［速度］和［步态］等概念表征位移方式，但是对［速度］和［步态］的认知又不尽相同，因此出现了进一步表征的细微差异。

综合平行语料观察发现，汉语"V$_跳$"类和西语"V$_{saltar}$"类动词在位移方式的概念结构表征上呈现出"一对多"的现象，即汉语"V$_跳$"类动词表征的范围更广，西语"V$_{saltar}$"类动词根据突显的不同方式概念用不同的位移方式动词表征；而汉语"V$_落$"类固有定向运动动词和西班牙语动词"caer（se）（落、掉、摔）"在位移方式表征上呈现出"多对一"的现象，即"V$_落$"类位移方式动词对伴随位移的方式描写得更加细致。也就是说，突显［方式］概念时，汉语位移方式动词更加丰富，而在突显［路径］概念时，西班牙语位移方式动词更加多样。

4.2.1　"V$_跳$"类与"V$_{saltar}$"类

平行语料库中出现的汉语"V$_方式$+V$_路径$"结构的事件句共1 398例，其中使用频度较高的方式动词有"走（431例）""跑（232例）""飞（134例）""跳（115例）""爬（56例）""流（44例）""赶（44例）""飘（26例）""越（26例）""逃（23例）"等。本节将对汉西语出现频率较高的位移方式动词的表征进行对比分析。

4.2.1.1　"跳"与"saltar/brincar"等

汉语"跳"表征人或动物腿上用力使身体突然离开所在的地方，突显位移的［位移力］和［样态］。例如：

（99）a. 当这个村三个考生接到大学录取通知书时，高兴得直**跳**。

　　　b. 松鼠**跳**上窗台，把两个瓷花瓶碰倒，摔碎了。

例（99a）"跳"表征位移主体"三个考生"腿用力使身体突然离开地面，动作结束后位移主体又落在原处；例（99b）"跳"表征位移主体"松鼠"凭借腿部发力使身体离开地面，动作结束后位移主体离开了原处。

西班牙语表征人或动物腿部用力使身体突然离开所在位置时，可用"saltar$_1$（跳）""brincar（跳）""saltar$_2$/arrojarse/tirarse（跳下）""zambullirse（跳进水里）"等动词表征。与汉语不同的是，西语表征位移方式概念结构时，不仅突显［位移力］和［样态］，还抓住位移的［轨迹］和［背景］表征位移方式，使方式表征更加丰富、具体。

西语位移方式动词"saltar$_1$（跳）"表征人或动物突然发力使自身离开地

面向上移动，动作结束后位移主体可以落在原处也可以落在他处，而"brincar
（跳）"通常表征动作结束后位移主体落在原处，突显［位移力］和［样态］
的同时，也分别表征位移［轨迹］。"saltar₂（跳下）"表征人或动物用力
从某高处离开，"arrojarse（跳下）""tirarse（跳下）"也表征位移主体用
力让自己从高处向低处移动，更加突显位移的［位移力］和位移［轨迹］；
"zambullirse（跳进水里）"表征位移主体突然用力进入水里，突显了［位移
力］和［背景］。例如：

    （100）a. El atleta **saltó** nueve metros.

        （那位运动员跳了9米。）

       b. El niño **brinca** por encima de los pupitres.

        （那个小孩儿在书桌上跳。）

       c. **Saltó** desde el balcón para escaparse.

        （他从阳台跳下逃跑。）

       d. El ladrón **se arrojó** desde el quinto piso.

        （小偷从五楼跳下。）

       e. **tirarse** por la ventana

        （从窗户跳下）

       f. **Se zambulló** en el mar para pescar pulpos.

        （他跳入海中去捕章鱼。）

    例（100a）"saltó（跳）"表征位移主体"El atleta（运动员）"腿部突
然用力使身体离开地面，突显［位移力］和［样态］，根据常识可推断跳的动
作发生前后位移主体不在同一位置；例（100b）"brinca（跳）"表征位移主
体"El niño（小孩）"在参照背景"书桌"上面腿部用力使身体离开桌面，动
作发生前后位移主体位置相同，仍是在桌面上；例（100c）（100d）（100e）
"Saltó（跳）""se arrojó（跳下）""tirarse（跳下）"分别表征位移主体
腿部用力使自己从高处"阳台""五楼""窗台"向低处的位移，突显［位
移力］和［轨迹］；例（100f）"Se zambulló（跳进水里）"表征位移主体
"他"突然用力离开原来的位置进入水中，此时参照背景可为江水、河水、湖
水、海水、泳池等，更加侧重表征［位移力］和［背景］。

可见，汉语"跳"表征位移方式时，主要突显位移的［位移力］和［样态］，而西班牙语方式动词除了突显位移方式的［位移力］和［样态］，还分别突显了位移的［轨迹］和［背景］。

4.2.1.2　"走"与"andar/caminar"等

汉语"走"表征人或鸟兽以脚相互交替的形式向前移动，侧重表征位移主体位移时动作的形式，即突显［步态］。例如：

（101）a. 孩子们排着队**走**到老师跟前，端起不锈钢小餐盘请老师分菜。

　　　b. 现在那蠢鸟**走**近陷阱旁边来了。

例（101a）"走"表征位移主体"孩子们"双脚交互向自己的前方移动到终点"老师跟前"的位移；例（101b）"走"表征位移主体"鸟"以两只脚相互交替的方式向位移目标"陷阱"移动。例句都突显了位移的［步态］，是双脚交替。

西班牙语表征人或动物以脚相互交替的形式移动时，至少可用"andar（走）""caminar（走）""cojear（一瘸一拐地走）"和"encaminarse（朝着……走去）"四个位移方式动词表征。尽管汉西语都用［步态］概念要素表征方式，但是上述西语动词表征不同的［步态］，且西语方式动词还可突显［方向］。西班牙语位移动词"andar（走）""caminar（走）"都是表征人或动物等有生物体从一个地方一步接着一步地到另外一个地方①；而位移动词"cojear（一瘸一拐地走）"表征人或动物由于双脚不能均匀地行走而导致走路时身体倾斜向一侧；"encaminarse（朝着……走去）"表征位移主体向某个特定的方向走去。例如：

（102）a. **Andaba** muy deprisa.

　　　（他走得很快。）

　　　b. Es saludable **caminar** por la playa.

　　　（在海滩上走步很健康。）

　　　c. **Cojea** de la pierna izquierda.

---

①两个动词的差别在于"caminar（走）"在美洲的西班牙语中的使用频率比在西班牙的西班牙语中的使用频率高。

（他瘸着左腿走路。）

d. **Se encaminó** hacia el centro.

（他朝中心走去。）

例（102a）"andaba"表征位移主体"他"一步一步地从一处到另一处的位移；例（102b）"caminar"表征位移主体人在背景"海滩"一步一步从海滩上的一处到海滩上另外一处的位移，两个动词都突显了［步态］，但是并不突显［方向］；例（102c）"Cojea（一瘸一拐地走）"表征位移主体走路时双腿用力不均，突显了位移的［步态］；例（103d）"Se encaminó（朝着……走去）"表征位移主体"他"向目标指向"中心"走去的位移，更加突显位移的［方向］。

可见，汉语"走"表征位移方式时，既突显［步态］也突显［方向］，而西班牙语"andar（走）""caminar（走）""cojear（一瘸一拐地走）"突显不同的［步态］，"encaminarse"除突显［步态］外，还突显［方向］。也就是说，西语表征位移方式时，突显的要素与汉语有区别。

4.2.1.3 "跑"与"correr/trotar/corretear"

汉语"跑"表征人的两只脚或动物的四条腿迅速向前位移，突显位移的［步态］和［速度］。例如：

（103）a. 他**跑**上一座小山，向四周瞭望。

b. 一条狗**跑**进教堂，四处看了看，又跑出去了。

例（103a）"跑"表征位移主体"他"用脚快速向自己的前方移动，位移的目标指向和终点为"山"；例（103b）"跑"表征位移主体"狗"用腿快速向前方移动位移的目标指向和终点为"教堂"，动词强调了位移的［步态］和［速度］。

西班牙语表征人用脚或动物用腿发生快速位移时，至少可用"correr（跑）""trotar（小跑）"和"corretear（跑来跑去）"三个位移动词表征。与汉语不同的是，西语表征位移方式的概念结构时，不仅突显了位移［步态］和［速度］，还抓住了［位移主体］和位移［轨迹形状］表征位移方式，使方式表征更加丰富。

西语动词"correr（跑）"表征人或动物很快地走，以至于一步和下一步之间脚或蹄子停在空中一段时间，突显位移的［步态］和［速度］。在表征不同的［步态］时，西班牙语可用不同的动词，如"trotar（小跑）"，位移突显的［步态］是迈着又轻又小的步伐，表征的位移主体通常为"马"，或者表征"人"骑着马小跑的位移，口语中还可以表征"人"走了很远的路或者迅速地走，突显［位移主体］［步态］［速度］。而"corretear（跑来跑去）"表征人或动物由于游戏或出于消遣在有限的空间内朝着不同的方向跑，突显位移的［轨迹形状］。例如：

（104）a. **Corrieron** tras el ladrón pero no lo alcanzaron.

（他们在小偷后面**跑**，但是没有抓到他。）

b. **Trotaba** de un modo elegante.

（马以非常优雅的方式**小跑**着。）

c. **Trotó** detrás del taxi porque olvidó en su interior el bolso.

（他**跑**在出租车后面，因为他把包忘在车里了。）

d. Mientras los mayores descansaban，los pequeños **correteaban** por el parque.

（大人们休息的时候，孩子们在公园里**跑来跑去**。）

例（104a）"Corrieron（跑）"表征位移主体"他"很快地走以至于两只脚交替在空中停留，突显［步态］与［速度］；例（104b）"Trotaba（小跑）"表征位移主体"马"轻盈地迈着小小的步伐移动，除突显与"correr（跑）"不一样的［步态］外，［位移主体］限定为马。例（104c）"Trotó（小跑）"表征位移主体"他"在出租车后面小跑着追车的位移，突显［步态］和［速度］；例（104d）"correteaban（跑来跑去）"表征位移主体"孩子们"在"公园"里向不同的方向跑，突显位移的［轨迹形状］。

可见，汉语"跑"表征位移方式时，主要突显位移方式的［步态］和［速度］，而西班牙语位移方式动词表征的位移方式概念与汉语不同，除了突显位移方式的［步态］和［速度］，还突显了［位移主体］和位移［轨迹形状］。此外，对不同的［步态］，西语用不同的动词进行表征，使西语方式表征更加具体。

4.2.1.4　"飞"与"volar/surcar/revolotear"

汉语"飞"表征鸟类或虫类等鼓动翅膀在空中活动，突显位移的［样态］及位移发生的［介质］。例如：

（105）a. 人们跑到跟前，那群小鸟飞到树上，看着众人。

　　　　b. 最后，她开始用拳头敲打蚊帐，蚊帐摇来晃去，停在帐中的萤火虫飞了。

例（105a）（105b）"飞"分别表征了位移主体"小鸟"和"萤火虫"扇动翅膀在空中活动，突显了［样态］和［介质］。

西班牙语表征鸟类扇动翅膀在空中移动时，可用"volar（飞）""surcar（飞越）"和"revolotear（飞来飞去）"三个位移动词表征。与汉语不同的是，西语表征动词的方式概念结构时，不仅突显了［样态］和［介质］，还抓住了位移的［轨迹］进行表征。

西语位移动词"volar（飞）"表征由于翅膀的支撑而在空中移动，突显位移方式的［样态］和位移的［介质］；"surcar（飞越）"表征鸟类或飞机以飞行的方式穿过某一空间，突显［样态］［介质］和位移［轨迹］；"revolotear（飞来飞去）"表征动物在较小的空间内在某一参照背景附近转圈飞，位移主体与参照背景之间的距离较短，突显位移的［样态］［介质］及位移的［轨迹形状］。例如：

（106）a. Los pájaros **vuelan** de rama en rama.

　　　　（鸟儿从一根树枝飞到另一根树枝。）

　　　　b. Las aves pasajeras **surcan** el cielo azul.

　　　　（候鸟飞过蓝天。）

　　　　c. Los gorriones **revoloteaban** alrededor de los árboles.

　　　　（麻雀在树的周围飞来飞去。）

例（106a）"vuelan（飞）"表征位移主体"Los pájaros（鸟）"鼓动翅膀在空气中移动，突显位移的［样态］是扇动翅膀，位移发生的［介质］是空气；例（106b）"surcan（飞越）"表征位移主体"Las aves pasajeras（候鸟）"鼓动翅膀在参照背景"el cielo azul（蓝天）"中飞行，除了突显［样态］和［介质］，还突显了表位移经过参照［背景］时的［轨迹］；例（106c） "revoloteaban（飞来飞去）"表征位移主体"Los gorriones（麻雀）"在参照背景"los árboles（树）"的附近小范围内短距离地转圈飞，除了［样态］和［介质］，更加突显了位移主体相对于参照［背景］的位移［轨迹形状］。

可见，汉语"飞"表征位移方式时，侧重表征位移主体移动时的［样态］和位移的［介质］，而西班牙语动词"volar（飞）""surcar（飞越）""revolotear（飞来飞去）"位移发生的［介质］也都是空气，但是"volar（飞）"突显［样态］，"surcar（飞越）"和"revolotear（飞来飞去）"突显位移的［轨迹形状］。

4.2.1.5　"爬"与"arrastrarse/trepar"等

汉语"爬"表征人或动物手脚并用发生位移时，主要突显位移方式的［样态］和位移的［方向］两个概念要素。"爬₁"表征昆虫或爬行动物等行动，或者人用手和脚一起着地向前移动，突显手脚并用的［样态］和向前的［方向］；"爬₂"表征人或动物抓着东西往上去，突显［样态］为抓着东西，［方向］为向上。例如：

（107）a. 战友从洞口爬出去了，他从那个方向也开始打。

　　　　b. 一只黑猩猩叠起箱子爬上箱顶上。

例（107a）"爬"表征位移主体"战友"用手和脚一起在地面向前移动，例（107b）"爬"表征位移主体"黑猩猩"用手和脚抓着箱子向上位移，二者都突显了［样态］和［方向］。

西班牙语表征人或动物手脚并用发生位移时，至少可用"arrastrarse（爬）""trepar（爬上）""encaramarse（爬上/登上）""escalar（爬上）"等位移动词表征。与汉语不同的是，西语位移动词不仅突显了位移方式的［样态］和位移的［方向］，还抓住了［背景］［位移主体情态］及［工具］等概念表征位移方式，使方式表征更加具体。

位移动词"arrastrarse（爬）"表征人或动物用身体在地面摩擦的方式从一个地方到另外一个地方，突显位移方式的［样态］，［方向］通常为水平方向。例如：

（108）Se arrastró hasta el teléfono.

　　　　（他爬到电话旁。）

例（108）"Se arrastró（爬）"表征位移主体通过四肢在地上行进，突显位移方式的［样态］。

西班牙语表征向高处爬的动词有以下几个。

"trepar（爬上）"表征通过手和脚的帮助向高处移动，突显位移方式的［样态］和向上的［方向］。CORPES语料库中与其共现的背景使用频次由高到低排序依次为"árbol（树）"（65）、"pared（墙）"（32）、"ladera（山坡）"（27）、"muro（城墙）"（22）、"escalera（楼梯）"（22）、"tronco（树干）"（16）、"roca（岩石）"（16）、"ventana（窗）"（16）、"rama（树枝）"（13）等，背景均有一定的高度。

"encaramarse（爬上/登上）"表征位移主体向上移动到很难到达的地方，突显位移［方向］及很难到达的［背景］，常共现的背景有"escalera（楼梯）"（13）、"rama（树枝）"（10）、"roca（岩石）"（10），背景除了有高度，还突显了［位移主体情态］，艰难移动才可到达。

"escalar（爬上）"可表征人借助梯子进入一个坚固的地方，因此参照背景通常为可通过梯子向上移动或有台阶的背景，如"pared（墙）"（29）、"muro（城墙）"（17）、"peldaño（台阶）"（14），突显位移时使用的［工具］。"escalar（爬上）"还可以表征位移主体爬上山、巨大的坡或特别高的高度，如"montaña（山）"（48）、"cima（山顶）"（17），突显位移的背景［体积］较大、位移的［高度］较高等特征。例如：

（109）a. **Trepó** al tejado para buscar una pelota.

（他爬到屋顶找球。）

b. **Se encaramó** al árbol para coger unas ciruelas.

（他爬上树摘李子。）

c. Los ladrones **escalaron** el edificio.

（那几个窃贼爬梯进入大楼。）

d. **Escalaron** un monte.

（他们爬上一座大山。）

例（109a）"Trepó（爬上）"表征位移主体通过四肢抓住某物向上至屋顶的位移，突显［样态］和向上的［方向］；例（109b）"Se encaramó（爬上）"表征位移主体借助手脚之力向上位移，突显位移［方向］为向上，背景为"árbol（树）"，此时［背景］通常为较难达到的地方，意味着树并不好爬；例（109c）"escalaron（爬梯进入）"表征位移主体"Los ladrones（窃贼）"通过爬梯子的方式进入背景"el edificio（大楼）"，突显了位移的［背景］和［工具］；例（109d）"Escalaron（爬上）"表征位移主体借助手或脚的力量上到大山顶上，突显了位移的［方向］向上，且［背景］为面积较大、距离较长的实体，如大山、大坡、城墙、城堡、摩天大楼等。

可见，汉语"爬"表征位移方式时，主要突显位移方式的［样态］和位移的［方向］，而西班牙语位移方式动词除了突显位移方式的［样态］和位移的［方向］，还突显了位移的［背景］［位移主体情态］及位移使用的［工具］，比汉语突显的概念要素更多，使西语方式表征更加丰富。

4.2.1.6　"流"与"correr/chorrear"等

汉语"流"表征液体的移动，概念表征的颗粒度较大，仅限定位移主体为液体，其他如位移主体的量、位移的速度、位移的方向等均无限定。而西班牙语表征液体移动的位移动词，其表征的概念比较具体、细致，不同的液体量、不同的位移速度、不同的位移方向均可以用不同的动词表征。

"correr$_4$（流）"表征流体（空气、水、油等）渐渐地从一个地方移动到另外一个地方，突显［慢速］和［泛向］，搭配频率较高的位移主体有"agua（水）"（258）、"sangre（血）"（212）、"río（河）"（105）、"lágrima（眼泪）"（65）。

"chorrear$_1$（流）"表征液体形成水柱落下，突显位移主体［量大］，［速度］为快速，［方向］为向下；"chorrear$_2$（流）"表征液体慢慢地出来并滴落，突显位移主体［量少］，［速度］为慢速，［方向］也为向下，位移主体仅有"sangre（血）"（48）、"agua（水）"（43）、"sudor（汗水）"（13）。

"resbalar（流）"表征液体缓慢落下，突显［速度］为慢速、［方向］为向下，位移主体频率较高的依次为"lágrima（眼泪）"（110）、"gota（水滴）"（66）、"sudor（汗水）"（43）、"sangre（血）"（27）、"lluvia（雨）"（25）。

"deslizarse（流）"表征液体按照某固定的方向柔和地流动，突显位移

［力度］为柔和、［速度］为慢速、［方向］为泛向，位移主体频率较高的为
"agua（水）"（45），"lágrima（眼泪）"（25）。

"derramarse（流）"表征液体或细小的东西从容器中流出，突显位移主
体［量少］，［方向］为由内向外，具有非自主性，位移主体频率较高的依次
为"lágrima（眼泪）"（164）、"agua（水）"（58）、"gota（水滴）"
（45）、"leche（牛奶）"（35）、"café（咖啡）"（27）、"vino（红
酒）"（26）。例如：

（110）a. El río **corre** por la llanura.

（那条河**流**经平原。）

b. La lluvia **chorreaba** en la habitación por el techo.

（雨水从屋顶**流**进房间。）

c. Le **chorrea** el sudor.

（他**流**着汗。）

d. Las lágrimas **resbalaban** por sus mejillas.

（眼泪顺面颊**流**下。）

e. El arroyo **se desliza** mansamente.

（小溪静静地**流**着。）

f. **derramar** abundantes lágrimas

（**流**出许多眼泪）

例（110a）"corre（流）"表征位移主体"El río（河）"慢慢地沿着参
照背景"la llanura（平原）"移动；例（110b）"chorreaba（流）"表征位
移主体"La lluvia（雨）"通过屋顶快速呈柱状落下；例（110c）"chorrea
（流）"表征位移主体"el sudor（汗）"透过皮肤后慢慢地向下移动；例
（110d）"resbalaban（流）"表征位移主体"Las lágrimas（眼泪）"缓缓地
落下；例（110e）"se desliza（流）"表征位移主体"El arroyo（小溪）"移
动的力度很温柔；例（110f）"derramar（流）"表征位移主体"lágrimas（眼
泪）"从眼眶中流出。

可见，汉语"流"表征的范围更广，位移主体通常为液体，位移主体的
量、位移的速度、位移的方向可根据语境判断。而西班牙语表征得比较具体，

"chorrear（流）"和"resbalar（流）"表征了位移的方向为［向下］，相当于汉语的"流下"；"correr（流）"和"deslizarse（流）"表征液体移动，不包含方向，位移方向根据位移主体及语境判断是水平方向还是垂直方向的运动，若为水平方向可为"流进/流出"，若为垂直方向通常为"流下"。上述四个动词从背景的维度考虑均为面状背景，即二维背景。而"derramar（流）"表征液体从容器中流出，语料中发生了由二维背景向三维背景的转移。

综上，位移方式可从［位移力］［样态］［速度］［工具］［位移主体情态］等概念要素表征。对于汉语和西班牙语来说，"V$_{跳}$"类动词和"V$_{saltar}$"类动词都抓住了位移方式的［样态］（包括［步态］）、［速度］、［位移力］及位移［介质］等概念要素进行表征；不同的是，西班牙语"V$_{saltar}$"类动词还抓住了位移的［工具］［轨迹］［方向］及参照［背景］和［位移主体］等概念要素表征位移方式，使西语方式表征更加丰富、具体。

4.2.2　"V$_{落}$"类与"V$_{caer（se）}$"

固有定向运动动词表征的最基本概念要素为［运动］［路径］和［方向］，不同动词还可以表征位移的［动因］、位移的［速度］、位移发生的［介质］等概念要素，位移主体的实体性质也影响了位移动词的适配。

4.2.2.1　"落/掉/摔"与"caer（se）"

"落$_1$"表征物体自上而下地位移，其表征的重点是位移主体失去原有的支撑后由于自身的重力作用在空中发生的由高处到低处的位移，具有自主性。例如：

（111）a. 花瓣从花钟里**落**下来。

b. 雪**落**下来。

c. 眼泪**落**下来。

d. 成熟的果子**落**到地上。

例（111a）"花瓣"因为失去花钟的支撑，受到重力作用从空中落下；例（111b）"雪"是水在空气中凝结成的白色结晶，在重力大于空气中的浮力时，便会从空中自主落下；例（111c）"眼泪"在流出眼眶后，失去容器的承载力，发生了由高处到低处的位移；例（111d）"果子"因为成熟后果柄细胞开始衰老，无法支撑果实，受到地心引力的作用导致"果子"落地。"落"不仅表征了位移的［运动］［路径］［方向］［动因］，还体现了较强的自主性。"落₂"词义为"下降"，与"落₁"不同，"落₂"位移主体可以是人或物体，侧重于表征物体的位移［速度］较慢。例如：

（112）a. 太阳**落**山了。

b. 飞机从空中**落**下来。

c. 她从空中柔软地平着身子**落**下。

例（112a）"落"表征"太阳"徐徐降下直到地平线以下的位移；例（112b）"落"表征位移主体"飞机"缓缓从空中降落到地面的位移；例（112c）"落"表征位移主体"她"从空中慢慢向下位移。此时"落₂"也具有自主性。"掉"的词义同"落₁"，但与"落₁"并不完全相同，"落₁"位移主体通常为物体，而"掉"的位移主体也可以是人。例如：

（113）a. 云梯上的兵士被烧得焦头烂额，**掉**了下去。

b. 话音刚落，立时从天花板上**掉**下一个男人来。

除了位移主体差异，与"落₁""落₂"不同的是，"掉"更倾向于表征位移主体受到负面的［外因］而产生的非自主的由高到低的位移，具有非自主性，即具有失控性。例如：

（114）a. 飞机**落**下来。

b. 飞机**掉**下来。

例（114a）"落"表征飞机在人为的控制下自然地降落到地面上，而例（114b）"掉"并不表征自然降落的情况，往往是由于飞机故障或其他负面的外界因素引起的失控状态下的向下位移，如"被击中的敌机掉在海里了"，具有非自主性，侧重于表征较为负面的［外因］。"摔"表征的位移方式更加突显的是自上而下的位移［速度］较快，也具有失控性，通常位移的起点高度较高，位移主体为有生命的人或动物。例如：

（115）a. 二个人一下子就从6米高的反应锅上**摔**下来。

b. 爸爸不小心**摔**到深沟里。

c. 野狗从悬崖边**摔**下来时掉在分枝上。

例（115a）（115b）（115c）"从6米高的反应锅摔下来""摔到深沟

里""从悬崖摔下来"位移的起点位置都较高，或终点位置较低，与"掉"表征失控性相同，但更侧重表征位移的［速度］较快。

"落₁""落₂""掉""摔"表征的位移的自主性、位移［速度］、位移主体等侧重点都不尽相同，但是西班牙语都用同一个位移动词"caer（se）（落、掉、摔）"来表征。例如：

（116）a. La nieve **cae**.

（雪落下来。）

b. Las hojas de los árboles caían **lentamente**.

（叶子从树上慢慢落下。）

c. **caer** desde una torre

（从塔楼掉下）

d. **caer** por el acantilado

（摔下深谷）

例（116a）（116b）"nieve（雪）"和"hoja（叶子）"由于自然原因慢慢地向下落，具有自主性；例（116c）某人或某物因外界因素从"torre（塔）"上非自主地掉下来，具有失控性；例（116d）某人快速从"acantilado（深谷）"的谷顶摔到谷底，突显了失控的速度。这些位移都是由位移动词"caer（se）（落、掉、摔）"来表征的。"caer（se）（落、掉、摔）"的位移主体可以是人或物体，位移［速度］可快可慢，自上而下的位移既可具有自主性，也可具有失控性。

关于位移主体的实体性质，在从CCL语料库中随机选取的包含"落₁""落₂""掉""摔"各100例语料中，"落₁"位移主体为无生命的物占比为100%，"落₂"位移主体为无生命的物占比为98%；"掉"的位移主体为无生命的物占比为71%；"摔"的位移主体为无生命的物占比为1%。可见，汉语"落₁""落₂""掉""摔"的位移主体有生性呈上升趋势。

而CORPES语料库显示西班牙语位移动词"caer（se）"的位移主体既可以是有生的"mujer（女人）、hijo（儿子）、amigo（朋友）"等，也可以是无生的"agua（水）、lluvia（雨）、gota（水滴）、cuerpo（身体）、bomba（炸弹）、nieve（雪）、lágrima（眼泪）、hoja（叶子）、piedra（石头）、

libro（书）、bolsa（袋子）、sangre（血）"等。不过"caer"和它的代词式动词"caerse"[①]的表征有细微的差别，"caer"既可以表征位移主体自主地由高处向低处的移动，如"hoja（叶子）、fruto（成熟的果实）、lágrima（眼泪）、lluvia（雨）、nieve（雪）、granizo（冰雹）"等位移主体自主地落下，也可以表征位移主体非自主地向下移动；而"caerse"常表征位移主体非自主地由高处向低处移动。

在从CORPES语料库随机选取的100例语料中，99%位移主体为［有生］时，使用的位移动词为"caerse"，类似于"摔"，但并不表征位移的［速度］。从CORPES语料库中随机选取的西班牙语位移动词"caer（se）"100例语料中，"caer"位移主体为［有生］的占比为56%，［无生］的占比为44%；"caerse"位移主体为［有生］的占比为99%，［无生］的占比为1%。此外，位移主体为液体时，汉语可用"落""掉"表征由高到低的位移，但是不可以用"摔"，而西班牙语位移动词"caer"的位移主体既可为固体，也可为液体，其表征的范围较广。

综上，"落₁""落₂""掉""摔"在位移方式的自主性、位移主体的有生性、位移速度等方面都呈现出一定的连续统，表征十分细腻；而"caer（se）（落、掉、摔）"表征比较概括，对比见图4.1。

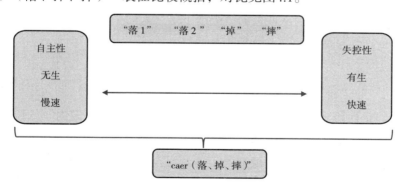

图4.1　"掉"类动词与"caer"表征对比

4.2.2.2　"滴/漏"与"caer（se）"

"落₁""落₂""掉"的位移主体既可以是液体也可以是固体，而汉语中

---

①代词式动词由"原形动词（caer）+人称代词（se）"构成。

"滴""漏"表征物体自上而下地位移时，位移主体通常为液体。"滴"表征的位移主体是液体，向下位移时该液体不是流向的，而是间隔的、少量的，一滴一滴的自上而下的位移，侧重表征位移的速度为［慢速］，位移主体通常为水滴、雨滴、泪珠、汗珠、血珠、油等滴状物或珠状物。例如：

（117）a. 雨水渐渐沥沥地从爬满了青藤的茅草屋檐上**滴**下来。

　　　　b. 泪珠从长长的睫毛上**滴**下来。

　　　　c. 厚厚的油从它的头发上**滴**下来。

例（117a）"滴"表征"雨水"向下的位移是间断的、少量的，一滴一滴的；例（117b）"滴"表征泪水从睫毛上移动下来；例（117c）"滴"表征"油"一点一点从头发上慢慢向下的位移。除表征位移主体量少外，更突显位移方式的频率较低。"漏"与其他表征位移主体自上而下地位移不同的是，在表"东西从孔或缝中滴下"时，更加突显位移起点背景的性质。例如：

（118）a. 纸伞破了一个大洞，雨点**漏**下来。

　　　　b. 茅屋被刮破了，雨**漏**下来了。

　　　　c. 楼下呀，他们说水**漏**到他们头上啦。

例（118a）用"漏"表征位移主体"雨点"从纸伞的破洞处自由下落；例（118b）"漏"表征位移主体"雨"从茅屋屋顶的缝隙或孔洞落下；例（118c）位移主体"水"从楼板的缝隙滴下落在人的头上。位移主体的量可大可小，但是均突显位移的起点背景为孔或缝。

西班牙语中与"滴"同义的位移动词为"gotear（指液体一点一点落下）"，与"漏"近义的位移动词为"filtrar（指液体通过固体进入某处）"，但是西班牙语"filtrar"侧重表征位移主体"由外向内"的位移，即"漏"的"东西从孔或缝中透出"之意，词义本身并不包含由上至下的位移路径，用"渗"释义更加贴切。例如：

（119）a. **Gotea** el agua de los árboles aun después de dejar de llover.

　　　　（雨停之后，水还是从树上滴下来。）

　　　　b. El agua **se filtra** por la pared.

　　　　（水从墙里渗进来。）

例（119a）"Gotea（滴）"表征位移主体"el agua（水）"从路径起点

"树上"一滴一滴慢速落下的位移，"雨停之后"表明位移主体的量不大；例（119b）"se filtra（渗）"表征位移主体"水"通过位移路径经过点"墙"从墙外进入墙里，但是位移主体进入墙后的路径无从而知，若是顶部墙面，"水"可能垂直滴下，若是侧部墙面，"水"可能继续横向位移。但是在平行语料中，汉语用"滴""漏"编码液体向下位移的例句中西班牙语没有一例使用"gotear（滴）"或"filtrar（漏）"，译文均使用了位移动词"caer（se）（落、掉、摔）"。可能存在译者翻译时自己选择位移动词的主观倾向问题，但也可见西班牙语位移动词"caer（se）（落、掉、摔）"的概括能力极强，位移主体可以是人或物体（固体或液体），同时也反映出西班牙语母语者在表征自上而下的位移事件时更关注位移的路径，而具体的如"一滴一滴"落下的位移方式不是突显的元素，因此未选用动词"gotear（滴）"，这也符合西班牙语作为动词框架语言的类型特征。

4.2.2.3　"沉"与"hundirse"

"落$_1$""落$_2$""掉""摔""滴""漏"表征的位移事件发生的介质均为气体，西班牙语都可使用"caer（se）（落、掉、摔）"表征，而"沉"发生的介质为液体，此时西班牙语用"hundirse（沉）"来表征。例如：

（120）a. 书掉进冰冷的水溜，慢慢地**沉**下去。

　　　　b. 鲨鱼慢慢地**沉**下去了。

　　　　c. 他只有看着那条船慢慢地**沉**下去。

"沉"表征位移方式除了对位移发生的介质有限制，也侧重于表征位移的［速度］较慢，如（120a）（120b）（120c）都可以用"慢慢地"形容位移的速度。西班牙语动词"hundirse（沉）"与汉语相似，也突显了位移主体在液体中自上而下位移的速度。据CORPES语料库统计，与西班牙语位移动词"hundirse（沉）"搭配使用频率最高的副词为"definitivamente（完全地）"，第二高频副词则是"lentamente（慢慢地）"。例如：

（121）a. El surfista **se hunde** en vertical，lentamente，en el agua.

　　　　（冲浪者垂直地在水中慢慢沉下去。）

　　　　b. La prótesis dental **se hundía** lentamente en el fondo del vaso.

　　　　（假牙慢慢沉到杯底。）

  总体来看，汉语"掉"类动词对位移方式的表征更加细腻，不同的位移动词可以突显自上而下位移时不同的［自主性］［速度］和［路径］等概念元素，不同的位移主体选用的位移动词也有限制。"落$_1$"突显［无生］位移主体的位移［自主性］和［慢速］；"落$_2$"突显［无生/有生］位移主体的位移［自主性］和［慢速］；"掉"突显［有生/无生］位移主体的位移［失控性］；"摔"突显［有生］位移主体的位移［失控性］和［快速］；"滴"突显［液体］的位移［慢速］和［间断］；"漏"突显［液体］的［路径起点］。而西班牙语均可使用"caer（se）（落、掉、摔）"表征，位移发生在液体中则使用"hundirse（沉）"。可见汉语"掉"类动词表征的范围更广，而西班牙语位移动词"caer（se）"更具有概括性。

  综上，汉语"V$_{跳}$"类位移方式动词概念表征的颗粒度较大，主要突显［方式］的次语义要素，如［样态］［速度］［位移力］［介质］，西语"V$_{saltar}$"类除了突显上述［方式］的次语义要素，还突显［路径］的次语义要素，如位移的［轨迹形状］及位移的参照［背景］和［位移主体］等概念要素；而汉语"V$_{落}$"类固有定向运动动词对伴随位移的方式的描写更加细腻，不同的动词分别突显［位移主体］的性质及位移的［自主性］［速度］［路径］等概念要素，而"caer（se）（落、掉、摔）"着重突显向下的位移［路径］，西语一个动词常常表征上述所有方式概念要素。可见，突显位移［方式］概念时，汉语位移方式动词更加丰富，而西语表征［方式］概念时，还常常突显位移［路径］概念，从而呈现出汉西语位移方式表征上的个性特点。

4.3 汉西语位移方式表达形式对比

  通过对汉西语位移方式动词表征位移事件的共性与差异性的描写可以发现，不同民族即便对某一位移图式的认知相同，但表征形式也会有所不同，突显位移事件中不同的语义要素。即便用相同语义特征的动词表征位移事件，其编码时采取的句法形式也不尽相同。

  汉西语位移方式编码最大的不同是，汉语最优选的模式为"V$_{方式}$+V$_{路径}$"（跑上来），而西班牙语最常用"V$_{路径}$"（上）编码，此外西语还有"V$_{方式}$"

"$V_{路径}$+$G_{方式}$/$LA_{方式}$" "$V_{方式}$ y $V_{路径}$" 等多种表达方式。汉语 "$V_{方式}$+$V_{路径}$" 编码的位移事件句经常与位移$NP_{背景}$或$NP_{位移主体}$共现在一起。与$NP_{背景}$共现时，汉语的句法位置比较复杂，而西班牙语的位移$NP_{背景}$的句法位置相对简单；汉语通常用介词介引$NP_{背景}$，还要根据背景的属性和维度特征对构向进行编码，而西班牙语只用介词编码激活构向即可。汉语 "$V_{方式}$+$V_{路径}$" 编码的位移事件句与$NP_{背景}$共现时，汉西语的$NP_{位移主体}$既可置于动词性结构之前，也可置于动词性结构之后，其语序常常受语义距离象似性与重成分后置原则的制约。

　　本书首先从体现两种语言类型特点的汉语 "$V_{方式}$+$V_{路径}$" 结构与西班牙语相应的 "$V_{路径}$" 等表达形式进行对比分析；然后分别从汉语 "$V_{方式}$+$V_{路径}$"/西语 "$V_{方式（路径）}$" 与$NP_{背景}$的组合，位移背景与方位词的组合，"$V_{方式}$+$V_{路径}$" 与位移主体组合四大方面，对汉西语位移方式编码进行对比分析。

4.3.1　$V_{方式}$与$V_{路径}$的组合

　　根据对汉西语平行语料的观察，汉语表达位移的 "$V_{方式}$+$V_{路径}$" 结构[①]在西班牙语中主要有四种表达形式，按照使用频率由高到低排序依次为 "$V_{路径}$"（76.34%）、"$V_{方式}$"（17.85%）、"$V_{路径}$+$G_{方式}$/$LA_{方式}$"（5.05%）与 "$V_{方式}$ y $V_{路径}$"（0.75%）（详见表4.1）。

表4.1　汉语 "$V_{方式}$+$V_{路径}$" 在西语的不同表达形式对比（%）

汉语形式 ＼ 西语形式	$V_{路径}$	$V_{方式}$	$V_{路径}$+$G_{方式}$/$LA_{方式}$	$V_{方式}$ y $V_{路径}$
跳+ $V_{路径}$	43.36	46.9	7.08	2.65
走+ $V_{路径}$	87.33	8.76	3.69	0.23
跑+ $V_{路径}$	74.77	17.43	7.34	0.46
飞+ $V_{路径}$	65.79	30.26	2.63	1.32
爬+ $V_{路径}$	77.78	14.81	7.41	0
流+ $V_{路径}$	77.14	17.14	2.86	2.86
总　计	76.34	17.85	5.05	0.75

---

①本章仅选取了平行语料库中使用频率较高的、更具有代表性的汉语位移方式动词——"跳、走、跑、飞、爬、流"，也是前文对比分析表征异同的位移方式动词。

由表4.1可见，西班牙语单独使用路径动词（$V_{路径}$）编码位移事件的占比最高，可表明西班牙语更倾向于V型语言；单独使用位移方式动词（$V_{方式}$）居于第二位，路径可在语境中被激活或者融合在表［方式+路径］的动词中；路径动词与位移方式共现时，方式可由位移方式动词的副动词形式（$G_{方式}$）或表位移方式的副词短语（$LA_{方式}$）表达，二者分别为陈述性方式与修饰性方式，认知图式不同；路径动词与位移方式共现时，还可以按照时间顺序由并列连词"y"连接位移方式动词与路径动词（$V_{方式}$ y $V_{路径}$），但是使用频率很低。

4.3.1.1　汉语"$V_{方式}$+$V_{路径}$"与西语"$V_{路径}$"

任何位移事件都是以某种特定的方式发生的，言/叙者的主观意识决定了［方式］是否在语言表层上必须呈现出来。汉西语平行语料显示，汉语"$V_{方式}$+$V_{路径}$"结构在西班牙语中主要由纯路径义动词[①]编码，共710例（76.34%），占比明显高于其他表达形式。这类位移动词有"subir（上）、bajar（下）、entrar（进）、salir（出）、volver（回）、pasar（过）"等，其位移概念结构均为［运动+路径+方向］，未融合其他概念要素（如［方式］），其特点为能够独立表达位移事件，激活位移框架，并容易被方式概念修饰（详见4.3.1.3），但西语位移事件表达中位移方式常隐现。西班牙语位移事件句在表层上隐现位移方式主要有如下三种情况。

（一）根据认知经验可默认的方式

西班牙语编码以某种方式进行位移时，如果该方式为人们对常识的认知，即位移主体移动的内在属性方式是人们认知经验中最普遍的移动方式时，方式可以不出现在语言表层。路径动词、介词与参照背景可以共同激活语言表层未出现的默认的位移方式。例如：

（122）a. **Subimos** al viejo árbol que estaba en medio de la presa. Nos sentamos en la rama más larga，la que llegaba al río.

---

①西班牙语位移动词由于其综合型语言的特征，一个位移动词可以融合多个语义要素，因此除了表征［路径］的位移路径动词和表征［方式］的位移方式动词，还有融合类位移动词，即融合了［方式/原因+路径］的动词，如"caer（落下、掉下、摔下）、despeñarse（从高处掉下）、arrojarse（让自己从高处落下）、trepar（爬上）"等。由于具有一定的［方式］概念，此类动词将在4.3.1.2中与位移方式动词一起分析。

　　　b. 我们**爬上**了生在河堤半腰上那棵老柳树，并排坐在一根伸向河
　　　　面的树杈上。

（123）a. La sangre **salió** entre sus dedos.

　　　b. 血从她的指缝里哗哗地**流出来**。

（124）a. Los pájaros **pasaron** sobre mi cabeza，lanzando grandes gritos.

　　　b. 小鸟从我的头顶上**飞过**，发出很响的叫声。

　　例（122a）"Subimos（我们上）al（到，介冠缩合）árbol（树）"，位移主体指人，最普遍的"上树"的位移方式即为"爬"，因此位移句中通常只有路径动词"subir（上）"，而不出现位移方式动词"arrastrarse（爬）"①。汉语则不同，即便方式为常识中的普遍认知，但仍由方式动词和路径动词共同编码位移事件，如例（122b）中"爬上"用方式和路径共同编码了位移主体以"爬"的方式发生了从低处向高处的移动。

　　同理，例（123a）"La sangre（血）salió（出）"中位移主体"La sangre（血）"最典型的位移方式为"流"，属于常识，因此位移句中只出现了路径动词"salió（出）"，未出现位移方式动词"correr（流）"；而例（123b）则需要方式动词与路径动词共同编码，"*血从她的指缝里哗哗地出来"似乎并不符合语法规则。

　　例（124a）"Los pájaros（鸟）pasaron（过）sobre（在……上，介词）mi（我的）cabeza（头）"中，由于"鸟"最常默认的位移方式为"飞"，因此西语例句中只出现了路径动词"pasaron（过）"，未出现方式动词"volar（飞）"；而汉语"*小鸟从我的头顶上过"也不能自足，需要"飞过"共同编码。

（二）言/叙者主观认为无关紧要的方式

　　西班牙语中位移的方式对言/叙者而言无关紧要时，可以不出现在语言表层。例如：

（125）a. En aquel instante，una señora **bajó** del coche.

　　　b. 这时，从车内又**跳下**一个胖大的妇人。

①西班牙语位移动词"trepar"是融合了［方式］"爬"和［路径］"上"的位移动词，在4.3.1.2中分析。

（126）a. Pero，considerando cuánto importaba mi presencia para lo que
suceder pudiese en aquel caso，me animé lo más que pude y **entré**
en su casa.

　　b. 可是我考虑到自己如果在场，对事情的发展大有关系，就极力
振奋精神，**跑进**她家。

（127）a. Luo Ji le observó acercarse a la gente，cruzar unas palabras y luego
girarse para **volver**.

　　b. 罗辑看他走到了人群前，好像同人们简单地说了两句什么，很
快转身**走回来**。

例（125a）"una（一位）señora（女士）bajó（下）del（从，介词）
coche（车）"只突显了位移主体"女士"从车上到车下的位移路径，未关
注下车的方式是"跳""走"还是"滚"等；而例（125b）需要由方式动词
"跳"和路径动词"下"共同编码位移，"*从车内又下一个胖大的妇人"不
符合语法规则的原因也与韵律有关。如3.2.2所述，单音节的［路径］+单音节的
［背景］和单音节的［路径］+单音节的［主观视角］可以满足汉语双音化需
求，例（125b）则是单音节的［方式］+单音节的［路径］满足了双音化需求。

例（126a）"entré（我进）en（介词）su（她的）casa（家）"中路径动
词"entré（进）"突显位移主体"我"从背景"家"的外面到里面的位移路
径，未关注进入的方式为"走"还是"跑"；而例（126b）不仅突显了位移路
径"进"，还突显了位移的方式"跑"，同理，句中"*进她家"也不符合汉
语双音化的需求。

例（127a）"girarse（转身）para（为了）volver（回来）"中路径动词
"volver（回来）"突显了位移主体"罗辑"从原点出发靠近人群再由人群返
回原点的位移路径，无论是"走回来"还是"跑回来"，位移方式并不是突显
的要素，回到原点的路径才是说话人要突出的重点；而例（127b）"转身走回
来"由方式动词"走"和复合路径动词"回来"共同编码位移，"走"是言/
叙者识解过程中要突显的位移方式。

（三）方式义减弱的位移方式

当汉语"V方式"在位移事件中的方式义减弱时，西班牙语可由路径动词单

独编码位移事件。例如：

（128）a. 姑姑从手术室里**跳出来**，气急败坏地问我：你是什么血型？

b. Entonces Tía **salió** de la sala de operaciones y me preguntó con mucha urgencia：—¿De qué grupo sanguíneo eres?

（129）a. 以前的游侠骑士，从深林出来**跑进**深山，从深山跑到荒凉的海边，海上总有狂风大浪。

b. Ya no hay ninguno que，saliendo deste bosque，**entre** en aquella montaña，y de allí pise una estéril y desierta playa del mar，las más veces proceloso y alterado.

（130）a. 有人**跑过来**借火。

b. Algunos **vinieron** a pedirme fuego.

（131）a. 我和哈米拉来到公寓门口，**爬上**楼梯。

b. Jamira y yo llegamos al portal de nuestro destino y **ascendimos** un tramo de escalera.

例（128a）"跳"并非突显姑姑腿部用力使身体由手术室内移动到手术室外，而是通过这一方式动词突显位移主体移动时的情态，"跳"的方式义减弱；例（128b）只用了路径动词"salió（出）"进行编码。例（129a）"跑"并非突显游侠骑士通过两只脚迅速前进，游侠骑士通常是骑马出行的，此时仅突显速度，方式义减弱；例（129b）仅用路径动词"entre（进）"编码。例（130a）"跑"并非强调位移主体用双脚快速向说话人移动，其方式义并不强；例（130b）则用指示路径动词"vinieron（来）"编码。例（131a）"爬"并非突显我和哈米拉用手抓着某物的方式上楼梯，而是突显位移时比较费力；例（131b）只用了路径动词"ascendimos（上）"编码位移事件。

总之，西班牙语位移事件表达中通常不出现位移方式词语的原因大致有二：一是位移的方式为人们认知中的常识，其他概念要素共同编码激活了默认的方式；二是位移的方式对言/叙者而言无关紧要。除上述两种情况外，汉语"V$_{方式}$"的方式义较弱时，西语位移事件语言表层也不出现位移方式词语。也就是说，汉语"V$_{方式}$+V$_{路径}$"结构中，路径义突显，方式默认、方式无关紧要或方式义减弱时，西语通常由路径动词编码位移事件。而汉语有时即便方式通过语境可以判断，方式动词也仍需出现在语言表层。其实，汉语也可以由一个路径动词表达位移（详见3.3.1.1），如"上了柳树、下来一位妇人、进了家门"等，路径动词后出现体标记"了"或表［主观视角］的"来/去"时不出现位移方式动词也是自足的，具体原因可能需要从韵律或其他方面进一步进行探讨。不过，这类路径动词编码不是最常用的表达形式。

4.3.1.2　汉语"V$_{方式}$+V$_{路径}$"与西语"V$_{方式}$"

西班牙语除了单独使用路径动词编码位移事件，也可单独使用位移方式动词进行编码，此时，位移的方式义突显，路径义减弱，路径由介词表达；或者位移事件可由［方式+路径］融合在一起的位移动词进行编码，此时，既突显路径义，也突显方式义。

（一）V$_{方式}$+Pre$_{路径}$

汉西语平行语料库中，西班牙语单独用方式动词编码位移事件的有"saltar（跳）、caminar（走）、andar（走）、encaminarse（走）、cojear（一瘸一拐地走）、correr（跑）、volar（飞）、arrastrarse（爬）、correr（流）、resbalar（滑）、escapar（逃、溜）、flotar（飘）"等。周领顺（2011）提出，方式动词偏重于对位移主体移动状态的描写，状态的凸显程度越高，描写性越强，激活范围的可能性越大；反之，状态的凸显度越低，叙事性越强，激活矢量/方向的可能性越大。单独作为核心动词编码位移事件的西班牙语位移方式动词均为叙事性较强的方式动词，位移的路径义较弱，由介词表达位移的矢量或方向，"de/desde"表起点，"por"表经过点，"a/hasta"表终点，"hacia"表方向；汉语可由路径动词"下、过、进"等表达矢量。例如：

（132）a. Entonces **saltó de** la cama，descorrió las cortinas de un tirón y abrió la ventana.

　　b. 他**跳下**床，冲到窗前，扯开窗帘，推开窗。

（133）a. **Caminé** con intencionada lentitud **por** el vestíbulo.

　　b. 我故意慢慢地**走过**大厅。

（134）a. Con la transmisión completada，Ye salió disparada de la sala de control y **corrió hasta** la oficina de Yang Weining.

b. 发射一完成，叶文洁就冲出控制室，**跑进**杨卫宁的办公室。

例（132a）"saltó（跳）de（介词）la（冠词）cama（床）"中"saltó（跳）"为位移方式动词，突显了位移主体双腿迅速用力使自己离开原点的方式，介词"de"标引了位移的起点背景"la cama（床）"，即"de"表达了位移的起点矢量，位移方式动词和介词共同激活了位移主体由床上到床下的位移路径；而例（132b）"跳下床"则是由路径动词"下"编码位移路径。

同理，例（133a）"Caminé（走）por（介词）el（冠词）vestíbulo（大厅）"中"Caminé（走）"为位移方式动词，突显位移的方式为双脚交互向前移动，介词"por"标引位移的经过点背景"el vestíbulo（大厅）"，为经过点矢量，位移方式动词与介词共同激活了位移主体从大厅一侧到另一侧的位移路径；而例（133b）"走过大厅"由路径动词"过"编码位移路径。

例（134a）"corrió（跑）hasta（介词）la（冠词）oficina（办公室）"中"corrió（跑）"突显位移的方式，介词"hasta"标引位移的终点背景"la oficina（办公室）"，表终点矢量；而例（134b）由路径动词"进"编码位移路径。

汉语也可以用介词表矢量，此时，起点背景由介词"从"标引，经过点背景由介词"沿/顺/从"等标引，终点背景由介词"到"标引。例如：

（135）a. 我抱着女儿，**从**车厢里**跳下来**。

　　　b. **Salté** con mi hija **del** vehículo.

（136）a. 程心看到地面飞快地退去，太空艇**沿**城市旋转的切线**飞出**。

　　　b. Cheng Xin vio cómo dejaban atrás el suelo, y la embarcación **voló por** una tangente de la ciudad rotatoria.

（137）a. 有一天放学后，我不知不觉**走到**了城市中心广场。

　　　b. Un día, después de clase, casi sin pensar, **fui caminando hasta** la plaza del centro.

例（135a）（136a）（137a）"从""沿""到"分别表起点矢量、经过点矢量、终点矢量，此时西班牙语仍是由"方式动词+介词+背景"共同激活位移路径。

汉语位移事件的参照背景为位移的方向或目标时，即"向/往/朝……+

V_{方式}+来/去"或"V_{方式}+向/往……"的结构，西语通常也由位移方式动词与介词一起编码位移事件。例如：

（138）a. 一声轻轻的门响，有一个白色的人影从一幢房子走出来，**向他们走来**。

b. Una silueta vestida de blanco salió de la casa y **caminó hacia** ellos.

（139）a. 秦河满脸尴尬，丢下棍子，**往河边走去**。

b. Turbado y avergonzado，Qin He tiró el palo al suelo y **anduvo hacia** la orilla.

（140）a. 我看到了加代子，她从绿色的大地上**向我跑来**，年轻美丽……

b. Y veo a Kayoko **corriendo hacia mí**，tan joven y bella…

（141）a. 白艾思**向车跑去**，坐到驾驶位上，丁仪也跟着坐上来。

b. Bai Aisi **corrió hacia el coche** y se sentó en el asiento del conductor，mientras que Ding Yi se sentó en el asiento de atrás.

（142）a. 程心和关一帆在失重中开动太空服上的推进器**向太空深处飞去**。

b. Cheng Xin y Guan Yifan activaron los propulsores de sus respectivos trajes espaciales y **volaron hacia las profundidades del espacio**.

例（138a）—（142a）"向他们走来""往河边走去""向我跑来""向车跑去""向太空深处飞去"中，"走、跑、飞"为核心动词，介词"向、往"分别标引了目标背景。此时，西班牙语例（138b）—（142b）位移方式动词"caminó（走）、anduvo（走）、corriendo（跑）、corrió（跑）、volaron（飞）"也是位移事件的核心动词，介词"hacia"标引目标背景。

可见，汉语"V_{方式}+V_{路径}"的结构在西语中可用"V_{方式}+Pre_{路径}"的形式编码。此时，西语强调位移的方式义，较弱的路径义由介词表达。

此外，［方式］被表示速度、情态等句法成分修饰或限定时，突显了方式义，这时汉语仍用"V_{方式}+V_{路径}"表达，而西语通常由位移方式动词编码位移事件。例如：

（143）a. 我故意慢慢地走过大厅。

b. **Caminé** con intencionada lentitud **por** el vestíbulo.

（144）a. 我一瘸一拐地走上桥面。

　　　　b. **Cojeé hasta** el centro del puente.

（145）a. 那两个女作家**快速跑出去**。

　　　　b. Las dos escritoras **corrieron** rápidamente **hacia** afuera.

（146）a. 一会儿工夫，姐姐**气喘吁吁地跑回来**。

　　　　b. Al poco rato mi hermana **corrió** a toda prisa **a** casa de nuestra abuela.

（147）a. 台湾是祖国的一部分吗，**飞过去**看看也不错。

　　　　b. Taiwán también es nuestra patria. **Volar hasta allí** para echar un vistazo tampoco es tan horrible.

　　例（143a）用"走过"编码位移方式与位移路径，按照西班牙语的优选表达模式，例（143b）应该用路径动词"pasar（过）"编码位移事件，但是例（143a）副词"慢慢"修饰"走过"，突显了位移方式的速度，此时，西语例（143b）也由位移方式动词"Caminé（走）"作为位移事件的核心动词，突显位移的方式，副词短语"con intencionada lentitud（慢慢地）"修饰"Caminé（走）"的方式，路径由表经过点的介词"por"表达。例（144a）"走上"编码了位移事件的方式与路径，"一瘸一拐"作为修饰语，突显了位移的步态，此时，西语例（144b）由方式动词"cojear（一瘸一拐地走）"编码位移事件，突显位移方式，而未用路径动词"subir（上）"编码，位移路径由表终点的介词"hasta"编码。

　　同理，例（145a）（146a）分别由"快速"和"气喘吁吁"修饰"跑出去""跑回来"，突显了位移的速度与位移主体的情态，西语例（145b）（146b）则用方式动词"correr（跑）"的不同变位形式进行编码，突显位移方式，而未用路径动词"volver（回）"或"pasar（过）"编码，路径分别由表方向的介词"hacia"和表终点的介词"a"表达。

　　例（147a）用"飞过去"编码位移事件的方式及路径，位移方式动词"飞"为"利用动力机械在空中行动"之意，突显位移主体以乘坐飞机的方式移动到台湾。此时，西语例（147b）亦使用了位移方式动词"Volar（飞）"编码，突显位移方式，表终点的介词"hasta"编码了位移路径。

　　可见，西班牙语位移方式动词有修饰成分时，通常用"V$_{方式}$+Pre$_{路径}$"的形式编码位移事件，方式动词突显位移的方式，位移路径由介词编码。而汉语无论位移方式动词是否有修饰成分，仍然用"$V_{方式}$+$V_{路径}$"的形式编码，如"我慢慢地走过大厅/我走过大厅""我一瘸一拐地走上桥面/我走上桥面""女作家快速跑出去/女作家跑出去"等。

综上，在汉语方式动词与路径动词组合在一起共同编码的位移事件中，如果路径义减弱，方式义突显，西班牙语可由位移方式动词作为位移事件的核心动词编码位移事件，此时，路径义由介词表达。

（二）$V_{方式+路径}$/$V_{方式+路径+背景}$

对于汉语用"$V_{方式}$+$V_{路径}$"编码的位移事件，西班牙语还可以用方式与路径融合在一起的光杆动词"$V_{方式+路径}$"，或方式、路径与背景融合在一起的光杆动词"$V_{方式+路径+背景}$"编码，如"trepar（爬上）""arrojarse/tirarse（跳下）""remontarse（飞上）""caer（落下/掉下）""zambullirse（扎进水里）"等，突显方式义的同时也突显路径义。与位移背景共现时，通常由位移动词与介词共同编码位移的矢量。例如：

（148）a. **Trepó a** lo alto de un pico vertiginoso.

b. 她**爬上**一块高得令人眩晕的岩石。

（149）a. Y，diciendo esto，**se arrojó del** lecho，con intención de cerrar la puerta y no dejar entrar a la señora Rodríguez.

b. 他一面想，就**跳下**床，打算关上门不让罗德利盖斯夫人进屋。

（150）a. El águila **se remontó al** cielo.

b. 鹰**飞上**天空。

例（148b）（149b）（150b）"爬上""跳下""飞上"均为"$V_{方式}$+$V_{路径}$"的表达形式，其后直接出现参照背景。而西语例（148a）（149a）（150a）"Trepó（爬上）""se arrojó（跳下）""se remontó（飞上）"都是"$V_{方式+路径}$"形式的单个位移动词，分别由介词"a"和"de"标引了终点背景和起点背景。

可见，汉语"$V_{方式}$+$V_{路径}$"结构中［方式］与［路径］分别单独编码，而西班牙语主要用单个的位移方式动词编码，路径不是不编码，而是用介词编码路径，或者是把位移路径融合在方式里一起编码。

汉语不仅"飞、爬、跳"等泛向位移方式动词后需要路径动词单独编码路径信息，"落、掉、摔"等定向位移方式动词后通常也需要路径动词编码路向。路向指的是移动体在空间中运动的定向，人类对运动的认知和语言的编码中，垂直方向和水平方向是最基本的路向，汉语中垂直路向有标记形式，用特定的显性形式做标志（史文磊，2014：170-171），如"下、下来、下去"。而西班牙语仍使用融合了［路径+方式］的单个位移动词"caer（se）"编码。平行语料中汉语"落"类动词单独使用表达位移主体自上而下运动的例句为零，都使用了"落下（来/去）"（62例）、"掉下（来/去）"（26例）、"摔下来"（11例），共99例；西班牙语单独使用位移动词"caer（落、掉、摔）"（89例）[①]。例如：

（151）a. 岩块在核光芒的照耀中**落下**。

　　　　b. La roca **cayó** al suelo por el resplandor nuclear.

（152）a. 墙上的画**掉下来**了。

　　　　b. **Se cayó** el cuadro de la pared.

例（151a）"落下"的表达形式为"V$_{方式}$+V$_{路径}$"，"落"编码了岩块移动的方式和路径，"下"单独编码了路向信息，底层概念结构为［方式+路径（路向）］+［路向］；而西语例（151b）"cayó（落下）"由一个单独的位移动词编码，底层概念结构为［方式+路径（路向）］。同理，例（152a）"掉下来"中"掉"编码了画移动的方式和路径，"下"编码路向，"来"编码说话人的主观视角，底层概念结构为［运动+路径（路向）］+［路向］+［视角］；例（152b）"Se cayó（掉下）"编码了位移方式/原因与路径，但未编码主观视角，再次体现了西班牙语母语者表达位移事件时［主观视角］的参与度较低。

西班牙语可用副词"arriba（向上）、abajo（向下）"来编码附加的垂直路向，但位移动词"caer"的概念结构为［运动+路径（路向）］，动词已经包含了［路向］的概念，遵循语言经济原则，则不需要再额外附加路向信息，

---

①其他西班牙语动词为"hundirse（沉）"（11例）、"bajar/descender（下）"（7例）、"ponerse（太阳落山）"（12例），本节只与占比最高的"caer"的表达形式对比。

符合Talmy（2000）的动词框架语言的表达形式。Morimoto（2000：73）指出一个论元如果没有语义贡献，则往往不会产生语法结果。与汉语"落+下"形式上相应的西班牙语结构为"caer（掉）+abajo（向下）"，由于"caer"已经包含了［路向］信息，再出现表向下的副词"abajo"其语义是没有贡献的，在西班牙语中常视为语义冗余①，因此在语法上也不需要体现。正是这个原因，西班牙语母语者常有"*狗从窗台掉了""*马蜂窝从树上掉了""*小男孩和他的狗都掉了"这样的缺少附加［路向］的表达形式。

西班牙语光杆位移动词不仅可以融合路径与方式概念，还可以把位移的路径、方式、背景、位移主体等多个语义要素融合为一体。Talmy（2000：62）指出运动动词语义要素的融合有难易度层级之别，难易度层级链为［运动+路径］＞［运动+方式/致使］＞［运动+位移主体］＞［运动+背景］＞［运动+双要素］。Slobin（2004）的研究表明动词框架语言运动动词对综合性词化模式的接受度要高于附加语框架语言。汉语作为附加语框架比重较高的语言，［运动+双要素］类融合动词并不丰富②，而动词框架语言的西班牙语［运动+双要素］类融合动词却很常见，常为［运动+方式+路径］的融合形式，其次为［运动+路径+背景］，亦有［运动+三要素］的融合动词。［运动+三要素］是融合度最难的形式，但是西班牙语也有此类动词。例如：

（153）a. **Me zambullí** hasta el fondo del agua transparente y profunda de la poza del torrente.

b. 随后，我也**扎进水里**，透明而又深激的潭水中。

例（153b）"扎进水"的表达形式为"$V_{方式}$+$V_{路径}$+$NP_{背景}$"，"扎"表达

---

①CORPES语料库中"caer abajo"一起使用表位移的例句仅有1例："El accidente pudo ocurrir sobre las tres de la madrugada, cuando el vehículo, que entraba en el puente desde el barrio de Cabañales, rompió la verja del viaducto y cayó abajo.（事故可能发生在凌晨3点左右，当时从卡巴纳莱斯区进入桥上的车辆撞坏了高架桥的栏杆，掉了下来。）"可能是说话人要突显事故的严重性，所以添加了［路向］表强调，但这不是西班牙语母语者习惯使用的表达形式。

②以往的研究多把一些融合动词归为方式动词，如"爬"，但根据词义，"爬₁"词义为"昆虫、爬行动物等行动或人用手和脚一起着地向前移动"，"爬₂"词义为"抓着东西往上去"，都应视为［运动+方式+路径］的融合类动词。类似的动词还有"登、攀、冒、漏、翻、掠"等。

位移方式，"进"表达位移路径，"水"为终点背景；而例（153a）用一个融合了方式、路径和背景概念的位移动词"zambullirse（扎进水里）"编码，其表达形式为"V$_{方式+路径+背景}$"。

可见，对于汉语用"V$_{方式}$+V$_{路径}$"编码的位移事件，西班牙语除了用"V$_{方式}$+Pre$_{路径}$"编码，还可以用方式与路径融为一体的动词或方式、路径、背景三者融为一体的单个位移动词进行编码，即"V$_{方式}$+V$_{路径}$"或"V$_{方式}$+V$_{路径+背景}$"。

4.3.1.3　汉语"V$_{方式}$+V$_{路径}$"与西语"V$_{路径}$+G$_{方式}$/LA$_{方式}$"/"V$_{方式}$ y V$_{路径}$"

"V$_{方式}$+V$_{路径}$"为汉语优选的位移表达模式，而西班牙语优选的是单独使用路径动词来表达位移，突显位移的路径义；在突显方式义的位移事件中，也可单独使用方式动词表达位移。但是在既需表明路径，又需强调方式的句子里，西班牙语对方式的表达有自己的要求，常用"路径动词（V$_{路径}$）+表方式的副动词（G$_{方式}$）/表方式的副词短语（LA$_{方式}$）"的表达形式。也有"V$_{方式}$ y V$_{路径}$"构成的并列形式，但使用频率极低。

（一）V$_{路径}$+G$_{方式}$

何洪峰（2006）按照功能将方式分为两类，一类是陈述性方式，指某个动词或动词性结构构成谓语陈述某个行为的同时也表示某种方式，可由动词或动词性结构表示方式；另一类是修饰性方式，指由状语表示的方式，结构可变换为"以……方式VP"。表方式的副动词侧重表征动态的方式，可称为陈述性方式，而副词短语侧重表征静态的方式，可称为修饰性方式，且这并非西班牙语母语者表达位移的优选模式，平行语料库中占比仅为5.05%。例如：

（154）a. **Subió saltando** tres escalones.

　　　b. 他**跳上**了三个台阶。

（155）a. **Entró cojeando** en la habitación principal de la casa de Wang Dan.

　　　b. 她**一瘸一拐**地**走进**王家堂屋。

（156）a. El arroyo **desciende corriendo** de la montaña.

　　　b. 溪水从山上**流下来**。

例（154a）（155a）（156a）"saltando""cojeando"和"corriendo"分别为位移方式动词"saltar（跳）""cojear（一瘸一拐地走）"和"correr（流）"的副动词形式，在位移事件句中表达伴随位移路径"subió

（上）"　"entró（进）"和"desciende（下）"的移动方式。

副动词作为西班牙语动词的三种无人称形式之一，没有性、数、时、式的形态变化，但是要根据不同类型的变位动词进行词尾变化，具体如下。

以"-ar"结尾的第一变位动词需要把词尾变为"-ando"。例如：

saltar（跳，动词原形）→ saltando（跳，副动词）

以"-er"结尾的第二变位动词和以"-ir"结尾的第三变位动词需要把词尾变为"-iendo"。例如：

descender（下，动词原形）→ descendiendo（下，副动词）

salir（出，动词原形）→ saliendo（出，副动词）

另外，还有一些特殊规则此处不予赘述。

从功能上看，副动词分为动词短语型副动词、定语型副动词、附加语型副动词及外部副动词（Bosque，2010：511-513）。语料中的副动词均属于附加语型副动词，其功能为句中核心动词的修饰语。

例（154a）"Subió（上）saltando（跳）"中"Subió（上）"是核心动词，为陈述式现在时第三人称单数的变位形式，"saltando（跳）"是其修饰语，只能使用动词的副动词形式，基本符合西班牙语是动词框架语言的类型特征。而汉语则通常认为"跳"是主要的位移方式，"上"是方式动词的趋向补语，更倾向于附加语框架语言的特征。

汉语"V$_{方式}$"和西班牙语"G$_{方式}$/LA$_{方式}$"与"V$_{路径}$"搭配的语序不同，汉语"V$_{方式}$"置于"V$_{路径}$"之前，而西班牙语"G$_{方式}$/LA$_{方式}$"置于"V$_{路径}$"之后。如例（155b）"一瘸一拐地走进"，为"一瘸一拐地走（方式）+进（路径）"，而西班牙语为"Entró（进，路径）cojeando（一瘸一拐地走，方式）"。

作为SVO型语言，动词修饰语一般在中心词后面。汉语方式动词置于路径动词之前，因为方式动词"走"被视为核心动词，"进"虽然单独使用时为路径动词，但是在方式动词后弱化了其位移义，用以补充说明"走"的路径信息，汉语称为趋向补语，作为补充说明的成分置于方式动词之后。而西班牙语路径动词"entró（进）"被视为核心动词，"cojeando（一瘸一拐地走）"为方式，修饰表动作的动词时常位于动词后面，表方式的位移动词也放在动词后面，但位移方式动词要有形态变化。

同理，例（156a）"desciende（下）corriendo（流）"中，"desciende（下）"是路径动词，也是核心动词，"corriendo（流）"是方式动词"correr（流）"的副动词形式，置于路径动词之后；例（156b）"流"为方式动词，"下去"为趋向补语，因此语序为"流下去"。

西班牙语位移方式动词的副动词形式可以作为修饰语来修饰路径动词，但并不是所有的位移方式动词都有此功能。西班牙语中的位移方式动词可分为两类（Ibáñez，2020）：第一类是用于描写位移主体移动方式的方式动词，如"caminar（走）""correr（跑）""rodar（滚）""volar（飞）""nadar（游）""reptar（爬）"等；第二类是描写位移自身特征的方式动词，如"merodear（转悠）""deambular（徘徊）""rondar（巡逻）""callejear（游荡，闲逛）""vagar（游荡，徘徊）""vagabundear（游荡）"等。两类方式动词虽然都具有［-终结］［-方向］的特征，与路径动词相对，根据语法规则通常不能与位移起点和位移终点共现，但是只有第一类方式动词可以以副动词的形式修饰位移事件的核心动词，并且第一类方式动词在添加终点补语后可改变其体特征为［+终结］。例如：

（157）a. Un total de 771 grupos **caminaron hasta** la plaza de el Pilar este año.

b. 今年共有771个小组**走到**皮拉尔广场。

第二类方式动词几乎不允许转换。周领顺（2011）研究发现汉语位移方式动词具有层级性，层级越高，描写性越强，叙事性就越弱，激活"终点"的可能性就越小。西班牙语也与之类似，"caminar（走）""correr（跑）""rodar（滚）""volar（飞）""nadar（游）""reptar（爬）"等为叙事性较强的方式动词，可以激活终点元素，而"merodear（转悠）""deambular（徘徊）""rondar（巡逻）""callejear（游荡，闲逛）""vagar（游荡，徘徊）""vagabundear（游荡）"等为描写性较强的方式动词，通常激活"范围"元素。因此，西班牙语中通常叙事性较强的方式动词才可以用其副动词的形态来修饰核心路径动词。

在上述使用副动词的位移事件中，突显的方式为动态的方式。

（二）V路径+LA方式

西语位移方式除了用副动词表达，还可以用表方式的副词短语突显静态的方式，即"V$_{路径}$+LA$_{方式}$"。例如：

（158）a. **Bajó a pie** y casi al trote，ajena al ritmo lento que llevaba durante todo el día.

b. 他**走下来**，几乎是小跑，远非他一整天的慢节奏。

（159）a. Cogí a la niña，que estaba bien envuelta en un abrigo，**subí de un salto al** motocultor.

b. 我抱着用大衣包裹得严严实实的孩子，**跳上**拖拉机。

例（158a）的核心动词为"Bajó（下）"，"a pie"是由介词"a（用，以，表动作的方式）"和名词"pie（脚）"构成的副词短语[①]"a pie（徒步，步行）"，其功能相当于副动词"caminando（走）"。类似的副词短语还有 a gachas（匍匐，爬着）、a saltos（跳，跃）、en tropel（涌）。

西语的副词短语表达形式属于修饰性方式，路径动词为核心动词，副词短语为方式状语，V$_{路径}$与LA$_{方式}$构成一幅图景，V$_{路径}$为动态位移，而LA$_{方式}$只为伴随V$_{路径}$的方式。例如：

subir　　caminando　　（走上，为两幅认知图景）

上　　　走（副动词）

subir　　a pie　　（以步行的方式上来/去，为一幅认知图景）

上　　　步行（副词短语）

西班牙语的副动词表达形式属于陈述性方式，路径动词为位移事件的核心动词，副动词为伴随该位移的方式，V$_{路径}$与G$_{方式}$构成两幅重叠的认知图景，V$_{路径}$为动态位移，G$_{方式}$为伴随V$_{路径}$的动作。

无论是表位移方式的副动词还是表位移方式的副词短语，在西班牙语位移事件中都是用来修饰核心动词的附加成分，因此表方式的动词性结构通常置于路径动词之后。而汉语倾向于将方式动词视为核心动词，路径动词视为补语置于方式动词之后。西班牙语通常以路径动词为核心动词，副动词或副词短语

---

①汉语介词与名词的组合被称为介词短语，西班牙语中在语法功能上具有介词特征的介词与名词的组合被称为介词短语，如"a causa de（由于）"，具有副词特征的组合被称为副词短语，如"a pie（步行）"。

在需要强调位移方式时可以出现在句子中，不需强调时常省略不言。

（三）V_{方式} y V_{路径}

当方式与路径共现于位移事件时，西班牙语可以用方式动词与路径动词共同编码，但是两个动词之间必须由并列连词"y"连接，构成"V_{方式} y V_{路径}"两个位移事件。例如：

（160）a. Echa a **correr y sale** del bar.

　　　　b. 他撒腿**跑出**酒吧。（他撒腿就跑，并出了酒吧）

（161）a. … ya ver **brincar y subir** sobre su pollina a la convertida en labradora Dulcinea.

　　　　b. 一会儿看见杜尔西内娅变成乡下姑娘，一蹦就**跳上**了小母驴。

　　　　（看见她跳，并上了小母驴）

例（160a）"correr（跑）"为方式动词，"sale（出）"为路径动词，两个动词由并列连词"y"连接，构成两个小句；而例（160b）汉语"跑出"为动趋式，是不能分开的一个短语。同理，例（161a）由连词"y"连接方式动词"brincar（跳）"和路径动词"subir（上）"，构成两个位移事件；例（161b）"跳上"为不能分开的一个短语，只编码一个事件。此类型的表达形式在平行语料中占比最少，为0.75%。这与西班牙语母语者的认知图式有关。如上文所述，西班牙语方式副词短语与路径动词编码的位移事件构成一幅图景，表方式的副动词与路径动词编码的位移事件为两幅重叠的图景，而方式动词与路径动词编码的为两幅非重叠的图景（如图4.2）。由于位移方式往往是伴随位移路径发生的，因此副动词编码与位移同时进行的动态的方式为优选模式，其次为同一个图景内的修饰性方式，最后为两个有时间先后顺序的位移动作。

图4.2　西班牙语［方式］与［路径］共现时不同表达形式的认知图景

综上，汉语"V$_{方式}$+V$_{路径}$"为位移事件表达的优选模式，而西班牙语单独用"V$_{路径}$"表达位移事件占比最高。西语还可以单独使用方式动词表达位移，路径在语境中被激活，或融合在方式动词中。路径动词与位移方式共现时，西语母语者对位移图式的认知不同会选用不同的表达形式：将路径与方式视为两幅重叠图景时，用"V$_{路径}$+G$_{方式}$"的形式表达；将路径与方式视为一幅图景时，用"V$_{路径}$+LA$_{方式}$"的形式表达；将路径与方式视为两幅非重叠图景时，用"V$_{方式}$ y V$_{路径}$"的形式表达。

其实，汉西语位移事件的编码与其要表达的方式义与路径义的强弱有关，图4.3由左至右方式义逐渐减弱，路径义逐渐增强，分别体现了汉语和西班牙语据此产生的表达形式的变化。汉语"V$_{方式}$+Pre$_{路径}$"突显的方式义较强，较弱的路径义由介词表达；"V$_{方式}$+V$_{路径}$"突显的路径义与方式义都较强，路径义由路径动词表达。西班牙语突显较强的方式义也用"V$_{方式}$+Pre$_{路径}$"的结构表达；路径义与方式义同样突显时，可用融合［方式+路径］的位移动词或者"V$_{方式}$ y V$_{路径}$"的并列形式表达；"V$_{路径}$+G$_{方式}$/LA$_{方式}$"突显路径义，方式义作为伴随或修饰成分；最后，方式义可以默认、于说话者和听话者而言无关紧要或者方式义较弱时仅由路径动词编码位移事件。汉西语母语者对于位移事件中方式义和路径义表达的倾向性不同，汉语倾向于用"V$_{方式}$+V$_{路径}$"表达位移事件，而西班牙语更倾向于用"V$_{路径}$"表达。

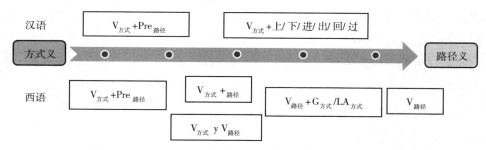

图4.3　汉西语方式义-路径义强弱与位移事件的表达形式

4.3.2　汉语"V$_{方式}$+V$_{路径}$"/西语"V$_{方式（路径）}$"与NP$_{背景}$组合

在"V$_{方式}$+V$_{路径}$"与NP$_{背景}$共现的位移事件表达中，汉语NP$_{背景}$所处的句法位置比西班牙语复杂。首先，汉语NP$_{起点}$、NP$_{经过点}$和NP$_{目标/方向}$常位于"V$_{方式}$+

V$_{路径}$"之前，NP$_{终点}$常位于其后；而西班牙语的NP$_{背景}$通常置于动词之后。

其次，汉语位于动词后的NP$_{背景}$的句法位置比较复杂，陆俭明（2002）指出动词后趋向补语和宾语的位置关系通常受到动词的性质、趋向补语的性质、宾语的性质、动词是否带"了"及语境等因素的制约；而上述因素并不会影响西班牙语NP$_{背景}$的位置，NP$_{背景}$置于动词后是优选语序，NP$_{背景}$通常与G$_{方式}$或LA$_{方式}$发生位置变化。

4.3.2.1　汉语"Pre+NP$_{背景}$+V$_{方式}$+V$_{指示路径}$"与西语"V$_{方式}$+Pre+NP$_{背景}$"/"V$_{路径}$+Pre+NP$_{背景}$+G$_{方式}$/LA$_{方式}$"

汉语前置于动词的表参照背景的名词可以是目标背景也可以是起点背景或经过点背景。目标背景有别于起点/经过点背景，既可以置于动词前，也可以置于动词后，与西语差别较大，此处分别对其进行描写与解释。

（一）NP$_{背景}$为目标背景

当参照背景为目标背景且位移方式动词为位移事件的核心动词时，汉西语都有"位移方式动词+介词+目标背景"的表达形式，汉语为"V$_{方式}$+向/往+NP$_{目标}$"，西班牙语为"V$_{方式}$+hacia+NP$_{目标}$"，参照背景由介词标引，置于位移方式动词之后。与西语不同的是，汉语除这种形式外，还可以由介词标引参照背景置于方式动词之前，且方式动词之后通常需添加指示路径动词，即"向/朝/往+NP$_{背景}$+V$_{方式}$+V$_{指示路径}$"。汉西语不同的表达形式取决于两种语言的语序类型、取景视角及参照角色的差异。例如：

（162）a. Caminó　hacia　el　aula.

　　　　（他）走　　向　冠词　教室

　　b. 他走向教室。

　　c. 他向教室走去。

例（162a）目标背景"el aula（教室）"由表方向的介词"hacia"标引，置于位移方式动词之后，作为动词的介词补语。例（162b）目标背景"教室"由介词"向"标引，置于"走"后。此时，汉西语都体现了SVO型语言介词短语置于核心动词之后的语序，且为目标取景。而例（162c）"教室"由"向"标引，置于"走"前，体现了汉语非典型SVO型语言的特征，此时为过程取景。

取景（windowing）是事件语义学对语言编码过程的一种重构，是描写事件观察者与事件关系的一种视角（崔希亮，2018）。"走向教室"背景处于后位，取景窗口设在位移的目标上；"向教室走去"背景处于前位，取景窗口设在位移的过程中。汉语中两者皆可取之，而西班牙语中在有目标背景出现的方式动词为核心的位移句中很难进行过程取景，也就很少出现介词短语前置的现象。

此外，位移方式与目标背景共现时，可有两个参照角色，一个是目标背景，另一个是事件观察者。在汉语位移事件句中单一参照角色，即客观的目标背景或主观的事件观察者，都属于目标取景；双参照角色共现时，属于过程取景。例如：

他走向教室。（客观参照——教室——目标取景）

他走向我们。（主观参照——我们——目标取景）

他向教室走去。（客观参照+主观参照——教室+观察者——过程取景）[①]

"走向教室/我们"中"教室"体现参照的客观视角，是目标取景，"我们"虽然体现了主观视角，即位移主体进行的是趋近于说话人的移动，但是仍然是目标取景；只有"向教室走去"既有目标背景"教室"，又有指示路径动词"去"出现在句尾，表远离说话人的移动，才属于双参照角色。

而西班牙语一个位移事件句中通常只有单一参照角色，要么为客观参照，要么为主观参照，但都属于目标取景。例如：

caminar hacia el aula　（客观参照——教室——目标取景）

　　走　　　向　　　教室

caminar hacia nosotros　（主观参照——我们——目标取景）

　　走　　　向　　　我们

如果像汉语一样，既有"教室"作为目标背景，又有"去"作为主观视角，西班牙语要转换核心动词，即以指示路径动词"ir（去）"为位移事件的核心动词，而位移方式动词则应变为相应的副动词形式"caminando

---

① "他走向我们的教室"不能被视为双参照角色，因为"走向我们"中"我们"一定是对位移事件进行现场报道，可为主观参照角色，而"走向我们的教室"可以是事后报道，"教室"是参照目标，"我们的"只是定语，不能视为主观参照角色。同理，西班牙语"caminar hacia nuestra aula（走向我们的教室）"也不能视为双参照角色。

（走）"，再次体现了西班牙语是倾向于动词框架的语言。

（二）NP$_{背景}$为起点/经过点背景

当参照背景为起点背景或经过点背景时，汉语由介词标引且通常置于"V$_{方式}$+V$_{路径}$"之前做句中的状语，构成"Pre+NP$_{背景}$+V$_{方式}$+V$_{非指示路径}$"的形式；或者在句尾加入言/叙者的主观视角，构成"Pre+NP$_{背景}$+V$_{方式}$+V$_{非指示路径}$+V$_{指示路径}$"的形式。终点背景通常不置于核心动词之前，因此"V$_{方式}$+上/进/回（+来/去）"前通常没有表终点的介词短语，只有"Pre+NP$_{起点/经过点}$+V$_{方式}$+下/出/过（+来/去）"的形式。例如：

Pre+NP$_{起点}$+V$_{方式}$+下/出（+来/去）	从悬崖跳下（来/去）
	从房间跑出（来/去）
Pre+NP$_{经过点}$+V$_{方式}$+过（+来/去）	沿城墙飞过（来/去）

汉语添加主观视角的"Pre+NP$_{背景}$+V$_{方式}$+V$_{非指示路径}$+V$_{指示路径}$"表达形式使用频率远比"Pre+NP$_{背景}$+V$_{方式}$+V$_{非指示路径}$"高，再次体现了汉语位移事件中主观视角的高参与度。而且，起点背景与主观视角共现的频率高于经过点背景。在从BCC语料库随机选取的"从+NP$_{背景}$+V$_{方式}$+下""从+NP$_{背景}$+V$_{方式}$+出"和"从+NP$_{背景}$+V$_{方式}$+过"各100例中，主观视角参与频率分别为82%（起点）、83%（起点）和50.21%（经过点）。

当西班牙语位移事件的参照背景为起点或经过点时，由介词标引参照背景，通常位于路径动词后作补语，其表达形式为"V$_{路径}$+Pre+NP$_{背景}$+G$_{方式}$/LA$_{方式}$"。西语"subir（上）、bajar（下）、entrar（进）、salir（出）、volver（回）、pasar（过）"等非指示路径动词都可由介词标引背景，作为核心动词的补语，例如：

subir	**a**	**la montaña**	corriendo	（跑上山）
上	介词	山	跑（副动词）	
bajar	**de**	**la montaña**	a pie	（从山上走下）
下	介词	山	徒步（副词短语）	
entrar	**en**	**la sala**	volando	（飞进大厅）
进	介词	厅	飞（副动词）	

salir **de** **la ciudad**　correindo　　（跑出城）

出　介词　　城　·　跑（副动词）

volver **a** **casa**　andando　　（走回家）

回　介词　　家　　走（副动词）

pasar **por** **el arroyo**　de un salto　　（跳过小溪）

过　介词　　小溪　　跳（副词短语）

在西语"V_{路径}+Pre+NP_{背景}+G_{方式}/LA_{方式}"结构中，表位移背景的介词短语和位移方式补语之间的先后语序也不是固定的，它通常取决于距离象似性，即语义关系紧密的成分在句法结构上也更紧密（Croft，1990：174；张敏，1998：222；刘丹青，2001；陆丙甫、陈平，2020）。如：

subir　a　la montaña　**corriendo**　　（突显背景——跑/上山）

上　介词　　山　　跑（副动词）

subir　**corriendo**　a　la montaña　　（突显方式——跑上/山）

上　跑（副动词）　介词　　山

前者突显参照背景，"la montaña（山）"与路径动词的语义关系更为紧密，位移方式"corriendo（跑）"与路径动词语义关系较远，则置于背景之后。后者正好与之相反，突显位移方式，则方式副动词置于背景之前。

当参照背景有修饰语增加其信息量时，根据重成分后置原则，常置于方式之后。重成分是指相对于相邻成分而言更长更复杂的单位（刘丹青，2001）。例如：

（163）Subió corriendo　**a**　**la habitación de papá**.

　　　　上　跑　介词　　爸爸的房间

　　　　（他跑上爸爸的房间。）

（164）Una　paloma　salió　volando　**de**　**entre las ramas de un pino**.

　　　　一只　鸽子　出　飞　介词　　松树枝之间

　　　　（一只鸽子从松树枝之间飞出。）

（165）Entró　andando　lentamente　**por**

　　　　进　　走　　慢慢地　　介词

el camino adoquinado que llegaba hasta la puerta del club.

通往俱乐部门口的方石路

（他从那条通往俱乐部门口的方石路慢慢走进去。）

例（163）（164）（165）参照背景"la habitación de papá（爸爸的房间）""entre las ramas de un pino（松树枝之间）""el camino adoquinado que llegaba hasta la puerta del club（通往俱乐部门口的方石路）"都有不同信息量的修饰成分，基于西班牙语的重成分后置原则，分别位于方式副动词"corriendo（跑）""volando（飞）""andando（走）"之后。而汉语受语序和认知的限制，终点背景常置于位移动词之后，起点或经过点通常置于位移动词之前，一般不受重成分后置的制约。

西班牙语核心动词后的方式补语与表位移背景的介词短语之间的语序关系既受到距离象似性原则的影响，也受到重成分后置原则的影响，但是两者之间重成分后置原则的制约优先于距离象似性原则。

此外，西班牙语作为比较典型的SVO型语言，介词短语的位置通常置于核心动词之后，但是根据突显原则，若言/叙者突出强调位移的参照背景，也可将其置于核心动词之前，即"Pre+NP$_{背景}$+V$_{路径}$+G$_{方式}$/LA$_{方式}$"，但这种形式使用频率远低于前一种，且路径动词之后通常出现位移主体。例如：

（166）**De la montaña** bajaron los escultistas a pie.

    介词 山 下 登山者们 走

（登山者们从山上走下来。）

（167）**En la tienda** entraron los niños corriendo.

    介词 商店 进 小孩子们 跑

（小孩子们跑进商店。）

例（166）突显位移的起点背景"la montaña（山）"置于路径动词"bajaron（下）"之前，位移主体"los escultistas（登山者们）"置于路径动词之后，方式副词短语置于位移主体之后。例（167）突显位移的终点背景"la tienda（商店）"置于路径动词之前，位移主体和方式副动词置于路径动词之后。

总之，汉语起点背景、经过点背景常置于"V$_{方式}$+V$_{路径}$"之前，目标背景可置于其前或其后；而西班牙语起点背景、经过点背景和目标背景通常都置于"V$_{方式（路径）}$"之后，但是根据突显原则也可以前置。同时，位于西班牙语路径动词后的背景和方式的句法位置先遵守重成分后置原则，再遵守距离象似性原则。

4.3.2.2 汉语"V$_{方式}$+V$_{非指示路径}$+NP$_{背景}$"与西语"V$_{路径}$+NP$_{背景}$+G$_{方式}$/LA$_{方式}$"

汉语位移事件表达中后置于动趋式的NP$_{背景}$有多个句法位置，其位置变化主要受到动词性质、趋向补语性质、宾语性质及体标记"了"等因素的制约；而西班牙语NP$_{背景}$通常在路径动词之后，与方式成分的位置关系受到距离象似性原则和重成分后置原则的限制。

汉语"V$_{方式}$+V$_{非指示路径}$"与NP$_{背景}$共现时，最常用的语序是NP$_{背景}$直接位于动趋式之后。例如：

跑上山

走下讲台

爬回洞里

趋向补语为"上、下、进、出、回、过"时，NP$_{背景}$只有一个句法位置，即位于动趋式之后，构成"V$_{方式}$+V$_{非指示路径}$+NP$_{背景}$"的形式。V$_{非指示路径}$作为V$_{方式}$的趋向补语，紧跟在V$_{方式}$之后，NP$_{背景}$不能插入其中。

但是，"V$_{方式}$+V$_{复合路径}$"与NP$_{背景}$共现时，NP$_{背景}$不能直接置于其后，而要插在"V$_{方式}$+V$_{非指示路径}$"与"V$_{指示路径}$"之间。例如：

跑上山来/去

走下讲台来/去

爬回洞里来/去

表言/叙者主观视角的指示路径动词通常置于NP$_{背景}$之后，构成"V$_{方式}$+V$_{非指示路径}$+NP$_{背景}$+V$_{指示路径}$"的形式，因为"来/去"被视为外参成分。陈忠（2007）提出位移动作有两种参照模式：一是处所，即我们所说的参照背景；二是观察者所在位置。位移主体的移动是以参照背景所提供的起点、经过点、终点、范围等作为参照才得以描述的，背景是位移路径图式的内在构成要件，与路径的语义距离较近。"来/去"是以观察者为参照，是位移路径图式的外参成分，与路径的语义距离较远，"跑上山来"若无主观视角"来"也是完整和自足的，因此"来"被排在"跑上"和"山"的最外围，不会出现"*跑上来山""*走下去讲台""*爬回来山洞"等表达形式。

　　此外，体标记"了"的出现，丰富了NP$_{背景}$的句法位置。吕叔湘（1999：351）提出汉语助词"了$_1$"用在动词后，表动作的完成，如动词有宾语，"了$_1$"置于宾语前。"了$_2$"用在句末，表肯定事态出现了变化或即将出现变化，如动词有宾语，"了$_2$"置于宾语后。例如：

　　　　跑上了$_1$山　　　跑上山了$_2$

　　　　爬回了$_1$洞里　　爬回洞里了$_2$

　　NP$_{背景}$可以置于"了$_1$"之后或"了$_2$"之前。"了"出现在方式动词之后趋向动词之前，管辖前面的方式动词，叙述这一动作的发生，句子具有更强的动作性；"了"出现在宾语和补语之后，管辖前面的整个句子，表示事情或状态的出现（刘月华等，2004：578）。

　　当西班牙语NP$_{背景}$与G$_{方式}$/LA$_{方式}$和V$_{路径}$共现时，也可以无介词标引，将NP$_{背景}$插入"V$_{路径}$+NP$_{背景}$+G$_{方式}$/LA$_{方式}$"结构中，不过这种路径动词不多，仅有"subir（上）、bajar（下）、pasar/cruzar/atravesar（过）"等与NP$_{经过点}$共现时可无介词标引背景。例如：

　　V$_{路径}$+NP$_{经过点}$+G$_{方式}$/LA$_{方式}$　　subir　　**las escaleras**　　corriendo

　　　　　　　　　　　　　　　上　　　　楼梯　　　跑（副动词）

　　　　　　　　　　　　　（跑上楼梯）

　　　　　　　　　　　　　bajar　　**la montaña**　　a pie

　　　　　　　　　　　　　下　　　　　山　　　　徒步（副词短语）

　　　　　　　　　　　　　（走下山）

　　　　　　　　　　　　　pasar　　**el río**　　nadando

　　　　　　　　　　　　　过　　　　　河　　　　游（副动词）

　　　　　　　　　　　　　（游过河）

　　此时，"subir（上）、bajar（下）、pasar（过）"均为及物动词，"las escaleras（楼梯）、la montaña（山）、el río（河）"为动词的直接宾语。按照距离象似性，SVO型语言中V和O这两个核心应该是尽量靠拢的，因此NP$_{经过点}$置于路径动词之后，表方式的副动词或副词短语置于NP$_{经过点}$之后。

但是西班牙语的NP_{经过点}有较长的修饰语时，根据重成分后置原则，则常置于副动词或副词短语之后。例如：

（168）a. Subió corriendo **las escaleras que la separaban de su cuarto**.

b. 她跑上把她与房间分开的楼梯。

（169）a. Bajé andando **el tramo último de la avenida de Joszif**.

b. 我走下约瑟夫大道的最后一个段。

（170）a. Los soldados pasaron a nado **el río ancho y frío**.

b. 士兵们游过了那条又宽又凉的河。

例（168a）经过点背景"las escaleras（楼梯）"后由关系代词"que"连接了定语从句，增加了背景的信息量，因此置于副动词"corriendo（跑）"之后；例（169a）（170a）背景"el tramo（那段路）""el río（河）"后面由形容词短语或多个形容词进行修饰，增加了背景信息量，置于副动词"andando（走）"和副词短语"a nado（游）"之后。

西语的位移背景的句法位置比较简单，即使谓语动词有体标记的形态变化，其背景均位于动词后面。例如：

（171）a. 我们爬上了那棵老树。

b. **Subimos** al viejo árbol.

（172）a. 我们爬上那棵老树了。

b. **Hemos subido** al viejo árbol.

例（171a）"爬上了树"中"了₁"位于方式动词和非指示路径动词之后，管辖前面的方式动词与路径动词，不仅突显位移方式，也突显位移路径，句子不仅具有很强的动作性还具有明确的方向性。例（172a）"爬上树了"中"了₂"管辖前面的整个句子，突显整个位移事件已经处于完成的状态。

由于"爬"是西班牙语母语者认知中"上树"的最常见方式，因此例（171b）（172b）默认了位移方式，核心动词由路径动词"subir（上）"承担，但是两个例句中路径动词的变位形式不同。例（171b）突显位移路径，句子有强动作性时，路径动词使用了陈述式简单过去时的形态。"Subimos（上）"是"subir"的陈述式简单过去时第一人称复数变位形式，"时体语素"为零形式，因为陈述式现在时第一人称复数变位也为此形式，因此时体需要由语境作出推断。例（172b）突显位移事件处于完成状态时，路径动词使用了陈述式现在完成时的形态。"Hemos subido（上）"是"subir"的陈述式现在完成时第一人称复数变位形式，"haber+subido"是未变位的形式，"hemos"是"haber"的陈述式、现在时、第一人称复数变位，体现了位移事件的"时"为现在时，"subido"为路径动词"subir（上）"的过去分词形式，体现位移事件的"体"为完成体，此时过去分词不能与位移主体保持性、数一致，因为这些变化要体现在助动词"haber"上。无论动词形态上有何种变化，参照背景"el viejo árbol（那棵老树）"都位于动词之后。

可见，汉语位移方式动词和非指示路径动词总是组合在一起的，背景无法插入其中间，但是在有主观视角出现的句子里，背景可插入非指示路径动词与指示路径动词之间；西班牙语路径动词与方式副动词或方式副词短语中间可以插入背景，但是句尾没有指示路径动词体现言/叙者的主观视角。西班牙语经过点背景位于方式成分前或后取决于重成分后置原则与距离象似性原则，背景有较长的修饰成分时，常置于方式之后，背景无修饰成分时，与路径动词语义更近的成分位于靠近路径动词的位置。

影响NP_{背景}在汉西语位移事件中的句法位置的因素不同。汉语距离象似性原则为重要制约因素，而西班牙语重成分后置原则是优先级的制约因素，无轻重之分时再受距离象似性的制约。

汉语语序与各种概念要素与核心动词的语义距离有关，以路径为核心，［路径］［背景］［方式］［视角］四个概念要素的语义距离相对比较固定，如图4.4所示。

"上车" —— "跳上车" —— "跳上车来"

［路径]+[背景］　［方式]+[路径]+[背景］　［方式]+[路径]+[背景]+[视角]

图4.4　汉语［路径］与［背景］［方式］［视角］的语义距离

　　西班牙语由于非指示路径动词与位移方式动词都很难融合［视角］概念，因此只剩［路径］［背景］［方式］三个概念要素，按照语义靠近原则为"路径–背景–方式"，但是当背景的信息量增加时，为遵守重成分后置原则，打破了语义靠近原则的常规模式，变为"路径–方式–有修饰语的背景"，如图4.5所示。

"subir al coche" —— "subir al coche de un salto" —— "subir de un salto al coche que corría rápido"

　上　车　　　　上　车　跳　　　　　　上　跳　　快速行驶的车

　[路径]+[背景]　[路径]+[背景]+[方式]　　　[路径]+[方式]+ 有修饰语的[背景]

图4.5　西语［路径］与［背景］［方式］的语义距离

　　综上，汉语受语序类型的影响，$NP_{终点}$通常置于"$V_{方式}+V_{路径}$"之后，$NP_{起点}$或$NP_{经过点}$通常置于"$V_{方式}+V_{路径}$"之前，$NP_{目标}$可前可后；西班牙语无论路径动词是及物动词还是不及物动词，$NP_{背景}$通常都置于"$V_{方式（路径）}$"之后。汉语动趋式后$NP_{背景}$的句法位置主要受距离象似性原则的制约；西班牙语$NP_{背景}$与"$G_{方式}/LA_{方式}$"的位置关系可前可后，主要受重成分后置原则的影响，$NP_{背景}$有较长修饰语时，常占据后位，若成分相当，依据距离象似性原则，语义与核心动词关联更紧密的成分占据前位。此外，汉语"了"与$NP_{背景}$的位置关系并不影响西班牙语$NP_{背景}$的位置，而是影响了西语位移动词的形态变化。

4.3.3　NP$_{背景}$与方位词的组合

　　位移句中$NP_{背景}$与方位词的组合其实就是对构向的编码。构向作为位移主体与参照背景在"运动–时体"框架内形成的几何置向关系，汉西语对构向的编码差异较大，第3章位移路径表达形式中已经详细分析了$NP_{背景}$与方位词的组合（详见3.3.2）。汉语构向编码除了与$NP_{背景}$的维度和界态有关，还与其处所义强弱有关。汉语参照背景为处所义较弱的普通名词及需要突显空间方位关系的建筑名、园厂名等处所名词时，通常由方位词编码构向，其他情况可无方位词编码构向；西班牙语位移事件通常无方位词编码构向，但是参照背景为人且为经过点时，或者由内而外的位移起点被视为位移的经过点时，可用方位副词或副词短语编码构向。

4.3.3.1 汉语"V$_{方式}$+V$_{路径}$"位移句中方位词的隐现

方经民（1999）根据表示方向的性质将汉语方位词分为五组：A.水平方向1：前、后、左、右；B.水平方向2：东、南、西、北；C.垂直方向：上、下；D.辐辏方向：里/内/中、外；E.泛方向：旁、间、中、旁边、附近、周围、中间。

汉语"V$_{方式}$+V$_{路径}$"结构的位移句中，不管位移的背景位于"V$_{方式}$+V$_{路径}$"之前，还是位于"V$_{方式}$+V$_{路径}$"之后，或是位于中间，常需要方位词位于NP$_{背景}$后面，进一步编码位移主体与参照背景的关系。

不过，并不是所有位移背景都需要构向编码，主要与背景的特征及维度有关，主要有如下两种情况。

（一）处所义较低的NP$_{普名}$

处所义较低的普通名词作为参照背景时，在位移事件中无法体现出位移主体与背景的空间关系，须由方位词编码构向，具有一定的强制性。例如：

（173）a. 他赤着脚从**炕上**跳下来，非要让我上炕与他对饮。

b. Saltó **de su kang** sin calzarse y me insistió para que
  跳 从 他的 炕

  bebiera con él.

（174）a. 他从**衣柜里**爬出来。

b. Salió **del armario** gateando.
  出 从 衣柜 爬

（175）a. 罗辑走到**沙发前**，它摸着像大理石般坚硬。

b. Luo Ji se acercó **al sofá**, que al tacto era tan duro
  靠近 到（介冠缩合） 沙发

  como el mármol.

例（173a）（174a）（175a）"炕""衣柜"和"沙发"都是处所义较低的普通名词，其后由方位词"上""里"和"前"编码构向，明确位移主体移动之前与参照背景的具体空间方位关系。但是例（173b）（174b）（175b）"Saltó（跳）de（从）su（他的）kang（炕）""Salió（出）del（从）armario（衣柜）""se acercó（靠近）al（介冠缩合）sofá（沙发）"均未出现方位词，只有参照背景。

例（173b）位移方式动词"Saltó（跳下）"与标引起点背景的介词"de（从）"共同激活了位移主体移动前与参照背景的方位关系，最符合认知的即为"从炕上跳下"，"*从炕里跳下""*从炕旁跳下"等均不符合客观事实。例（174b）路径动词"Salió（出）"与介词"de（从）"及参照背景的三维属性共同激活了位移主体移动前在背景"armario（衣柜）"里的空间方位。例（175b）路径动词"se acercó（靠近）"的位移终点是"sofá（沙发）"，位移主体与沙发的方位关系不是说话人要突显的要素。

（二）需突显方位关系的NP$_{处所}$

与3.3.2.2所述的路径动词编码位移事件时背景与方位词的关系一样，参照背景为地点域中的建筑名、园厂名、地形名、机构名等时，有较强的处所义，本无须编码构向。但是，若将参照背景识解为三维的空间，则可在名词后加方位词，进一步表明具体的空间方位关系。此时，构向的编码不具有强制性。例如：

（176）a. 那些白大褂们从**手术室里**走了出来。

　　　　b. Después，los hombres con bata blanca salieron **de　la　sala**.
　　　　　　　　　　　　　　　　　　　　　　　　　　　　　出　从　冠词　室

（177）a. 我不慌不忙地走进了**宾馆内**。

　　　　b. Entré **en　el　hotel** con calma y sin prisa.
　　　　　　　进　到　冠词　宾馆

例（176a）（177a）不出现方位词"里"和"内"也是自足的句子。

此外，汉语"V$_{方式}$+V$_{路径}$"结构的位移事件中，NP$_{背景}$置于路径动词后时，下列情况不能出现方位词。例如：

V$_{方式}$+上/下+NP$_{终点}$　跳上站台/跳下水　　*跳上站台里/*跳下水里

V$_{方式}$+下/出+NP$_{起点}$　跳下床/跳出车厢　　*跳下床上/*跳出车厢里

V$_{方式}$+过+NP$_{过点}$　　跳过桌子　　　　*跳过桌子上

此时，参照背景都具有无界特征，被视为零维的点，所以没有空间位置关系，因此无法添加构向。

可见，编码汉语位移事件时，不仅关注位移的动态路径，在参照背景为处所义较弱的普通名词或需要突显空间方位关系的建筑名、园厂名、地形名、机构名等处所名词时，还需用方位词编码位移主体与参照背景的静态空间方位关系。

4.3.3.2　西语"V$_{路径}$（+G$_{方式}$/LA$_{方式}$）/V$_{方式}$+Pre"位移句中方位词的隐现

西班牙语表空间方位关系的副词[①]（Bosque，2010：581）分为两类。

A. delante（前）/ detrás（后）　　B. adelante（向前）/ atrás（向后）

encima（上）/ debajo（下）　　　arriba（向上）/ abajo（向下）

dentro（里）/ fuera（外）　　　　adentro（向里）/ afuera（向外）

A类为方位副词（adverbios de ubicación），B类为方向副词（adverbios direccionales o de orientación），但是Bosque（2010：582）认为这种名称不够精确，因为B类的方向副词在具体语境下也有A类方位副词的功能。此外，下列副词短语也可表空间方位关系，我们将其归为C类。

al lado（de）（旁）　　　　　alrededor（de）（周围）

a la derecha（de）（左边）　　a la izquierda（de）（右边）

cerca（de）（近）　　　　　　lejos（de）（远）

上述A类副词和C类副词短语在描述静态的空间方位关系时常常使用，在动态的位移事件中较少使用。B类副词体现的方向由于相应的路径动词具有相同的方向性而省略，避免语义冗余，如"subir（上）"包含了"arriba（向上）"。但是在以人为参照背景且表经过点时，"前、后、上、旁、边"等方位关系常体现在西语语言表层。例如：

（178）Pasaron　los dos hombres　　**a**　　**mi**　　**lado**.

　　　　过　　　那两个男人　　在……旁　我的　旁/边

[①]汉语和西班牙语对表征空间关系的词的词类划分并不相同，汉语里的"方位词"在西班牙语中被归为副词，与汉语副词术语不同。

（那两个男人**从我身边**走过。）

（179）Ves a una monja que **pasa** **por** **detrás de** **ti**

过 从 在……后面 你

con unas verduras cultivadas por ella misma y un libro antiguo.

（却看到一个修女拿着一把自种的青菜和一本旧书**从你身后**走过来。）

（180）Una bandada de palomas vuelan **por** **encima de** nosotros.

飞 从 在……上面 我们

（一群鸽子**从我们头上**飞过去。）

例（178）路径动词"Pasaron（过）"编码了路径信息，参照背景为"我"，由"介词（a）+非重读物主形容词①（mi）+名词（lado）"构成的副词短语"a mi lado（在/从我旁边）"编码了位移主体"那两个男人"和参照背景"我"之间的空间方位关系。

例（179）路径动词"pasa（过）"和介词"por"都编码了路径信息，"副词短语（detrás de）+夺格人称代词②（ti）"构成的"detrás de ti（你后面）"编码了位移主体"修女"和参照背景"你"的空间方位关系。

例（180）位移方式动词"vuelan（飞）"编码了位移的方式，介词"por"编码了路径，"副词短语（encima de）+夺格人称代词（nosotros）"构成的"encima de nosotros（我们上面）"编码了位移主体"鸽子"和参照背景"我们"的空间方位关系。

与汉语不同的是，无论是"介词+非重读物主形容词+名词"还是"副词短语+夺格人称代词"的表达形式，表身体部位的名词"身""头"等都不会出现，此时将人视为一个整体，不突显局部部位。

此外，西班牙语介词"en（在/到）"和"de（从）"在路径动词"entrar

---

① 西班牙语中有两种物主形容词，非重读物主形容词和重读物主形容词。非重读物主形容词置于名词之前，重读物主形容词置于名词之后。

② 西班牙语中在介词后面出现的人称代词要使用夺格人称代词的形式，分别为：第一人称单数mí（我），第二人称单数ti（你），第三人称单数él（他）、ella（她）、usted（您），第一人称复数nosotros（我们，阳性）、nosotras（我们，阴性），第二人称复数vosotros（你们，阳性）、vosotras（你们，阴性），第三人称复数ellos（他们）、ellas（她们）、ustedes（诸位）。

（进）"和"salir（出）"后面标引位移的终点和起点时，在参照背景具有三维空间特征情况下，也可以表明位移主体和参照背景两个实体的空间方位关系——"里"，如"entrar en…（进到……里）""salir de…（从……里出来）"。

但是在表由里向外位移时，如果介词"de（从）"标引的背景不是三维实体，即位移主体不是从参照背景内部发生的由里向外的移动，通常需要方位副词编码空间位置关系。例如：

（181）Así que tu padre salió **de**　**detrás de**　**la**　**columna**.

　　　　　　　　　　出　　从　　在……后面　冠词　　柱子

（你爸爸这才从柱子后边走出来。**）**

例（181）中参照背景为"la columna（柱子）"，但是路径动词"salió（出）"的起点不是柱子，而是柱子后面，柱子可以视为一个经过点，而不是三维实体，即位移主体不是从柱子内部由里而外发生了位移，此时需要在语言表层体现方位关系，由副词短语"detrás de（在/从……后面）"编码构向。

可见，编码西班牙语位移事件时，大多数情况下关注的是位移的动态路径，参照背景为人且为位移的经过点时，以及路径动词"salir（出）"的起点背景变为经过点背景时，通常需要用方位副词短语编码构向。

综上，汉西语位移事件的构向编码与参照背景的名词属性（普通名词）、维度、界态、音节等因素有关；西班牙语通常不用方位词编码构向，标引位移终点和起点的介词"en（到）""de（从）"可编码构向"里"，参照背景为人且为经过点时，或者由内而外的位移起点被视为经过点时，可用方位副词短语编码构向。

4.3.4　汉语"V_{方式}+V_{路径}"/西语"V_{方式（路径）}"与NP_{位移主体}组合

自移事件中的位移主体通常为句中的主语。汉西语作为SVO型语言，主语置于动词之前为优势语序，此时位移主体通常具有高生命度、强有定性的特征（刘丹青，2021：155）。但是，当位移主体具有无定特征时，汉语通常置于动词之后，而西班牙语比较灵活，根据突显原则或重成分后置原则，可置于动词前或置于动词后。

4.3.4.1　汉语"V$_{方式}$+V$_{路径}$+NP$_{位移主体}$" / "V$_{方式}$+V$_{非指示路径}$+NP$_{位移主体}$+V$_{指示路径}$"

汉语无定位移主体在"V$_{方式}$+V$_{路径}$"结构的位移句中主要有两个句法位置，分别为"V$_{方式}$+V$_{路径}$+NP$_{位移主体}$"和"V$_{方式}$+V$_{非指示路径}$+NP$_{位移主体}$+V$_{指示路径}$"。路径动词有简单路径动词与复合路径动词之分，其中前者的"V$_{路径}$"又分为"V$_{指示路径}$""V$_{非指示路径}$""V$_{复合路径}$"。无定位移主体可位于"V$_{路径}$"之后，或插在"V$_{非指示路径}$"与"V$_{指示路径}$"之间。例如：

（182）从亭子里走来**三名中尉**。（"V$_{方式}$+V$_{指示路径}$+NP$_{位移主体}$"）

（183）从车上跳下**两个警察**。（"V$_{方式}$+V$_{非指示路径}$+NP$_{位移主体}$"）

（184）忽然森林里跑出来**一个人**。（"V$_{方式}$+V$_{复合路径}$+NP$_{位移主体}$"）

（185）从窗户飞进**一只鸟儿**来。（"V$_{方式}$+V$_{非指示路径}$+NP$_{位移主体}$+V$_{指示路径}$"）

例（182）（183）位移主体"三名中尉"和"两个警察"为"数+量+名"形式，"数+量+名"通常作为不定指成分指称听话人不可识别的实体。不定指成分传递新信息，汉语的句子分布规律为已知信息在前，未知信息在后，所以不定指成分倾向于作宾语（张斌，2010：816）。因此，在与起点背景共现时，汉语"数+量+名"形式的位移主体置于动词之后，例句中位于"走来"和"跳下"之后，作为施事宾语。

例（184）位移主体"一个人"是"一+量+名"形式，"一+量+名"也是不定指的形式，位于"跑出来（V$_{方式}$+V$_{复合路径}$）"之后。该句为存现句，汉语存现句的基本格式为"处所或时间词语+动词性词语+人或事物"（张斌，2010：576）。"人或事物"即为位移主体，位于动词之后，是句中的施事宾语，而宾语往往有数量短语限制，多为不定指的。

例（185）位移主体"一只鸟儿"也是"一+量+名"的不定指形式，因此位移主体置于"飞进（V$_{方式}$+V$_{非指示路径}$）"之后，"来"体现了言/叙者将自己置于屋内的主观视角。由于"来/去"是位移事件的外参成分，因此既可以如例（184）一般置于位移主体之前，也可以如例（185）一般置于位移主体之后。

可见，汉语不定位移主体通常置于"V$_{方式}$+V$_{路径}$"之后，由于指示路径动词是表达主观视角的外参成分，位移主体也可插入"V$_{非指示路径}$"与"V$_{指示路径}$"之间。

4.3.4.2 西语"NP位移主体+V方式（路径）"/"V路径+NP位移主体+G方式/LA方式"等

西班牙语无定位移主体与汉语有相同的一面，受到可别度领先原则（陆丙甫，2005）的制约，通常位于谓语动词的后面；不过在具体语境中也常常置于谓语动词前面，其句法位置主要取决于突显原则和重成分后置原则。

首先，突显位移主体时，可将其置于核心动词之前，且核心动词后常有背景出现，保持核心动词前后成分大致相当。例如：

（186）Un todoterreno se paró delante de la puerta de la casa de Yuan Sai.

Dos policías saltaron del coche y se apresuraron a entrar.

两个 警察 跳 从 车

（一辆吉普车停在袁家打外，从车上跳下**两个警察**，虎虎地闯进大门。）

（187）En aquel instante，**un pájaro entró** por la ventana.

一只 鸟 进 从 窗户

（这时，从窗户飞进**一只鸟儿**来。）

（188）De repente，**un hombre salió** del bosque **corriendo.**

一个 男人 出 从 森林 跑

（忽然森林里跑出来**一个人**。）

西班牙语没有施事宾语，位移主体即为自移事件中的主语，按照SVO型的语序，通常位于动词之前，此时位移主体是突显成分，如例（186）"Dos policías（两个警察）"位于位移方式动词"saltaron（跳）"之前。西语例句中未出现路径动词，路径的概念由位移方式动词与标记起点的介词"de"共同激活（详见4.3.1.2）。

例（187）位移主体"un pájaro（一只鸟儿）"置于路径动词"entró（进）"之前，因为说话人将位移主体视为要突显的成分，同时也保持了路径动词前后成分音节数大致相当，"un pájaro"共有4个音节，"por la ventana"共有5个音节。例（187）没有体现位移方式"飞"，是因为在人类认知经验中鸟类最常见的移动方式即为飞，可在语境中自动激活。此外，西语非指示路径动词不能融合指示的概念，因此例句中也未体现说话人的主观视角。

例（188）由于突显位移主体"un hombre（一个人）"，因此将其置于路径动词"salió（出）"之前。此外，也保持了路径动词前后相当的原则。而表方式的副动词"corriendo（跑）"作为修饰语置于路径动词之后。

但是，在突显参照背景的情况下，NP$_{位移主体}$应置于位移动词之后，以保持核心动词前后成分大致相当。例如：

（189）Por la ventana entró **un pájaro**.
　　　 从　　窗户　　进　一只　鸟
　　　（从窗户飞进**一只鸟儿**来。）

（190）Del bosque salieron **dos personas** corriendo.
　　　 从　森林　　出　　两个　　人　　　跑
　　　（森林里跑出**两个人**。）

例（189）突显了参照背景"Por la ventana（从窗户）"，置于路径动词"entró（进）"之前，位移主体"un pájaro（一只鸟）"则为保持动词前后成分相当而置于路径动词之后。同理，例（190）背景"Del bosque（从森林）"置于动词之前，位移主体"dos personas（两个人）"则置于动词之后，表方式的副动词置于位移主体后。其实，NP$_{位移主体}$与副动词的位置关系也是由重成分后置原则决定的。

其次，西班牙语位移事件中的不定位移主体在无背景的情况下后置于核心动词；在无定位移主体有较长的修饰语时，也后置于核心动词，有背景则需前置于动词，以保持重成分后置。例如：

（191）Entró **una morsa** de saltos.
　　　 进　一只　海象　　　跳
　　　（跳进来**一只海象**。）

（192）Entró de saltos **una morsa gris y gordo**.
　　　 进　　跳　一只　海象　灰色的　和　胖的
　　　（跳进来**一只胖胖的、灰色的海象**。）

（193）Del bosque salieron corriendo
　　　 从　森林　　出　　跑

dos personas que no parecían nativos.
两个　人　关系代词　不　像　本地人
（从森林里跑出**两个不像本地居民的人**。）

在无背景的情况下，如例（191），无定位移主体"una morsa（一只海象）"通常位于路径动词之后，以保持"前轻后重"的原则。无定形式的NP$_{位移主体}$置于路径动词后时，表方式的副词短语或副动词可置于位移主体之后，如例（191），也可置于NP$_{位移主体}$之前，如例（192），此时NP$_{位移主体}$通常有修饰语。

例（192）由于位移主体后出现了两个形容词"gris"和"gordo"作为名词的修饰语，增加了其成分的重量，根据重成分后置原则/复杂度渐增原则（principle of Increasing complexity），位移主体"una morsa gris y gordo"置于相对简短的方式副词短语"de saltos"之后。例（193）位移主体"dos personas（两个人）"后面出现了定语从句作为修饰语，也增加了复杂度，因此置于方式副动词"corriendo（跑）"之后，此时出现的背景"Del bosque（从森林）"需要前置于路径动词。

西班牙语属于印欧语系罗曼语族西罗曼语支，是拉丁语的一个分支，受其影响，古代西班牙语句子中的成分几乎可以自由排序，没有严格的规定。经过漫长的演变，现代西班牙语逐渐形成了比较固定的词序，按照线性结构理论，现代西班牙语的词序为主语—动词—直接补语—间接补语—景况补语（张绪华，2009：83-84）。但是，西班牙语的词序并非严格遵守这个顺序，在突显强调某个成分时，可将其前移到动词之前；此外，语序改变也与重成分后置原则有关：以动词为核心，前后的音节数量可以相当，或者前轻后重，西语NP$_{背景}$置于动词后，NP$_{位移主体}$就可置于动词前，若NP$_{背景}$置于动词前，则NP$_{位移主体}$可置于动词后。

综上所述，汉西语不仅位移方式动词的表征有较大的差异，［方式］［路径］［背景］共同编码的位移事件的表达形式也是差异性大于相似性。汉语优选模式"V$_{方式}$+V$_{路径}$"结构在西班牙语中可有"V$_{路径}$""V$_{方式}$""V$_{路径}$+G$_{方式}$/LA$_{方式}$""V$_{方式}$ y V$_{路径}$"等多种表达方式，但"V$_{路径}$"为优选模式；汉语NP$_{背景}$在位移事件表达中的句法位置受到距离象似性的影响，西班牙语则先受重成分后置原则的制约，再受距离象似性的制约；汉西语表完成体的体标记不同，汉语由体标记"了"表达，西语由时体语素表达。汉语根据NP$_{背景}$的维度和界态特征可选择方位词编码构向，西班牙语位移事件表达中通常不由方位词编码构向，而由动词与介词共同激活，在NP$_{背景}$为人且为经过点时需由方位短语编码构向。汉西语无定NP$_{位移主体}$的句法位置也同中有异。这些差异的产生不仅与语序类型有关，还与汉西语母语者对位移事件的认知有关。

4.4　对汉西语位移方式表达差异的解释

汉西语位移方式的语言表征及表达形式在位移方式、参照背景、构向、路向等方面呈现出诸多相同点和不同点，其中相异点主要与两语言的运动事件框架类型倾向性、图式默认机制及汉西语完成体表达差异等因素密切相关。

4.4.1　运动事件框架类型不同

Talmy（2000：221）根据核心图式由主要动词表达还是由卫星语素表达将语言分为动词框架语言（V型语言）和附加语框架语言（S型语言）。同语序类型一样，运动事件框架类型也不具有绝对性，汉语经过实证研究证明是S型比重较高的语言（刘礼进，2014），西班牙语是比较典型的V型语言。然而，Slobin（1996）研究表明，虽然在表示"边界跨越"的大多数有界路径位移事件中西班牙语使用动词来表达［路径］这一概念，但是在表达没有边界跨越的位移事件时，西班牙语用"方式动词+方向介词"的组合来表达，而这种表达方式是典型的S型语言类型的用法。

作为附加语构架比重较高的语言，汉语以方式动词主导的"副事件合并型"结构是位移事件中比重较高的句型结构（刘礼进，2014）；动词框架语言的西班牙语主要由路径动词或"路径合并型"动词来表达位移。方式成分的省略体现了汉语母语者和西班牙语母语者对位移事件概念结构的表征上的差异。汉语常突显位移的方式，使位移事件的表述更加细致、更加精确，将方式信息融入主动词中，概念结构为［运动+方式］+［路径］，构成"V$_{方式}$+V$_{路径}$"的模式。而西班牙语常将方式信息作为单独的附加成分或从属成分来表达（Demonte，2011），概念结构为［运动+路径］+［方式］，但在语境明确的情况下，位移方式常为默认信息，无须体现在句法层面。

汉西语平行语料库中，汉语"V$_{方式}$+V$_{路径}$"的优选模式与西班牙语语料中为出现方式的比例为1 398：492，而占比更多的是单独使用路径动词表达，也可表明汉语更倾向于S型语言，西班牙语倾向于V型语言。例如：

孩子们**爬上**树。

Los	niños	**subieron**	al	árbol.
冠词	孩子们	上	介冠缩合	树

鸟儿**飞出**树林。

Los	pájaros	**salieron**	del	bosque.
冠词	鸟	出	介冠缩合	树林

西班牙语在位移事件表达上更加关注路径信息的表达，在人类认知经验中可以默认的位移方式及言/叙者主观认为无关紧要的位移方式都可不出现在语言表层。这就可以解释，西班牙语母语者汉语表达"*青蛙从瓶出去""*男孩和狗上树干"时方式动词"跳""爬"的缺失。汉语水平较高的高级西班牙语母语者的实验语料中汉语表达为"小男孩爬上了树枝"，而西班牙语表达仍为"El niño（小男孩）subió（上）a（到）la rama（树枝）"，没有方式"爬"的参与。

由于运动事件框架类型倾向性的不同，汉西语最明显的表达差异为位移［方式］的表达，汉语［方式］的参与度远高于西班牙语。汉语指示路径动词的位移主体为动物或通过人类的控制可以自由移动的实体时，［方式］的参与度很高。例如：

狗跑去门口。

球向窗户飞/滚去。

而无［方式］参与的可接受度不高，具有S型的特征。例如：

*狗去门口。

*球向球门去。

西班牙语这样的句子通常［方式］不参与进来，具有V型特征。例如：

El	perro	fue	a	la	puerta.
冠词	狗	去	到（介词）	冠词	门

La	pelota	iba	contra	la	ventana.
冠词	球	去	对着（介词）	冠词	窗户

汉语指示路径动词与方向介词搭配时，也需要［方式］的参与。例如：

他向我走来。

无［方式］参与的位移句可接受度也不高。例如：

*他向我来。

而西班牙语则不需要方式，不出现"走"或其他方式也能自足。例如：

Vino   hacia   mí.

　来　　　向　　　我

4.4.2　图式默认机制不同

位移事件往往包含［位移主体］［运动］［路径］［背景］［方式］和［原因］等不同的概念要素（Talmy，2000：25-26），［路径］又可分为［矢量］［构向］［路向］［维度］和［视角］（史文磊，2014：168）。不同的民族在表达位移事件时，选择出现在语言表层的概念要素不尽相同，但是不出现在语言表层不代表该语言没有某种概念要素，其原因大致可分为两类，即要素省略、图式默认。

省略的概念要素通常为前文语境中出现过的要素，如［位移主体］和参照［背景］，西班牙语中的这些概念也可以融入位移动词，出于语言经济原则，避免重复出现。而图式默认机制是人类认知中的经验域可以激活的概念要素，如［方式］［构向］［路向］等。在汉西语位移表达中，西班牙语常常默认［方式］［构向］和［路向］等概念要素，而汉语更倾向于将这些概念要素表达在语言层面。

4.4.2.1　方式默认

按照Talmy的运动事件框架理论，尽管运动的方式是外围成分，但是对S型比重较高的汉语来说，其路径编码常用的结构是"方式动词+路径动词"的模式，即［移动+方式］+［路径］，将方式信息融入主动词中。而西班牙语常用的编码方式是［移动+路径］+［方式］，方式信息则通常用单独的附加成分或从属成分来表达；在移动体和位移路径信息明确的语境下，常激活位移方式的默认图式，因此在位移的表层结构上常隐现表方式的句法成分。

位移事件往往都伴随着一定的方式，当人们认知中伴随事件的方式具有普遍性、典型性时，西班牙语常省略［方式］要素，只突显［路径］，体现出方式的默认机制，但是汉语中通常［方式］与［路径］共现。如：

我们**走下**楼梯。

蜜蜂**飞出**蜂窝。

他们**爬上**树。

皮球滚进洞里。

人下楼梯的最普遍的方式为走，蜜蜂从蜂窝里出来的最典型的方式为飞，人上树的最普遍的方式为爬，皮球由于自身的几何特征进入洞里最普遍的方式应为滚。这些方式都是人类生活经验中根据位移主体的特性认知到的普遍的位移方式，汉语［方式］概念出现在了语言表层结构中，但是西班牙语普遍不体现此类［方式］。例如：

Bajamos　　por　　la escalera.

（我们）下　　通过　　楼梯

Las abejas　**salieron**　de　la colmena.

蜜蜂　　　出　　从　　蜂窝

Subieron　　al　árbol.

（他们）上　　到　　树

La pelota　**entró**　en　la cueva.

皮球　　进　　到　　洞

上述例句均未出现［方式］，只突显了位移［路径］。默认了的位移方式可以通过生活常识激活。

4.4.2.2　构向默认

不同语言对空间的认知方式各有自身的特点，因为语言再现的空间并不是真实世界的"传真照片"，而是经过意识过滤的图解，可称之为"语言几何"（刘宁生，1994）。从人们看待位移事件中移动体和参照背景的空间关系上，可以进一步认识不同语言之间的认知差异。

构向是位移轨迹和参照物之间的几何位置关系，即移动体相对于参照物的空间位置（史文磊，2014：170）。汉语先用介词确定大体的空间关系，然后根据不同的空间几何关系，常用"上、下、前、后、东、南、西、北、左、右、中、间、里、内、外、边、旁"等方位词来编码构向。

西班牙语则通常是表示方位的构向与处所成分整合之后用一个介词来编码，处所介词既表示一定的空间，又表示移动体所处的具体几何关系。不同的构向编码折射出西班牙语和汉语对空间的认知图式不同，如汉语"掉到湖里"中，"湖"作为普通名词，若表达位移主体和参照背景"湖"之间的空间几何关系，就应在名词"湖"后面添加方位词进行处所化，如"湖上""湖里"。汉语通常把"湖"看作三维空间，用方位词"里"编码构向。而西班牙语母语者更多将"湖"看作一个点或一个平面，淡化了其三维特性，描述此位移事件时，更加强调的是位移的终点，而非位移后移动体与参照背景的方位关系，所以表达形式为"caer（掉）al（到）lago（湖）"，没有体现构向"里"，构向已经由西班牙语母语者的认知经验激活了。

也可以说，汉语不仅关注位移事件的起点、经过点、终点，同时还关注位移主体位移前、位移时及位移后与参照背景的空间位置关系，即两幅重叠的认知图式：静态+动态；而西班牙语更加关注位移事件的起点、经过点、终点，除少数特殊情况外，只有一幅认知图式：动态。

4.4.2.3 路向默认

路向指的是移动体在空间中运动的定向，人类对运动的认知和语言的编码中，垂直方向和水平方向是最基本的路向，汉语中垂直路向有标记形式，且用特定的显性形式作为标志（史文磊，2014：170-171），如"上、上来、上去、下、下来、下去"。

西班牙语路向的默认图式也体现在垂直路向，尤其是向下的路向。例如：

眼泪从她的脸颊上**流下**。

汗珠从他脸上**滚下**。

例句中"流""滚"等方式动词不含路向信息，"眼泪、汗珠"在位移事件中的路向为向下，［路向］单独编码。而西班牙语：

Las lágrimas　　le　　**corrían**　　por　　　el rostro.

　　眼泪　　　　与格　　流　　　通过　　　脸

Las gotas de sudor　　le　　**corrían**　por　　las mejillas.

　　汗珠　　　　　与格　　滚　　　通过　　　脸颊

上述两个表达形式都没有出现任何表向下的路向，此时位移主体的位移路向已经在西班牙语母语者的经验域中激活。

可见，与汉语相比，西班牙语位移事件中的［方式］［构向］［路向］等概念要素的默认概率更大，默认的图式可以通过人类认知中的经验域和识解中的突显共同激活。

4.4.3　体标记差异

体范畴描写的是动作行为进行的状况，每种语言都会借助某种手段来表达（石毓智，2006）。现代汉语的"体"范畴分别由"了、着、过"三个动态助词表示，分别对应了实现体、持续体和终结体（石毓智，1992）。位移事件表达中，表完成体（实现体）的助词"了"使用频率较高，而"了"在位移事件表达中的句法位置不同，西班牙语位移动词也有不同的形态变化，主要体现为陈述式简单过去时的变位形式与陈述式现在完成时的变位形式。

王光全、柳英绿（2006）通过对语料库的统计，证实了叙事范畴里，"了$_1$"句最常用。通过对汉西平行语料库进行统计后可知，在位移事件中，"了$_1$"也是最常用的，占比为10.14%，"了$_2$"仅占1.85%。尽管"了$_2$"使用频率不高，但是在西班牙语的表达中与"了$_1$"也有不同之处，而且习得西班牙语的汉语母语者常出现二者混用现象，通过对西语两种形态变化与"了"的位置进行对比教学可有效提高表达的准确率。

汉语"了$_1$"作为体标记，位于方式动词或路径动词之后，NP$_{背景}$之前，管辖前面的位移动词，重在叙述动作的完成，句子具有更强的动作性。西班牙语的陈述式简单过去时的用法也是叙述过去某一特定时间段里完成了的动作，也具有强动作性，体标记为时体语素。例如：

他**跑**到了大厅。（强动作性）

　Corrió　　al　　salón.

跑（了）　　到　　大厅

他跑**上**了二楼。（强动作性+方向性）

　Subió　　al　　segundo piso　corriendo.

上（了）　　到　　　二楼　　　　跑

此时，观察者的视角为叙者视角，即在位移事件外的时空叙述该事件。

汉语"了₂"管辖其前的整个位移事件，突显事情的变化，位移事件句中的句尾"了"同时也具有完成义。西班牙语由位移动词的陈述式现在完成时变位形式表达完成义，可与副词"ya（已经）"搭配。例如：

Ya   he subido   al   segundo piso   corriendo.

已经   上   到   二楼   跑

此时，观察者视角为言者视角，即在与位移事件发生在同一时空言说该事件。

也就是说，陈述式简单过去时和陈述式现在完成时都可以表达事件的完成，变位选择差异主要取决于说话人的认知图式。若说话人的观察视角为事件内，即与位移事件在同一时空时，为言者视角，则使用陈述式现在完成时；若观察视角为事件外，即在不同的时空，为叙者视角，则使用陈述式简单过去时。认知图式如图4.6所示：

a.他们**回**到家**了**。

Han regresado a casa.

陈述式现在完成时

事件内言者视角

b.他们**回**到**了**家。

Regresaron a casa.

陈述式简单过去时

事件外叙者视角

图4.6　"了₁""了₂"与西语动词时态的位移事件认知图式

此外，汉语位移事件无体标记"了"的比例更高，虽然没有体标记，但是也可通过不同的形式体现事件的完成体或未完成体；西班牙语则通常由动词变位形式体现"体"的含义。吴福祥（2005）从语法化和语言类型学的角度解释了汉语体标记"了"在形态和使用上的特征，并提出汉语的完成体和进行体不是强制性范畴，因此体标记"了"不能强制性使用。例如：

（194）a.（我）自己赶紧脱下鞋子，卷起裤腿，**跳进**水稻田。

b. Me quité los zapatos，arremangué mis pantalones y **entré en** el
　arrozal dejando a mi enfermo sentado junto al sendero.

例（194a）未出现体标记"了"，但是"跳进"中"进"也有完成体的含义，西班牙语的完成体仍然需要由路径动词"entrar（进）"的陈述式简单过去时变位的时体语素"-é"体现。

综上，汉语体标记"了"的位置很灵活，"了₁"出现在方式动词之后，参照背景或趋向动词之前，叙述位移事件的完成，句子具有强动作性，为完成体；西班牙语通常用位移动词的陈述式简单过去时变位形式体现；"了₂"出现在句尾，表示事情或状态的出现，在位移事件中，句尾"了"更倾向于是"了₁+了₂"，强调整个位移事件的出现及完成；西班牙语用位移动词的陈述式现在完成时的变位形式体现。

4.5　小结

本章节主要基于汉西语位移方式动词的词汇概念结构差异、语序类型差异、位移事件框架差异及默认机制、体貌特征差异等对"V_{方式}+V_{路径}"结构的事件表征及编码进行了分类描写与对比研究。

首先，汉语"跳"类位移方式动词表征的范围更广，突显位移方式的［样态］（包括［步态］）、［速度］、［位移力］及位移［方向］和［介质］等概念要素，而西班牙语位移方式动词除突显上述概念外，还抓住位移的［轨迹］［背景］［位移主体］［工具］等要素进行更加具体、细致的表征，如"走""andar（走）/caminar（走）/cojear（一瘸一拐地走）"，"跑""correr（跑）/trotar（尤指马小跑）/corretear（跑来跑去）"等；汉语"落"类固有定向运动动词根据位移的自主性、位移速度等呈现出一定的连续统，而西班牙语固有定向运动动词表征比较概括，如"落₁、落₂、掉、摔""caer（se）"。

汉语在位移方式动词的表征上突显［样态］［速度］［位移力］及位移［方向］和［介质］等语义要素，而西班牙语有些位移方式动词除表征上述概念要素之外，还可以同时表征位移的［轨迹］或位移的［背景］。此外，虽然汉西语都用［速度］和［步态］等概念表征位移方式，但是对［速度］和［步态］的认知又不尽相同，因此出现了进一步表征的细微差异。

其次，汉语"V$_{方式}$＋V$_{路径}$"结构在西班牙语中通常有"V$_{路径}$" "V$_{方式}$" "V$_{路径}$＋G$_{方式}$/LA$_{方式}$"和"V$_{方式}$ y V$_{路径}$"等表达形式，西语方式概念可以用方式动词、表方式的副动词/副词短语或融合了［方式］与［路径］的光杆位移动词编码，但最常见的表达是隐去方式，表明汉语倾向于附加语框架而西语倾向于动词框架。

汉语"V$_{方式}$ y V$_{路径}$"与NP$_{背景}$共现的位移事件表达中，NP$_{背景}$所处的位置比西班牙语复杂。参照背景为目标背景时，汉语表达式为"V$_{方式}$＋向/往＋NP$_{背景}$"或"向/往/朝＋NP$_{背景}$＋V$_{方式}$＋V$_{指示路径}$"，西语表达式为"V$_{方式}$＋hacia＋NP$_{背景}$"，表达形式差异与语序类型、取景视角及参照角色有关；NP$_{背景}$为起点或经过点背景时，汉语表达式为"Pre＋NP$_{背景}$＋V$_{方式}$＋V$_{路径}$"或"V$_{方式}$＋V$_{路径}$＋NP$_{背景}$"，西班牙语为"V$_{路径}$＋Pre＋NP$_{背景}$＋G$_{方式}$/LA$_{方式}$"，汉西语不同的表达形式与语序类型、距离象似性原则及重成分后置原则有关。汉语位移事件中表完成体的体标记"了"与NP$_{位移主体}$和NP$_{背景}$有不同的句法位置，西语由位移动词的不同形态变化表达。"了$_1$"重在叙述动作完成，具有强动作性；西班牙语由位移动词的陈述式简单过去时变位形式表达动作的发生且已结束，具有强动作性，时体语素为其体标记，过去时也表明了说话人的叙者视角在事件外。"了$_2$"重在肯定事情或状态的出现，位移事件中句尾可理解为"了$_1$＋了$_2$"，表位移事件的出现及完成；西班牙语由位移动词的陈述式现在完成时变位形式表达，既关注位移事件的出现，也表明位移事件的完成，路径动词的分词形式为体标记，现在完成时同时表明说话人的言者视角在事件内。

"V$_{方式}$＋V$_{路径}$"与NP$_{背景}$共现的位移事件编码构向时，汉语方位词与西语方位副词的隐现条件不同。汉语NP$_{背景}$为处所义较低的普通名词或需要明确位移主体与背景的空间方位关系的建筑名、园厂名、地形名、机构名等处所名词时，通常由方位词编码构向；其他情况根据参照背景的界态特征选择是否由方位词编码构向；西班牙语位移事件通常无方位词编码构向，只有参照背景为人且为经过点时，或者由内而外的位移起点不被视为三维实体时，可用方位副词短语编码构向。构向的编码体现了汉西语对位移事件的认知差异，汉语既关注动态位移，也关注静态的位移主体与参照背景的空间关系，是两幅重叠的认知图式，而西班牙语更加关注动态位移，倾向于理解为一幅认知图式。

汉语"$V_{方式}+V_{路径}$"编码的自移事件中，$NP_{位移主体}$的句法位置与西班牙语有一定的差异。汉语"$V_{方式}+V_{路径}$"的语序是固定的，由于受到路径动词的性质、$NP_{位移主体}$的性质及体标记"了"等因素的影响，无定$NP_{位移主体}$的句法位置常有三处，构成"$V_{方式}+V_{简单路径}+NP_{位移主体}$""$V_{方式}+V_{复合路径}+NP_{位移主体}$"或"$V_{方式}+V_{非指示路径}+NP_{位移主体}+V_{指示路径}$"的形式。西班牙语通常以$V_{路径}$为核心动词，以$G_{方式}/LA_{方式}$为附加成分，无定$NP_{位移主体}$的位置则是依据突显原则和重成分后置原则，可位于核心动词前，即"$NP_{位移主体}+V_{路径}+G_{方式}/LA_{方式}$"，也可位于核心动词后，此时再次依据上述两项原则与"$G_{方式}/LA_{方式}$"形成两种位置关系，"$V_{路径}+NP_{位移主体}+G_{方式}/LA_{方式}$"或"$V_{路径}+G_{方式}/LA_{方式}+NP_{位移主体}$"。

总之，汉语"$V_{方式}+V_{路径}$"结构的事件表征及编码与西班牙语的差异性大于共性。不仅词汇本身的概念结构影响了汉西语位移事件的表达，语序类型差异、位移事件框架差异、默认机制差异、体标记差异等也是影响汉西语位移事件编码的重要因素。

第5章 汉西语位移致使性的表征及表达形式对比

前两章的描写和解释均为自移事件，位移客体常为施动者，位移力来源于位移客体自身；本章将探讨汉西语致移事件，致使性（causativity）是运动事件的一个语义范畴，根据这一概念，运动事件可以是自发的或由另一事件引发的，后者可以由施事引发，也可以不由施事引发（Talmy，2000：158）。致移事件中，位移客体为受动者，位移力来源于施动者，即致移主体。基于汉西语平行语料库，共搜集致移事件句727例。

本书从致移事件的概念要素视角出发，观察汉西语致移动词表征及致移事件表达的相同点和不同点，涉及的概念要素主要有［致移主体］、［致移力］、［致移方式］、［致移原因］、［位移客体］、［路径］（包括［矢量］、［构向］、［路向］、［维度］、［视角］）、［方向］、［背景］（［起点背景］［经过点背景］［终点背景］［方向背景］）等。

由于语言类型和人类认知的差异，上述语义成分在汉西语致移事件的表达中呈现出不同的组合方式。本章主要从致移动词的类型及特点、位移致使性的表征、致移事件的表达形式等三大方面，对汉西语致移动词进行系统对比分析，在此基础上试图解释汉西语致移事件表达差异产生的原因。

5.1 汉西语致移动词概述

汉西语都可以通过多种方式表达位移致使性概念，在致移事件中，致移动词是最常用的用来表达致使性的形式之一。汉西语致移动词在表征和表达形式上既有相同点也有不同点。

5.1.1　汉语致移动词的类型及特点

致移动词也常被国内学者称为他移动词，至少应具有［+致使］和［+路径］的语义特征。现代汉语常用的致移动词[①]有"拿、放、提、送、带、拉、抬、推、抽、搬、拖、端、扔、倒、运、投、扯、拔、递、抛、捧、移、挪、赶、撵、掷、牵"等。基于汉西语平行语料，将使用频率较高的"放、拿、送、带、扔、投、掷、抛、搬、移、挪、赶、撵、轰、拉、拖、拽、牵、抽、掏、拔、低、弯"等致移动词作为本章的研究对象。

5.1.1.1　汉语致移动词的类型

汉语致移动词从不同的视角可以分为多种类型。

齐沪扬（2000）根据动词移动功能的强弱将致移动词分为伴随动词和非伴随动词两大类，常用的伴随致移动词有"搬、带、端、递、拿、送、推、抬、拖、运"等，常用的非伴随致移动词有"按、拔、扯、抽、递、扶、赶、挪、抛、扔、掏、投、摘"等，伴随致移动词的移动功能在所有位移动词中都处于最强端。周领顺（2014）按照语义将致移动词分为置放类、运送类、清除类、投掷类和施力类五大类。其中，置放类可分为置放、倾斜、填充、涂抹、储存和覆盖等，如"放、抹、倒"；运送类可分为送达和搬运两类，如"拿、带、送、搬、挪、运、移"；清除类可分为清除、驱逐、擦除等，如"赶、撵、轰、撤、掸"；投掷类如"投、扔、抛、掷、撒"；施力类如"拔、扯、推、抬"。本书根据对语料的观察，按照影响汉西语致移动词表征差异最明显的［方向］概念，将致移动词分为泛向致移动词和定向致移动词两大类。泛向致移动词有"放、拿、送、带、扔、投、掷、抛、搬、移、挪、赶、撵、轰、拉、拖、拽、牵"，定向致移动词有"抽、掏、拔、低、俯、垂、弯"等。上述不同类型的致移动词在表征上呈现了不同的特点。

5.1.1.2　汉语致移动词的特点

汉语致移动词表征的总体特点是［方式］概念的参与度较高，无论是致

[①]这些致移动词是《现代汉语频率词典》（北京语言学院语言教学研究所编，1986）中使用度级次较高的动词。

移主体发出的［致移方式］还是位移客体移动的［位移方式］。例如，"拉"突显了用手发力使位移客体移动的［致移方式］，"拖"除了突显用手用力拉的方式，还表征了位移客体移动时与参照背景相接触的方式。

此外，致移动词也常表征［致移力］［方向］［背景］等语义要素。例如，"扔、抛、投、掷"表征的［致移力］不尽相同，"扔"表征的［致移力］可强可弱，"抛、投"较强，"掷"最强；"扔"表征的［方向］最多，趋向补语可为"上、下、进、出、回、过"，"抛"趋向补语可为"进、上、下"，"投、掷"仅为"进"；"扔"的参照［背景］的界态可为有界或无界，"抛"有界的使用频率高于无界，"投、掷"通常为无界。

致移动词表征的特点是致移事件表达形式多样的主要原因之一。

汉语致移事件最主要的编码特点表现为以下几个方面。

（一）"V$_{致移}$+V$_{路径}$"为优选表达模式

汉语致移动词通常与路径动词搭配共同编码致移事件，体现了汉语附加语的类型特点，此时也具有一定的分析型语言的特点，常见的表达形式有：

V$_{致移}$+V$_{非指示路径}$ 拿出

V$_{致移}$+V$_{指示路径}$ 拿来

V$_{致移}$+V$_{非指示路径}$+V$_{指示路径}$ 拿出来

"V$_{致移}$"和"V$_{路径}$"适配过程中，并非所有致移动词都可以与指示路径动词或非指示路径动词搭配，受到致移动词和路径动词表征的制约。例如：

*放来/去

*掏来/去/上/下/进/回/过

移动功能越弱的致移动词与指示路径动词搭配的概率越低，如"*放来"；定向致移动词通常和与其指向相同的路径动词搭配，其他搭配概率较低。

（二）NP$_{位移客体}$句法位置多样

汉语致移事件主要有三种句式，分别为主谓句、"把"字句和"被"字句。在"把"字句和"被"字句中位移客体通常置于致移动词之前；主谓句中位移客体通常置于致移动词之后，受到动词的性质、趋向补语的性质、宾语的性质、动词是否带"了"以及语境等多种因素的影响（陆俭明，2002）。位移客体与路径动词呈现出多种位置关系，主要可分为"V$_{致移}$+V$_{路径}$+NP$_{位移客体}$"

"$V_{致移}$+$NP_{位移客体}$+$V_{路径}$"和"$V_{致移}$+$V_{非指示路径}$+$NP_{位移客体}$+$V_{指示路径}$"三种形式。其中，第一种形式又可分为三小类，第二种形式可分为两小类，具体形式如下：

$V_{致移}$+$V_{路径}$+$NP_{位移客体}$	$V_{致移}$+$V_{非指示路径}$+$NP_{位移客体}$	扔下（一本）书
	$V_{致移}$+$V_{指示路径}$+$NP_{位移客体}$	扔来一本书
	$V_{致移}$+$V_{非指示路径}$+$V_{指示路径}$+$NP_{位移客体}$	扔下来一本书
$V_{致移}$+$NP_{位移客体}$+$V_{路径}$	$V_{致移}$+$NP_{位移客体}$+$V_{指示路径}$	拿（一本）书来
	$V_{致移}$+$NP_{位移客体}$+$V_{复合路径}$	拿（一本）书出来
$V_{致移}$+$V_{非指示路径}$+$NP_{位移客体}$+$V_{指示路径}$		拿出（一本）书来

在$V_{致移}$+$V_{路径}$+$NP_{位移客体}$结构中，"$V_{致移}$+$V_{非指示路径}$+$NP_{位移客体}$"为最常见的形式，对"$V_{致移}$""$V_{非指示路径}$""$NP_{位移客体}$"限制条件较少，非指示路径动词的方向与定向致移动词方向不矛盾即可，"$NP_{位移客体}$"可带有数量成分或不带数量成分。例如：

扔下水桶　扔下一个水桶

掏出手机　掏出一部手机

拿回奖牌　拿回三个奖牌

牵过白马　牵过两匹白马

"$V_{致移}$+上/进+$NP_{位移客体}$"的用法较少，与"上/进"的语义最近的名词或名词短语通常为终点背景，而不是位移客体。也就是说，其后通常为处所宾语，而非受事宾语。

"$V_{致移}$+$V_{指示路径}$+$NP_{位移客体}$"和"$V_{致移}$+$V_{非指示路径}$+$V_{指示路径}$+$NP_{位移客体}$"结构中的位移客体通常为带有数量成分的形式。例如：

拉来/去两头黑牛　　　　拉上来/去八吨鱼

带来/去一个小孩儿　　　带下来/去一群俘虏

送来/去食物　　　　　　送进来/去一碗阳春面

扔来/去一枚手榴弹　　　扔出来/去一个纸条

搬来/去几个西瓜　　　　搬回来/去一台电唱机

拿来/去一架相机　　　　拿过来/去三本英国出版的平装本小说

在"$V_{致移}$+$V_{指示路径}$+$NP_{位移客体}$"结构中"来"的使用频率高于"去"，与"去"的语义最近的名词或名词短语通常为终点背景，如"送去北京""搬去

屋里""拿去商店"等。"抽、掏、拔"等定向致移动词和常与位移终点背景
共现的泛向致移动词"放"通常不与指示路径动词单独搭配,但是可与复合路
径动词搭配。例如:

*抽来/去一根烟　　抽出来/去一根烟

*掏来/去一叠钱　　掏出来/去一叠钱

*拔来/去一根草　　拔出来/去一根草

*放来/去一张床　　放进来/去一张床

可见,致移动词与非指示路径动词的语义距离更近,"来/去"作为言/叙
者主观视角的体现,属于外围成分。

V$_{致移}$+NP$_{位移客体}$+V$_{路径}$结构通常用于未然的命令式中或连动句中。例如:

张飞大战孔明的时候,就这么喊:**拉战马来**!(命令式)

彼德,**搬柴火进来**!(命令式)

他们**搬桌子去**堵住门。(+目的)

少佐**带孩子出去**看戏。(+目的)

V$_{致移}$+V$_{非指示路径}$+NP$_{位移客体}$+V$_{指示路径}$结构是在V$_{致移}$+V$_{路径}$+NP$_{位移客体}$结构的第
一种形式后添加了言/叙者的主观视角,此结构中"来"的使用频率也高于
"去","来"更多突显[指示义],而"去"更多突显[目的义]。例如:

我找个空座坐下,**拿出书来**,一门心思看书。

救援部队当空**投下大米来**。

他**拽过缰绳来**,牵着马朝池塘边的马厩走去。

男人们**拿出火枪去**射击他们。

我急忙**扔下行李箱去**追那只兔子。

(三)NP$_{背景}$句法位置多样且常用方位词编码构向

汉语致移事件中的参照背景通常为起点背景或终点背景,经过点背景视窗
较少开启。NP$_{起点}$通常置于"V$_{致移}$+V$_{路径}$"之前,NP$_{终点}$通常置于"V$_{致移}$+V$_{路径}$"
之后。例如:

从**书架上拿下来**一本书

把书从**书架上拿下来**

书被从**书架上拿下来**

无论是在主谓句中，还是在"把"字句或"被"字句中，NP$_{起点}$都置于"V$_{致移}$+V$_{路径}$"之前。但是NP$_{终点}$通常不能前置，且通常为"把"字句或"被"字句。例如：

把他**拉进教室**

把我们**拉上山**

他们**被拉下水**

参照背景的编码特点体现在句法位置上，同时参照背景的界态、维度及处所义的强弱程度决定了致移事件表达形式中方位词的隐现。［+有界］［-零维］［-处所义］的参照背景通常需要方位词编码构向，进一步明确位移客体与其之间的空间方位关系；［-有界］［+零维］［+处所义］的参照背景既可由方位词明确标出，也可隐现方位词。例如：

从沙发上拖过来一条毛毯　　　*从沙发拖过来一条毛毯

从厨房里赶出去　　　　　　从厨房赶出去

被送进教室里　　　　　　　被送进教室

总之，汉语致移动词十分丰富，［方式］概念是最常表征进动词的概念要素，［致移力］［方向］和［背景］等要素也可被表征进去。在"V$_{致移}$+V$_{路径}$"优选表达模式中，NP$_{位移客体}$的句法位置受到多种因素的影响而呈现出了多样的句法位置；NP$_{起点}$常置于"V$_{致移}$+V$_{路径}$"之前，NP$_{终点}$常置于"V$_{致移}$+V$_{路径}$"之后，而且参照背景的界态、维度及处所义等特征影响了方位词的隐现。

5.1.2　西班牙语致移动词的类型及特点

西班牙语常用的致移动词有"acercar（使靠近）、ahuyentar（赶走/吓跑）、arrancar（扯/拽/拉）、arrastrar（拖/拉）、arrojar$_1$（扔/投/掷）、arrojar$_5$（撵/驱逐）、bajar（使向下移动）、coger（拿/摘）、colocar（放）、dejar（放/扔）、despeñar（把……从高处抛下）、desplazar（挪/移）、echar$_1$（扔/抛）、echar$_4$（赶/撵）、empujar（推）、espantar（赶走/吓跑）、expulsar（赶出/驱逐）、lanzar（扔/抛/投/掷）、llevar（带去/送去）、mover（移/搬/挪）、poner（放）、quitar（摘）、sacar（使由内向外移动）、subir（使向上移动）、tirar$_2$（扔/抛/投/掷）、tirar$_{24}$（拉/拖/拽/牵）、tomar（拿）、traer

（带来）、trasladar（挪/移）、transportar（运）"等。

　　本书基于语料，将"ahuyentar（赶走/吓跑）、arrastrar（拖/拉）、arrojar₁（扔/投/掷）、arrojar₅（撵/驱逐）、bajar（使向下移动）、coger（拿/摘）、colocar（放）、dejar（放）、desplazar（挪/移）、echar₁（扔/抛）、echar₄（赶/撵）、espantar（赶走/吓跑）、expulsar（赶出/驱逐）、lanzar（扔/抛/投/掷）、llevar（带去/送去）、mover（移/搬/挪）、poner（放）、sacar（使由内向外移动）、tirar₂（扔/抛/投/掷）、tirar₂₄（拉/拖/拽/牵）、tomar（拿）、traer（带来）、trasladar（挪/移）、transportar（运）"等作为主要研究对象。

5.1.2.1　西班牙语致移动词的类型

　　西班牙语致移动词按照［方向］概念也可分为泛向致移动词和定向致移动词两大类。其中，泛向致移动词按照语义又可分为置放类、运送类、清除类、投掷类和施力类五类。

　　置放类致移动词有"colocar（放）、dejar（放/扔）、poner（放）"等；运送类致移动词有"conducir（运送）、desplazar（挪/移）、llevar（带去/送去）、mover（移/搬/挪）、traer（带来/送来）、trasladar（挪/移）、transportar（运）"等；清除类致移动词有"ahuyentar（赶走/吓跑）、arrojar₅（撵/驱逐）、echar₄（赶/撵）、espantar（赶走/吓跑）、expulsar（赶出/驱逐）、retirar（撤）"等；投掷类致移动词有"arrojar₁（扔/投掷）、echar₁（扔/抛）、lanzar（扔/抛/投/掷）、tirar₂（扔/抛/投/掷）"等；施力类致移动词有"arrancar（扯/拽/拉）、arrastrar（拖/拉）、empujar（推）"等。

　　上述五类致移动词属于泛向类，位移客体受力后的位移方向不固定，且通常都表征了［方式/原因］概念。除此之外，西班牙语还有一类使用频率较高的致移动词，仅表征［致使+方向］，即定向致移动词，如"bajar（使向下移动）、sacar（使由内向外移动）、subir（使向上移动）"等。不同类型的致移动词在致移事件的表征和编码上都分别呈现出了各自的特点。

5.1.2.2　西班牙语致移动词的特点

　　西班牙语致移动词表征的总体特征是［方式］的突显度较低，除了表征［致移力］［致移原因］［方向］和［背景］等概念要素，最主要的是突显位移客体移动的［路径］。例如：

mover　　　la mesa　　　（突显起点）

　移　　　　桌子

desplazar　la mesa　　　（突显起点）

　移　　　　桌子

trasladar　la mesa　　　（突显起点和终点）

　　移　　　桌子

运送类致移动词"mover（移/搬/挪）、desplazar（挪/移）、trasladar（挪/移）"仅突显位移客体受力后从一个地方到另外一个地方的位移［路径］，"mover/ desplazar la mesa"突显位移的起点，"trasladar la mesa"突显位移的起点和终点，均未将具体的位移客体移动的［方式］表征进去，如位移客体是否离开地面。

定向致移动词"bajar（使向下移动）、sacar（使由内向外移动）、subir（使向上移动）"也未表征［方式］概念，仅突显了［路径］和固定的［方向］。例如：

　bajar　　la maleta　del　armario　　（突显起点）

使向下　　箱子　　从　衣柜

（把箱子从衣柜里拿下来）

　bajar　　la maleta　al　sótano　　（突显终点）

使向下　　箱子　　到　地下室

（把箱子拿到地下室）

　subir　　el piano　al　segundo piso　（突显终点）

使向上　　钢琴　　到　　二楼

（把钢琴抬上二楼）

　sacar　　monedas　del　bolsillo　　（突显起点）

使向外　　硬币　　从　　口袋

（从口拿出硬币）

"bajar（使向下）la maleta（箱子）del（从）armario（衣柜）"和"bajar（使向下）la maleta（箱子）al（到）sótano（地下室）"中致移动词仅表征了［致使］和向下移动的［路径］，未表征［方式］，默认的方式可以为

"拿"。"subir（使向上）el piano（钢琴）al（到）segundo piso（二楼）"中致移动词仅表征了［致使］和向上移动的［路径］，未表征［方式］，默认的方式可以为"抬"。同理，"sacar（使向外）monedas（硬币）del（从）bolsillo（口袋）"中致移动词仅表征了［致使］和由参照背景内部向外部移动的［路径］，未表征［方式］，默认的方式也可以为"拿"。

虽然上述定向致移动词都表征具体的指向，但是指向性具有不对称性。"bajar（使向下移动）"具有双指向性，既可以突显起点，也可以突显终点；"subir（使向上移动）"和"sacar（使由内向外移动）"具有单指向性，前者通常突显终点，后者突显起点。

此外，"traer（带来、送来）、llevar（带去、送去）"表征了其他致移动词不可表征的［主观视角］，"traer（带来、送来）"表征致使位移客体趋近于说话人的位移，"llevar（带去、送去）"表征致使位移客体远离说话人的位移。

西班牙语致移事件最主要的编码特点表现为以下几个方面。

（一）"V致移"为优选表达模式

西班牙语致移事件表达中通常由致移动词作为核心动词编码致使位移事件，当致移动词仅与NP位移客体共现时，表达形式通常为"V致移+NP位移客体"。例如：

    lanzar   la pelota

    扔   球

（扔球）

    bajar   la pelota

使向下   球

（把球拿下来）

    traer   la pelota

带来   球

（把球带来）

无论是泛向致移动词"lanzar（扔）"、定向致移动词"bajar（使向下）"，还是具有指示性的致移动词"traer（带来）"，都用"V致移"单独编码致移事件。

当致移动词与NP$_{背景}$共现时，表达形式通常为"V$_{致移}$+NP$_{位移客体}$+Pre$_{路径}$+NP$_{背景}$"，"V$_{致移}$"已经编码了［路径］概念，"Pre$_{路径}$"单独编码［路径］概念中的［矢量］信息。例如：

lanzar	la pelota	**al**	río （突显终点）
扔	球	到	河

（把球扔到河里）

bajar	la pelota	**del**	árbol （突显起点）
使向下	球	从	树

（把球从树上拿下来）

虽然致移动词"lanzar（扔）"和"bajar（使向下）"已经编码了［路径］，但是与NP$_{背景}$共现时还需介词"a"介引终点背景，编码终点，介词"de"介引起点背景，编码起点。致移事件图式体现了人类普遍的认知倾向"终端焦点化（end-focusing）"（古川裕，2002），因此介引终点背景的"de"使用频率最高；致移事件通常关闭经过点视窗，介词"por"可介引经过点背景，但是使用频率极低。

有时，西班牙语方位副词可以编码［路径］概念中的［构向］信息，表达形式为"V$_{致移}$+NP$_{位移客体}$+Adv+NP$_{背景}$"，但是使用频率极低。例如：

echar	al ladrón	**fuera de**	la habitación
赶	小偷	**外**	房间

（把小偷赶出房间）

西班牙语方位副词"fuera"与背景构成的短语"fuera de la habitación（房间外）"编码了位移客体移动后与参照背景的空间方位关系。

此外，致移主体由于身体姿态变化使得自身发生位移的致移事件，西班牙语用"V$_{自复}$"单独编码，自复动词的构成为"具有致使性的及物动词+自复代词（se）①"，此时，位移客体即是致移主体。例如：

sentarse	=	sentar	+	se
致移主体使自己坐下		致移主体使他人坐下		自复代词

---

①西班牙语自复代词"se"的功能是表明施事发出的致使力作用于施事者自身，而非其他受事者。

echarse	=	echar	+	se
致移主体使自己躺下		致移主体使他人躺下		自复代词
acuclillarse	=	acuclillar	+	se
致移主体使自己蹲下		致移主体使他人蹲下		自复代词
arrodillarse	=	arrodillar	+	se
致移主体使自己跪下		致移主体使他人跪下		自复代词

（二）NP$_{位移客体}$句法位置相对简单

西班牙语致移事件中的NP$_{位移客体}$通常置于"V$_{致移}$"之后。置于致移动词之前时主要有两种情况，一是位移客体为已知信息，需要用宾格代词代替表达位移客体的名词，并置于变位后的致移动词之前；二是被动句中，NP$_{位移客体}$置于"ser+致移动词分词形式"的被动结构之前。例如：

dejar　　　el　　　libro
放　　定冠词　　书
（把书放下）

　subir　　　la　　　caja
使向上　　定冠词　　盒子
（把盒子拿上来/去）

traer　　　un　　　vaso
带来　　不定冠词　　杯子
（把杯子带来）

致移事件为主谓句时，位移客体无论是有定形式还是无定形式，通常都置于致移动词之后。但是，如果位移客体为已知信息，出于语言的经济性原则，通常需要使用与之保持性、数一致的宾格代词来代替，避免重复。例如：

Ayer me devolvió **el libro** y　　　**lo**　coloqué en el estante.
昨天 我（他）还　书　连词　宾格代词　放　在　书架
（他昨天把书还给我了，我把书放在了书架上。）

　Llenamos　　**la caja**　y　　　**la**　subimos　al　segundo piso.
（我们）装满　盒子　连词　宾格代词　使向上　到　二楼
（我们把盒子装满，把它拿到二楼。）

前一个例句中第二个小句的NP_{位移客体}为阳性单数名词"libro（书）"，为避免重复，用阳性单数宾格代词"lo"来代替，并置于变位后的致移动词"coloqué（放）"之前。后一个例句中阴性单数宾格代词"la"代替了已知位移客体"caja（盒子）"。阳性复数宾格代词形式为"los"，阴性复数宾格代词形式为"las"，这些宾格代词还可以置于原形动词之后，但要与之连写。例如：

Llenamos	la caja，	vamos a	subirla	al	segundo piso.
（我们）装满	盒子	（我们）要	使向上+宾格代词	到	二楼

（我们把盒子装满，要把它拿到二楼。）

致移动词在动词短语"vamos a（我们将要做某事）"之后必须使用原形动词，此时，NP_{位移客体}可以置于未变位的致移动词"subir"之后，与之连写，或者置于"vamos a subir"整个动词短语之前。

上述为主动句式的致移事件，NP_{位移客体}通常置于致移动词之后，是西班牙语致移事件最常用的表达形式，位移客体为已知信息时可置于致移动词前。致移事件也有纯被动句式，NP_{位移客体}通常置于致移动词之前，使用频率远低于主动句式。

西班牙语纯被动句式的表达形式为"NP_{位移客体}+ser+p.p.（+por+NP_{致移主体}）"，其中"ser"是系动词，"p.p."表致移动词的分词形式，"por"是介引施事的介词，致移主体可以出现也可以隐现。例如：

La pelota　fue tirada.

球　　　被扔

（球被扔了。）

La pelota　fue tirada　　　　por　　　　el niño.

球　　　被扔　　介引施事的介词　　　小孩

（球被小孩儿扔了。）

（三）NP_{背景}常置于V_{致移}后且方位副词编码构向频率很低

作为比较典型的SVO型语言，西班牙语致移事件中NP_{背景}通常由介词介引，且置于致移动词之后，并且很少使用方位副词编码构向，位移客体与参照背景之间的空间关系通常由致移动词、介词和参照背景激活。例如：

bajar　　　la maleta　　**del**　　**armario**

使向下　　箱子　　从　　衣柜

（从衣柜上取下箱子）

lanzar　　la pelota　　**al**　　**río**

扔　　　球　　　到　　河

（把球扔进河里）

无论是介词标引起点背景"del armario（从衣柜）"还是标引终点背景"al río（到河）"通常都置于致移动词之后。介词短语与同样置于致移动词后的NP_{位移客体}的句法位置关系遵循距离象似性原则和重成分后置原则。致移动词与NP_{位移客体}的语义距离更近，因此二者在表达形式上也常紧邻，NP_{背景}置于位移客体之后。但是，当位移客体有了较长的修饰成分，通常需要后置。例如：

bajar　　**del**　　**armario**　　la maleta llena de ropa

使向下　　从　　衣柜　　　装满衣服的箱子

（从衣柜上取下装满衣服的箱子）

此外，"bajar（使向下）la maleta（箱子）del（从）armario（衣柜）"并未体现方位副词"encima（上面）"，箱子在衣柜上的空间关系由致移动词"bajar（使向下）"、介词及背景共同激活。若箱子在衣柜里，则需使用致移动词"sacar（使向外移动）"。

综上，汉西语致移动词的表征既有相同点也有不同点。汉语"V_{致移}+V_{路径}"的优选表达形式与西班牙语"V_{致移}"的优选表达形式差异不仅受到了致移动词概念结构表征的影响，也受到了语言类型和致移事件图式认知的影响。

5.2　汉西语位移致使性表征对比

汉西语位移的致使性主要由致移动词来表征，不同的是，面对同样的致移事件，汉西语突显的致移概念要素及其他位移事件的概念要素并不相同。汉西语致移动词的表征比路径动词和方式动词更为复杂，致使概念主要涉及［致移力］［致移方式］［致移原因］［致移主体情态］［路径］［轨迹形状］和［方向］等要素。此外，致移事件还涉及［位移客体］［位移方式］［背景］

和［主观视角］等概念。

汉语在致移动词的表征中主要突显［致移方式］［致移力］［方向］［背景界态］等语义要素，而西班牙语致移动词除了表征上述概念要素之外，最主要是突显位移客体移动的［路径］［致移主体情态］［致移原因］［位移客体的重量］等要素。

基于综合平行语料观察发现，汉语"$V_{放}$"类泛向致移动词和西语"V_{poner}"类动词在致使移动的概念结构表征上呈现出"一对多"或"多对多"的现象，即汉语"$V_{放}$"类致移动词表征的范围更广，主要突显［致移方式］［致移力］［背景界态］等概念要素，"V_{poner}"类动词根据需要突显的位移［路径］［致移力］［致移主体情态］［致移原因］［位移客体的重量］等概念用不同的致移动词表征；而汉语"$V_{抽}$"类定向致移动词和西语动词"sacar（使由里向外移动）"在致使移动的概念结构表征上呈现出"多对一"的现象，即"$V_{抽}$"类致移动词对致移主体的施力方式描写得更加细致。也就是说，突显［方式］概念时，汉语致移动词更加丰富，而在突显［路径］概念时，西班牙语致移动词更加多样。

5.2.1 泛向致移动词"$V_{放}$"类与"V_{poner}"类

泛向致移动词是致移概念结构中含有不确定的方向性的致移动词。汉语泛向动词又可细分为两类，一类是"放、拿、送、带"等动词，其后添加趋向动词方可表致移的方向，如"放下、拿出、带来、送去"；另一类是动词自身含有致移的方向，如投掷类动词"扔、投、掷、抛"，运送类致移动词"移、搬、挪"，清除类致移动词"赶、撵、轰"，施力类致移动词"拉、拖、拽、牵"等，均可使位移客体发生移动，但是位移方向并不确定，如"扔上、扔下、扔进、扔出、扔回、扔过"，此类动词通常突显致移主体发出致移力时伴随的［方式］。

西班牙语致移动词"poner（放）、colocar（放）、dejar（放）、 tomar（拿）、coger（拿）、echar₁（扔、抛）、tirar₂（扔、抛、投、掷）、arrojar₁（扔、投掷）、lanzar（扔、抛、投、掷）、mover（移、搬、挪）、desplazar（挪、移）、trasladar（挪、移）、echar₄（赶、撵）、arrojar₅（撵、驱逐）、

expulsar（赶出、驱逐）、espantar（赶走、吓跑）、ahuyentar（赶走、吓跑）、tirar$_{24}$（拉、拖、拽、牵）、arrastrar（拖、拉）等，也可使位移客体发生泛向位移，但是此类词并不突显方式，而是突显位移［路径］和［致移力］等概念要素。

5.2.1.1 "放/拿/带/送" 与 "poner/tomar/traer/llevar"

汉语"放"表征使某物移动并最终置放于某处，突显位移路径的终点，未突显其他概念要素，表征颗粒度较大。例如：

（195）a. 周先生点点头，把书**放**在桌上。

b. 句了将衣服叠好，**放**进衣柜。

例（195a）"放"表征致移主体"周先生"通过手部施力让位移客体"书"移动到参照背景"桌子"上；例（195b）"放"表征致移主体"句了"施力使位移客体"衣服"位移至衣柜里。"放"具有［+致使］［+路径］的语义特征，位移事件突显位移客体位移后所处的位置。

西班牙语表征使某物移动并置放于某处时，可用"poner（放）""colocar（放）""dejar（放）"三个致移动词表征。与汉语不同的是，上述动词除了突显位移终点，还突显［致移力］［致移主体情状］和［位移客体情状］等概念，使西语的表征更加具体、丰富。例如：

（196）a. **Puso** los papeles sobre la mesa.

（他把文件放在桌上。）

b. **Colocó** las maletas en la red.

（他把手提箱放到旅行架上。）

c. **Dejó** las tijeras sobre la mesa.

（他把剪刀放在桌子上。）

例（196a）"Puso（放）"表征致移主体"他"施力使位移客体"文件"从他处移动到参照背景"桌子"上，具有［+致使］［+路径］的语义特征。

例（196b）"Colocó（放）"表征致移主体"他"通过施力让位移客体"las maletas（手提箱）"从他处移动到"la red（旅行架）"上。但是与"poner（放）"相比，"colocar（放）"通常表征致移主体更加小心、更加细心、更加有秩序地处置位移客体的过程，即手提箱不是随便放置的，而是有秩序地置于行李架上，除了［＋致使］［＋路径］，还表征了［致移主体情状］和［位移客体情状］。

例（196c）"Dejó（放）"表征致移主体"他"松开原本抓紧的位移客体"剪刀"，并将其置于参照背景"桌子"上。与"poner（放）"相比，"dejar（放）"［致移力］较弱，处置义强于致移义，因此可仅与位移客体共现，不出现位移终点，如"dejar（放）las llaves（钥匙）"，但是"poner（放）"的［致移力］较强，处置义和致移义同样重要，位移客体和位移终点都要共现，"*poner（放）las llaves（钥匙）"不符合西班牙语语法规则。

汉语"拿"表征用手抓住某物使其离开某处，突显［致移方式］概念。例如：

（197）a. 他从书桌里**拿**出一张纸。

b. 他**拿**来一个十斤重的酒坛。

例（197a）"拿"表征致移主体用手抓住位移客体"纸"使其离开书桌并到达致移主体所期望之处，突显了［致移方式］，由里向外的方向由非指示路径动词"出"表征；例（197b）"拿"表征致移主体用手抓住位移客体"酒坛"使其离开某处，指示路径动词"来"表征了趋近于说话人的位移方向。"拿"突显的是致移主体实施位移动力的方式为用"手"抓住位移客体，而对致移力的大小没有区分，例（197a）位移客体为"一张纸"，需要的致移力较小，例（197b）位移客体为"十斤重的酒坛"，需要的致移力较大。致移力的大小取决于位移客体的重量，而"拿"的位移客体重量可大可小。

西班牙语表征用手抓住位移客体使其离开某处时，可用"tomar（拿）""coger（拿）"两个致移动词表征。与汉语不同的是，除了突显［致移方式］，还突显了［致移力］，致移力较小时常用"tomar（拿）"来表征，致移力较大时常用"coger（拿）"来表征。例如：

（198）a. **Tomó** las llaves de la mesa.

（他从桌上拿起钥匙。）

b. **Cogió** la maleta para ir a la estación.

（他拿起箱子去车站。）

例（198a）"Tomó（拿）"表征致移主体"他"用手抓住位移客体

"las llaves（钥匙）"使其离开桌子，钥匙重量相对较轻，使用动词"tomar（拿）"表征较小的致移力；例（198b）动词"Cogió（拿）"表征位移客体"他"用手抓着位移客体"la maleta（箱子）"使其离开地面，箱子重量相对较重，使用动词"coger（拿）"表征较大的致移力。除了位移客体的重量以外，致移力的大小还与致移主体和位移客体之间的距离有关。例如：

（199）a. **Tomo** lo que me dan.

（我拿起他们给我的东西。）

b. **Cojo** lo que ha caído al suelo.

（我拿起掉在地上的东西。）

如例（199a）"Tomo（拿）"表征位移客体"lo que me dan（他们给我的东西）"为较轻之物，且致移主体与位移客体之间的距离相对较短；例（199b）"Cojo（拿）"表征位移客体"lo que ha caído al suelo（掉在地上的东西）"可轻可重，但致移主体与位移客体之间的距离相对较长。

汉语运送类致移动词"送"表征致移主体将位移客体运去某处，突显了同时运动的［位移方式］，路径为从一个地方到另外一个地方，但具体方向不定；"带"表征致移主体随身拿着或随身携带某物，具有依附性，也突显了同时运动的［位移方式］，与路径动词搭配才具有动态位移性。例如：

（200）a. 一位端庄的家仆**送**来面包。

b. 司机开车把我们**送**去机场。

c. 他们**带**来玉米和酒，教导人类撒种与碾谷。

d. 上午婉、和光至张府拜节并**带**去礼物。

例（200a）"送"表征致移主体"家仆"使位移客体"面包"发生了位置变化，暗含一定的方式，如用手拿着面包或用餐车推着；例（200b）"送"表征致移主体"司机"以开车的方式使位移客体从所在之处到终点"机场"的位移；例（200c）"带"表征致移主体"他们"随身拿着位移客体"玉米和酒"从他处一起移动到人类所在之处；例（200d）"带"表征致移主体随身带着位移客体"礼物"从他处位移到终点"张府"。"送""带"都是突显了从一处到另一处的［路径］，也包含一定的［方式］，但并无指示概念，即不包含［主观视角］。

西班牙语表征送/带某人或某物来/去某处时，除了表征同时发生位移的〔方式〕以外，还突显了〔主观视角〕。致移动词"traer（把……带至说话人处）""llevar（带去、送去）"融合了指示语义，"traer"表征致使位移客体朝向说话人所在之处位移，"llevar"表征致使位移客体远离说话人所在之处。例如：

（201）a. Si vienes a cenar，**trae** una botella de vino.

（如果你来吃晚饭，就**带来**一瓶葡萄酒。）

b. Juan **llevó** la carta a su vecino.

（胡安把信**带**给了他的邻居。）

c. Yo te **llevaré** los papeles a la oficina.

（我将把纸给你**送**办公室**去**。）

例（201a）"trae（带来）"表征致移主体使位移客体"una botella de vino（一瓶葡萄酒）"发生从他处向说话人所在之处的位移；例（201b）"llevó（带去）"表征致移主体"Juan（胡安）"使位移客体"la carta（信）"从胡安所在之处移动到言/叙者主观视角下较远的邻居所在之处；例（201c）"llevaré（送去）"表征致移主体使位移客体"los papeles（纸）"从说话人所在之处位移到指向目标"la oficina（办公室）"。所以，无论是以"送"还是"带"的方式，致使位移客体向说话人所在之处的位移西班牙语可用"traer"表征，远离说话人的位移可用"llevar"表征。

可见，汉语"放、拿、送、带"表征致使性时，主要突显〔致移方式〕和〔位移方式〕，西班牙语致移动词除了突显〔方式〕，还突显〔致移力〕〔致移主体情状〕〔位移客体情状〕和〔主观视角〕等概念，使西班牙语致使表征更加丰富。

5.2.1.2　"扔/抛/投/掷"与"echar/tirar/arrojar/lanzar"

汉语投掷类致移动词"扔""抛""投""掷"与西班牙语投掷类致移动词"echar₁（扔、抛）""tirar₂（扔、抛、投、掷）""arrojar₁（扔、投、掷）""lanzar（扔、抛、投、掷）"的表征上均呈现出"多对多"的现象。

汉语致移动词"扔""抛""投""掷"均表征挥动手臂使位移客体离开其手部的位移，其中"投"还可以表征通过机器使位移客体离开原处，突显了〔致移方式］，但是［致移力］和位移客体的位移［方向］有细微的差异。例如：

（202）a. 他一个人到处游逛，朝远处**扔**石子。

b. 观众向他**抛**鲜花、欢呼，跺脚，久久不肯离开。

c. 他抢先**投**矛，击中插顶马鬃的头盔。

d. 几个守卫坑道口的战士正和敌人对**掷**手榴弹。

例（202a）"扔"表征致移主体"他"挥动手臂，使拿在手里的位移客体"石子"离开其手部，位移客体移动的［方向］和位移的终点没有限定。BCC语料库统计显示，"上、下、进、出、回、过"均可作为致移动词"扔"后的趋向补语，参照背景可为有界实体或无界实体。"扔"的位移客体范围也比较广，用手能抓住的实体均可，即对位移客体的［体积］有一定的限制，如"石块、砖头、手榴弹、钱币、笔、枕头、瓶子、棍子、瓜皮"等。

例（202b）"抛"表征致移主体"观众"凭借手部、腰部和腿部力量的［致移方式］，将位移客体"鲜花"向斜上方扔出，侧重表征位移客体受力后的全抛物线或部分抛物线的［轨迹形状］。通常最常与"抛"共现的趋向补语为"进"，背景常为三维有界实体，如"洞、海湾、河、水、牛圈、缸、车厢、垃圾箱、游泳池、森林、嘴、潭"等；也有少量与"上"和"下"共现的例句，参照背景分别为无界实体"天空、讲台、沙滩、浪尖"和"炕、楼梯"。位移客体通常为"球、鲜花、石头、硬币、渔网"等。

例（202c）"投"表征致移主体"他"以挥动手臂的［致移方式］，使手里的位移客体"矛"向位移目标"头盔"移动，侧重突显位移客体的位移［目标］。通常位移的参照背景由趋向补语"进"标引，很少与其他趋向动词共现，参照背景通常为有界实体"坑、邮箱、邮筒、小溪、河、大江、大海、火堆、井、烟灰缸、洗衣机、瓶"。位移客体通常为"原子弹、炸弹、手榴弹、汽油弹、手雷、标枪、铅球、石块、石子、信"等。

例（202d）"掷"表征致移主体"战士和敌人"用力挥动手臂使位移客体"手榴弹"离开自己的手里，［方向］为向斜上方用力，侧重表征致移主体实施的［致移力］较大。与背景共现的频率最低，可由"进"标引有界终点背景"树丛、痰盂、城墙"等。位移客体通常为"铅球、铁饼、标枪、飞镖、铜钱、硬币、石子、沙子、雪球"等。"扔、抛、投、掷"表征差异详见表5.1。

表5.1　"扔、抛、投、掷"表征差异

致移动词	致移方式	致移力	位移方向（趋向）	背景界态	轨迹形状
扔	挥动手臂	强/弱	上、下、进、出、回、过	有界/无界	无定
抛	挥动手臂	较强	进、上、下	有界>无界	抛物线状
投	挥动手臂或用器械	较强	进	有界	无定
掷	挥动手臂	强	进	有界	无定

可见，"扔、抛、投、掷"均表征挥动手臂使位移客体移动的［致移方式］，"扔"表征的范围最广，对［致移力］［方向］［背景界态］及［路径］等概念通常没有限制；"抛"［致移力］较强，位移趋向可为"进、上、下"，有界背景使用频率较高，无界背景使用频率较低，且位移客体移动的轨迹通常呈抛物线状；"投"可以表征用器械使位移客体离开的方式，因此位移客体可为"原子弹、炸弹"等大型武器，其他动词不可，致移力较强，位移趋向常为"进"；"掷"突显较强的［致移力］，趋向常为"进"，背景常具有有界特征。

西班牙语致移类动词除了突显［致移方式］和［致移力］，更多关注的是位移客体的位移［路径］及位移［目标］，对位移［方向］和［背景界态］等概念无具体限制。

致移动词"echar$_1$（扔、抛）"表征致移主体通过施力使某物运动一段路径，通常［致移力］可强可弱；"arrojar$_1$（扔、投掷）"和"lanzar（扔、抛、投、掷）"表征用力推动某物，使其因受到此外力运行一段路径，突显［致移力］较强；"tirar$_2$（扔、抛、投、掷）"表征致移力使位移客体朝特定的方向投掷，既突显［致移力］较强，又突显位移的［目标］。例如：

（203）a. **echar** mercancías al mar

（把货物**扔**海里）

b. **echar** un ramillete al torero

（把一束鲜花**抛**给斗牛士）

c. **arrojar** piedras

（**扔**石块）

d. **arrojar** la jabalina

（**掷**标枪）

e. **lanzar** una piedra al estanque

（朝池塘**扔**一块石子）

f. **lanzar** dardos al adversario

（向对手**投**飞镖）

g. Juan **tiraba** piedras a Diego.

（胡安朝迪亚哥**扔**石头。）

h. **tirar** un disco

（**掷**铁饼）

i. **Tiró** la pelota al aire.

（他把球**抛**向空中。）

例（203a）（203b）"echar₁（扔、抛）"表征位移客体"货物"和"鲜花"受力后向"海里"和"斗牛士"的移动，"echar₁（扔、抛）"突显的是位移客体在致移事件中的位移［路径］，［致移力］强弱均可。例（203c）（203d）"arrojar₁（扔、投掷）"表征致移主体用力使位移客体"piedras（石块）"和"la jabalina（标枪）"受力后移动一段距离；例（203e）（203f）"lanzar（扔、抛、投、掷）"也表征致移主体用力使位移客体"una piedra（一块石子）""dardos（飞镖）"移动一段距离。"arrojar₁（扔、投掷）""lanzar（扔、抛、投、掷）"都突显了致移主体施力的大小，［致移力］较强。例（203g）（203h）（203i）"tirar₂（扔、抛、投、掷）"表征致移主体实施较强的［致移力］使位移客体"piedras（石头）""un disco（铁饼）"和"la pelota（球）"朝着一定的目标"Diego（迪亚哥）""尽可能远的距离""aire（空中）"的位移。"tirar₂（扔、抛、投、掷）"既突显［致移力］，也突显位移的［目标］。

可见，汉语投掷类致移动词分别表征［致移方式］［致移力］［方向］［目标］［背景界态］及［轨迹形状］等概念；西班牙语投掷类致移动词与汉语不同，通常对［背景界态］及［轨迹形状］等概念的表征没有具体的限定。汉西语投掷类致移动词的表征既有交叉点，又有不同点，因此在表征上呈现

"多对多"的现象。

5.2.1.3 "搬/挪/移/运"与"trasladar /desplazar/ mover /transportar"

汉语运送类致移动词"搬、挪、移、运"等通常表征［致移方式］、位移［路径］和［工具］等概念要素；而西班牙语更加突显位移［路径］或［工具］，对［致移方式］的表征较少。

"运"与西班牙语"transportar（运）"都表征通过一定的交通工具使位移客体从一处到另外一处，位移距离较长。例如：

（204）a. 但他已经派人取钱，十点三十五分的火车可**运**到。

b. 他们把北方产的五谷杂粮**运**到南方来。

c. El tren **transporta** mercancías.

（火车**运**货。）

d. Ese camión **transporta** frutas y verduras de Barcelona a Madrid.

（那辆卡车把水果蔬菜从巴塞罗那**运**到马德里。）

例（204a）（204c）（204d）分别出现了交通工具"火车""El tren（火车）""Ese camión（那辆卡车）"，例（204b）虽然语言表层未出现交通工具，但是从位移起点"北方"到位移终点"南方"位移距离很长，根据生活经验通常通过交通工具运输；例（204d）"de Barcelona a Madrid（从巴塞罗那到马德里）"也体现了位移距离长。

而汉语"搬、挪、移"与西语"mover（移、搬、挪）""desplazar（挪、移）""trasladar（挪、移）"表征的位移客体移动的距离都短于"运""transportar（运）"，且呈现"多对多"的现象。例如：

（205）a. 原来放在餐桌上的鲜花被**移**到了茶几上。

b. 她"啾、啾"地叫着落在肩膀上的文鸟，轻轻地把它**移**到了手上。

c. 他亲自把火炉**搬**到了花木深房里。

d. 我们把石头**搬**开，把希勒的脚拉出来。

e. 她把藤椅**挪**到书桌角上。

f. 她把罐子**挪**到一边，从炉子深处夹出馅饼。

例（205a）（205b）"移"表征致移主体施力使位移客体"鲜花""鸟"分别从"餐桌""肩膀"移动到"茶几""手上"的位移，突显位移的［路径］，且移动距离可较长，如例（205a），或较短，如例（205b）。例（205c）（205d）"搬"表征致移主体用双手用力使位移客体"火炉""石头"分别移动到"花木深房"和离开"希勒的腿上"，前者突显终点，后者突显起点；前者移动距离较长，后者移动距离较短，两者同时突显［致移方式］，位移客体的［位移方式］通常为离开地面，位移客体常为笨重的或较大的实体。例（205e）（205f）"挪"表征致移主体"她"用手部力量使位移客体"藤椅""罐子"分别离开原处移动到"书桌角上""一边"，前者距离较长，后者距离较短，两者也都突显［致移方式］，位移客体的［位移方式］通常为贴着地面移动。因此，汉语运送类致移动词"搬、挪"不仅突显了位移的［路径］，还表征了［致移方式］及位移客体的［位移方式］。

　　西班牙语运送类致移动词"mover（移、搬、挪）""desplazar（挪、移）""trasladar（挪、移）"仅突显位移客体受力后从一个地方到另外一个地方的位移［路径］，未将具体的［致移方式］与［位移方式］表征进去。例如：

（206）a. **Moví** la mesa para poder pasar.

　　　　（我**移**了桌子好让自己过去。）

　　　b. Por qué **has movido** de sitio el jarrón?

　　　　（你为什么把花瓶**挪**了个地方？）

　　　c. **desplazar** un armario

　　　　（**挪**柜子）

　　　d. **desplazar** la mesa hacia un lado

　　　　（把桌子**移**向一边）

　　　e. **He trasladado** la televisión a otra habitación.

　　　　（我把电视**搬**到另外一个房间。）

　　例（206a）"Moví（移）"表征致移主体施力使位移客体"la mesa（桌子）"离开了原来的位置；例（206b）"has movido（挪）"表征致移主体使位移客体"el jarrón（花瓶）"离开原来的位置，突显位移的起点。例（206c）（206d）"desplazar（移、挪）"表征使位移客体"un armario（柜子）""la mesa（桌子）"离开原地的位移，突显的也是位移的起点。与"mover（移、搬、挪）"相比，"desplazar（挪、移）"常用在一些专业术语中，如"desplazar un eje 2 milímetros（把轴移动两毫米）"。例（206e）"He trasladado（搬）"表征致移主体施力使位移客体"la televisión（电视）"从一个房间离开移动到另外一个房间，突显起点和终点。可见，"mover（移、搬、挪）""desplazar（挪、移）""trasladar（挪、移）"无论是只突显起点还是突显起点和终点，都侧重于表征［路径］，而未将［方式］表征进去。

5.2.1.4　"赶/撵/轰"与"echar/arrojar/expulsar/espantar/ahuyentar"

汉语清除类致移动词"赶""撵""轰"都表征强制使人或动物离开某处，但是其强制程度递增，使离开的方式也有差异；西班牙语清除类致移动词"echar$_4$（赶、撵）""arrojar$_5$（撵、驱逐）""expulsar（赶出、驱逐）""espantar（赶走、吓跑）""ahuyentar（赶走、吓跑）"比汉语更加丰富，除强制程度不同外，还突显［致移原因］和位移客体移动的［原因］。例如：

（207）a. 把牛**赶**到山里

　　　 b. 把老百姓**赶**到城外

　　　 c. 把老鼠**撵**到角落里

　　　 d. 把儿子**撵**出家门

　　　 e. 把鸡**轰**到栅栏里去

　　　 f. 把乐师**轰**出去

例（207a）（207b）"赶"表征致移主体强制使位移客体"牛""老百姓"离开原处，侧重突显［使离开］，强制程度最低，驱赶的［方式］没有特定限制；例（207c）（207d）"撵"表征致移主体追着位移客体"老鼠""儿子"强制使其离开原来所在的位置，更加突显致移主体以追赶的［方式］使其离开，强制程度较高；例（207e）（207f）"轰"表征致移主体用声音迫使位移客体"鸡""乐师"离开原处，侧重突显致移主体以发声的［方式］使位移客体离开，强制程度也较高。

西班牙语动词"echar$_4$（赶、撵）"表征致移主体因轻蔑、生气或惩罚强行让某人离开某地，突显［使离开］和［致移原因］，强制程度较低；"arrojar$_5$（撵、驱逐）"表征致移主体用力使位移客体离开某处，强制程度比"echar₄（赶、撵）"高；"expulsar（赶出、驱逐）"表征强行使某人离开某处，强制程度较高；"espantar（赶走、吓跑）""ahuyentar（赶走、吓跑）"表征致移主体通过使位移客体害怕或受惊吓的方式强制其离开某处，突显位移客体移动的［原因］。例如：

（208）a. Me **han echado** de clase.

（他们把我**赶**出教室。）

b. Le **arrojaron** a la calle borracho.

（他们把喝醉的他**赶/撵**到大街上。）

c. El árbitro lo **expulsó** del terreno de juego.

（裁判把他**赶**出赛场。）

d. El perro **espantó** a las palomas con sus ladridos.

（狗用叫声把鸽子**赶/撵/吓跑**。）

e. **ahuyentar** los lobos con fuego

（用火**赶/吓**走狼）

例（208a）"han echado（赶）"表征致移主体"他们"强制使位移客体"我"离开教室的位移，强制程度较弱，可能只是通过一些言语使"我"离开；例（208b）由于位移客体是"喝醉的他"，因此需要较强的［致移力］，强制程度较强，用"arrojaron（赶）"表征致移主体用力使位移客体从室内移动到致移目标大街上；例（208c）"expulsó（赶）"表征致移主体"El árbitro（裁判）"通过比赛规则和自己的权力使位移客体从赛场上移动至赛场外，强制程度最强；例（208d）"espantó（赶）"表征致移主体"El perro（狗）"通过自己的叫声使位移客体"las palomas（鸽子）"因感觉到害怕或恐惧而离开原处；例（208e）"ahuyentar（赶）"表征致移主体通过点火的方式使位移客体"los lobos（狼）"感到害怕而离开或不敢靠近。"echar₄（赶、撵）""arrojar₅（撵、驱逐）""expulsar（赶出、驱逐）"的位移客体通常为人，"espantar（赶走、吓跑）""ahuyentar（赶走、吓跑）"的位移客体通常为动物，也可以为人。例如：

（209）a. **espantar** moscas

（**赶**苍蝇）

  b. **espantar** los gorriones

   （把麻雀**吓跑**）

  c. Encendían hogueras para **ahuyentar** a los lobos.

   （他们烧起篝火**驱赶**狼群。）

  d. El sonido de la alarma **ahuyentó** al ladrón.

   （警报器响了，把贼**吓跑**了。）

5.2.1.5　"拉/拖/拽/牵"与"tirar/arrastrar"

  汉语"拉、拖、拽、牵"等表征致移主体用手或其他工具使某人或某物朝自己所在方向或跟着自己移动的，突显［致移方式］［位移方式］［致移力］和位移［方向］；西班牙语用"tirar$_{24}$（拉、拖、拽、牵）"或"arrastrar（拖、拉）"表征，突显位移［方向］或［位移方式］。汉西语施力类[1]致移动词表征呈现"多对多"的现象，但是汉语因突显了［致移方式］和［致移力］而比西班牙语更加丰富。例如：

  （210）a. 他从佣人手里把孩子**拉**到身边。

    b. 最后他又出去，把椅子**拖**到无花果树下的老地方。

    c. "咱们来瞧瞧……"装船工一边**拽**绳子，一边不断地重复说着。

    d. 等到一群羊全部上船之后，他们便把老羊**牵**上岸来，送回棚里。

  例（210a）"拉"表征致移主体"他"用手发力使位移客体"孩子"朝向自己所在的方向移动，突显致移主体的［致移方式］与位移客体的位移［方向］。例（210b）"拖"表征致移主体"他"用手且用力使位移客体"椅子"挨着地面随自己行进的方向移动，更加突显［位移方式］，这个方式还可以是挨着某物体表面移动，如"他们把网撒下去，又把网拖上船"，位移客体"网"挨着船体向致移主体的方向移动。例（210c）"拽"表征致移主体"船工"用手用力使位移客体"绳子"朝自己的方向移动，与"拉"相比，"拽"的［致移力］较强一些。例如：

  他**拽**下手套扔到餐桌的一边。

---

 ①施力类致移动词的致移主体通常伴随位移客体一起发生位移，而投掷类致移动词是致移主体施力后位移客体自己发生位移。

海伦桀骜不驯，舀完盘中的最后一口，用力**拽**下餐巾，把它丢在地上。

他进来后，二话不说将我**拽**下床，拖出去，拖到一扇半圆形的仓门前。

例（210d）"牵"表征致移主体"他们"用力使位移客体"老羊"跟随自己的方向移动，通常位移客体为动物且致移主体与位移客体之间由绳子作为连接，手不直接作用于动物身上，突显［致移方式］。

西班牙语致移动词"tirar$_{24}$（拉、拖、拽、牵）"和"arrastrar（拖、拉）"的表征差异在于前者更加突显使位移客体位移的方向，后者既突显方向，也突显位移时位移客体与参照背景表面的接触。例如：

（211）a. **Tiró de** la cuerda y se oyó una campanilla en el interior de la casa.

（他拉/**拽**了一下绳子，然后听到房子里有铃响。）

b. **Tiró del** coche con el tractor.

（他用牵引车拉/**拖**/**拽**小轿车。）

c. **arrastrar** el fardo hasta la puerta

（把大包**拖**到门口）

d. El caballo **arrastraba** el carruaje.

（马拉着大车走。）

例（211a）"Tiró（拉）"表征致移主体用力使位移客体"la cuerda（绳子）"向自己的方向移动，例（211b）"Tiró（拉）"表征致移主体通过使用牵引车的手段让位移客体"el coche（小轿车）"与自己发生同向位移，突显的都是位移客体位移的［方向］，无论是不是用手拉的方式都可以用"tirar（拉、拽、拖）"表征，位移客体的重量可大可小。

例（211c）"arrastrar（拖）"表征致移主体施力使位移客体"el fardo（大包）"挨着地面跟致移主体一起移动到门口，例（211d）"arrastraba（拖、拉）"表征致移主体"El caballo（马）"用力使位移客体"el carruaje（车）"与之同向同行，同时车也是与地面有摩擦的，因此"arrastrar（拖、拉）"除了突显位移方向，还侧重表征位移客体与位移背景的接触面为地面，位移客体通常为相对较重的实体。

汉语致移动词"拉、拖、拽、牵"与西班牙语"tirar$_{24}$（拉、拖、拽、牵）、arrastrar（拖、拉）"表征的概念既有交叉点也有差异处，从而呈现出

"多对多"的现象。

综上，汉语在致移动词的表征中主要突显［致移方式］［致移力］［方向］［背景界态］［位移客体情态］等语义要素，而西班牙语致移动词主要突显位移客体移动的［路径］［致移力］［致移主体情态］［致移原因］［位移客体的重量］等要素。因动词表征的概念同中有异，汉西语泛向动词在表征上呈现"一对多"或"多对多"的现象。

5.2.2　定向致移动词"V$_{抽}$"类与"V$_{sacar}$"

定向致移动词是指致移概念结构中包含致使位移客体移动的固定方向，如"抽、拔、掏"等，位移方向为由里而外，"弯、低、垂、俯"等，位移方向为由上而下，不同的动词突显了不同的方式。西班牙语则由一个突显路径的动词"sacar（使向外移动）"或"bajar（使向下移动）"表征。

5.2.2.1　"抽/掏/拔"与"sacar"

汉语"抽、拔、掏"等可表征致使位移客体由内到外移动的动词与西班牙语动词"sacar（抽出、拔出、掏出）"呈"多对一"的现象。例如：

（212）a. 他坐下来**抽**出一支烟给我。

　　　　b. 祖父蹲在地上**拔**草，我就给他戴花。

　　　　c. 她伸手到外衣口袋里去**掏**钱包，却摸到了那半块三明治。

例（212a）"抽"表征致移主体"他"施力使位移客体"烟"由烟盒里向烟盒外移动，突显把夹在某物中间的东西取出。例（212b）"拔"表征致移主体"祖父"用力使位移客体"草"离开原来所在的土地，突显把固定或隐藏在其他物体里的东西往外拉的特点，突显［致移方式］及位移客体移动前的［初始位置］的相对固定属性，因此致使长在土地里的作物离开土地说成"拔草""拔萝卜"，而不是"*抽/掏草""*抽/掏萝卜"。例（212c）"掏"表征致移主体"她"用手伸进外衣口袋使位移客体"钱包"发生由口袋里至口袋外的移动，侧重表征施力部位要进入参照背景内部再与位移客体一起移动到参照背景外部，突显［致移方式］及位移［路径］。

汉语致移动词"抽、掏、拔"表征的致使位移客体发生由内向外移动的事件在西班牙语中均可用动词"sacar（抽出、拔出、掏出、取出、拉出、伸出）"表征，侧重突显位移客体由里至外的［路径］。例如：

（213）a. **sacar** un cigarro

（**抽出**一支烟）

b. **sacar** la espina

（把刺**拔出来**）

c. **sacar** el dinero del bolsillo

（从口袋里**掏出**钱）

例（213a）"sacar（抽出）"表征致移主体使位移客体"cigarro（烟）"从烟盒里移动到烟盒外，突显由内而外的［路径］；例（213b）"sacar（拔出）"表征使位移客体"la espina（刺）"从其扎入物体的内部移动到物体外部；例（213c）表征使位移客体"el dinero（钱）"从参照背景"el bolsillo（口袋）"内部移动到外部。致移动词"sacar"仅突显了致使位移客体移动的路径，并无［致移方式］［致移力］或位移客体移动前的参照位置。再如：

（214）a. **Sacad**me de aquí!

（你们把我从这儿**拉出去**！）

b. **sacar** la lengua

（**伸出**舌头）

例（214a）"sacar（拉出）"表征致移主体"你们"用手将位移客体"我"移开原处，尽管"aquí（这里）"没有指出具体的位置，但是应为一个三维的空间，动词侧重表征由此三维空间内部到外部的位移；例（214b）"sacar（伸出）"表征致移主体使身上的部位"la lengua（舌头）"以伸展的方式从口腔内部移动至口腔外部。汉语使用了不同的突显［方式］的致移动词"拉、伸"，西班牙语仍用"sacar（使向外移动）"表征。

可见，西班牙语致移动词"sacar"突显的是位移客体的［路径］，使某人或某物发生从参照背景内部到参照背景外部的位移，而具体以怎样的［方式］没有在动词内进行表征，但是汉语施力类致移动词常含有［致移方式］。由此可见，汉语对［方式］的重视不仅体现在"V$_{方式}$+V$_{路径}$"为优选表达形式模式的自移事件上，还体现在致移动词的表征中。

5.2.2.2　"低/垂/俯"与"bajar"

平行语料中还呈现出一些致移动词，可使身体某一部位发生向下的移动，进而引发姿态变化，可称为身体局部致移动词，如汉语动词"低、垂、俯、弯"等。虽然这些动词均突显了向下的位移［路径］，但是在位移客体的部位、位移客体的情态及路径长短的表征上有细微的差异。

在从BCC语料库中随机抽取的"弯下n""低下n""垂下n"各100例和"俯下n"16例例句中，"弯"表征使局部身体部位呈现弯曲的姿态，位移客体通常为"腰"或"身子"；"低"的位移客体通常为"头"，"垂"的位移客体通常为"眼部相关名词"，位移距离较短；"俯"总体使用频率较低，通常位移客体为"身体"，位移距离相对较长（详细数据见表5.2）。例如：

（215）a. **低**下头

b. **垂**下头

c. **垂**下双眼

d. **俯**下身子

e. **俯**下脸

例（215a）"低"表征位移客体向下垂，位移客体通常为"头"，突显向下倾斜，位移距离较短；例（215b）（215c）"垂"表征位移客体的一端向下，位移客体通常为"头"或"眼睛"，不仅位移距离较短，而且有卑顺义、屈服义，突显了［位移客体情态］；例（215d）（215e）"俯"表征身体部位向下倾斜，位移客体常为"身子""头"等可向下倾斜的部位，位移距离相对较长。可见，汉语不同身体部位向下的姿态变化需要不同的动词表征，不同的动词使表征更加具体。

表5.2 汉语身体局部致移动词与位移客体共现频次（%）

动词	身体部位					
	身体	腰	头/脑袋	脸	眼睛	手臂
弯（下）	1	99	0	0	0	0
低（下）	1	0	95	0	4	0
垂（下）	0	0	7	0	89	4
俯（下）	37.5	12.5	18.75	31.25	0	0

西班牙语表征身体某一部位发生向下的移动时，除用"agacharse（弯腰）"表征腰部弯曲或向下的位移外，其他局部部位向下的移动均用致移动词"bajar（使向下移动）"表征。此时"bajar"与第3章具有自移性的路径动词"bajar（下）"不同，为及物动词，具有致移性，虽然也突显［路径］，但是与汉语不同的是，不区分［路径］长短，不表征倾斜，也无法表征［位移客体情态］。例如：

（216）a. **Se agachó** para levantar un papel del suelo.

（他**弯下**腰/身子捡地上的纸。）

b. **Bajó** la cabeza.

（他**低下**头。）

c. **Bajó** los ojos.

（他**垂下**双眼。）

例（216a）"Se agachó（弯）"表征致移主体使自己的身体面向地面呈弯曲的姿态，动词表征了位移客体"身子"，因此位移客体不再单独呈现，"*agacharse（弯腰）la cintura（腰）/el cuerpo（身体）"，而汉语的位移客体为"腰/身子"时，需要单独呈现。此外，汉语"弯"对位移客体的表征范围比西语广，"腰"和"身子"都可以表征，但是西语没有"*agachar（使弯曲）/bajar（使向下）la cintura（腰）"的表达形式。

例（216b）（216c）"Bajó（使向下）"表征致移主体施力使自己身体部位"la cabeza（头）"和"los ojos（眼睛）"发生由高位到低位的移动，仅突显［路径］，未表征倾斜或［位移客体情态］。突显使位移客体倾斜的西班牙语致移动词为"inclinar（使倾斜）"，"inclinar（使倾斜）la cabeza（头）"可有"低头"之意，但平行语料中与"bajar（使向下）"的使用频率比例为1∶7。

CORPES语料库的频率统计显示，"bajar（使向下）"位移客体频率由高到低依次为"cabeza（头）" > "mano（手）" > "ojo（眼睛）" > "brazo（胳膊）" > "cuerpo（身体）" > "cara（脸）"（详细数据见表5.3）。可见，西班牙语"bajar（使向下）"概念表征的颗粒度较大，更具有概括性。

表5.3 西班牙语身体局部致移动词与位移客体共现频次（%）

动词	身体部位						
	cuerpo 身体	cintura 腰	cabeza 头	cara 脸	ojo 眼睛	mano 手	brazo 胳膊
agacharse	0	0	0	0	0	0	0
bajar	4.39	0	37.67	0.64	18.68	21.47	17.16

除身体局部致移动词外，平行语料中也呈现出"坐、躺、蹲、跪"等身体整体致移动词，分别表征因位移而引起的身体整体的姿态变化，位移客体整个身体姿态的变化是位移客体的整体重心发生了移动，此时，致移主体与位移客体重合。

汉语"坐"和西班牙语"sentarse（坐）"都表征位移客体把自己的臀部放在椅子、凳子或其他物体上支持自己身体的重量。汉语"蹲"和西班牙语"acuclillarse（蹲）"表征人或动物两腿尽量弯曲，呈坐的样子但臀部不着地。汉语"跪"和西班牙语"arrodillarse（跪）"都表征两膝弯曲，使一个或两个膝盖着地。上述动词表征无明显差异。

汉语"躺"表征位移客体倒在地上或其他物体上，主要突显位移后的［姿态］。西班牙语有"echarse（躺）""acostarse（躺）""tumbarse（躺）""tenderse（躺）"四个不同的动词表征，除了突显位移后的［姿态］，还突显了［状态持续时长］、位移［目的］、卧姿的具体［样态］及［背景］等概念，使西语的表征更加丰富。例如：

（217）a. **Se echó** sobre la arena para tomar el sol.

（他在沙滩上**躺**下晒太阳。）

b. **Se acostó** porque estaba agotado.

（他**躺**下了因为他很累。）

c. **Se tumbó** debajo de un árbol.

（他懒洋洋地在树荫下**躺了下来**。）

d. A la hora de la siesta **se tendía** en el sofá.

（午睡时他**平躺**在沙发上。）

例（217a）（217b）（217c）（217d）核心动词都表征位移客体让自己由其他身姿变为水平卧姿，区别在于例（217a）"Se echó（躺）"位移结束

后处于卧姿的状态持续时间比"acostarse（躺）"短；例（217b）"Se acostó
（躺）"通常表征上床睡觉或休息，躺的位移结束后处于卧姿的状态持续时
间较长，突显位移［目的］及位移后［状态持续时间长］，通常不出现参照
背景；例（217c）"Se tumbó（躺）"侧重表征位移［目的］为睡觉，状态持
续时间可长可短，参照背景常为"cama（床）""sofá（沙发）""suelo（地
面）""arena（沙子）"或者某人；例（217d）"se tendía（躺）"侧重表征
卧姿处于摊平的状态，即［样态］，且比"tumbarse（躺）"更加正式。

　　可见，汉西语多数整体身姿类动词表征相似，只有汉语"躺"突显位
移后的［姿态］，西语"echarse（躺）""acostarse（躺）""tumbarse
（躺）""tenderse（躺）"除突显位移后的［姿态］外，也突显了位移后
［状态持续时长］、位移［目的］、平躺的［样态］等概念，因而在表征上呈
现"一对多"的现象。

　　综上，汉语泛向致移动词表征的范围更广，主要突显［致移方式］［致
移力］［背景界态］等概念要素，相应西语致移动词主要突显位移［路径］
［致移力］［致移主体情态］［致移原因］［位移客体的重量］等概念，概念
表征的同中有异，使"V$_{放}$"类泛向致移动词和"V$_{poner}$"类致移动词在致使移
动的概念结构表征上呈现出"一对多"或"多对多"的现象。"V$_{抽}$"类定向
致移动词和西语动词"sacar（使由里向外移动）"在致使移动的概念结构表
征上呈现出"多对一"的现象，汉语主要突显［致移方式］或［位移客体情
态］，西语侧重突显位移［路径］。

5.3　汉西语位移致使性表达形式对比

　　通过对汉西语致移动词表征致移事件异同的描写可以发现，不同民族对
同一致移图式的表征未必相同，可突显致移事件中不同的语义要素。即便用相
同语义特征的动词表征致移事件，其表达形式也不尽相同。

　　首先，汉西语最大的不同是汉语表达致移事件最优选的模式为"V$_{致移}$+
V$_{路径}$"，而西班牙语最常用"V$_{致移}$"编码，此外，还有"V$_{致移}$+Pre$_{路径}$/Adv"
或"V$_{自复}$"的表达形式。其次，汉西语NP$_{位移客体}$在致移事件表达中都可置于动

词前或动词后，但是汉语NP$_{位移客体}$的句法位置更为复杂。主谓句中NP$_{位移客体}$常置于动词之后，受多种因素的影响与路径动词呈现了多样的句法位置关系；"把"字句和"被"字句中NP$_{位移客体}$置于致移动词之前。西班牙语NP$_{位移客体}$句法位置相对简单，通常置于致移动词之后；主动态句式中置于致移动词前时定为已知信息，且由宾格代词代替表达位移客体的名词；被动态句式常置于致移动词之前。与NP$_{背景}$共现时，汉语句法位置较西班牙语复杂一些，汉语不仅需要用介词介引背景，还要根据背景的特征编码构向，而西语由致移动词和介词共同激活构向，西语NP$_{位移客体}$常置于"V$_{致移}$+NP$_{位移客体}$"之后，但如NP$_{位移客体}$有较长的修饰成分，则根据重成分后置原则置于NP$_{背景}$之后。

　　本书主要从致移动词与路径动词的组合、致移动词与NP$_{位移客体}$共现、致移动词与NP$_{背景}$及方位词组合三大方面，对汉西语致移事件的编码进行对比分析。

5.3.1　V$_{致移}$与V$_{路径}$的组合

　　从概念范畴来看，致移事件属于致使范畴，是由致移主体对位移客体施加物理动力或心理动力而导致位移客体沿着一定的路径发生移动。汉语倾向于将致移事件看成两个子事件的组合，［致使］和［路径］单独编码，但是西班牙语更倾向于将致移事件看成一个单独的位移事件，［致使+路径］融合在一起，［路径］可体现在词汇中，也可由句式或生活常识认知激活。汉语的"V$_{致移}$+V$_{路径}$"结构在西班牙语平行语料中主要用光杆动词、光杆动词+介词短语、光杆动词+方位副词三种形式来表达，分别为430例（59.15%）、249例（34.25%）、31例（4.26%），其他形式17例（2.34%）（详见表5.4）。此外，"V$_{坐}$+V$_{路径}$"是比较特殊的致移事件，西班牙语由自复动词编码。

表5.4　汉语"V$_{致移}$+V$_{路径}$"与西班牙语相应结构对比数据（%）

汉语结构	西语结构			
	光杆动词	光杆动词+介词	光杆动词+方位副词	其他
V$_{致移}$+来	80.3	10.6	1.52	7.58
V$_{致移}$+去	43.33	50	0	6.67
V$_{致移}$+上（来/去）	58.14	39.53	2.33	0

续表

汉语结构	西语结构			
	光杆动词	光杆动词+介词	光杆动词+方位副词	其他
V$_{致移}$+下（来/去）	81.67	15.83	2.5	0
V$_{致移}$+进（来/去）	17.24	72.41	8.05	2.3
V$_{致移}$+出（来/去）	53.81	37.71	5.93	2.54
V$_{致移}$+回（来/去）	67.07	28.05	2.44	2.44
V$_{致移}$+过（来/去）	69.84	25.4	4.76	0
总计	59.15	34.25	4.26	2.34

史文磊（2014：288-289）根据致使和路径两个要素的编码融合程度将致使结构分为综合型和分析型，［致使］和［路径］两个语义要素由一个形式编码的属于综合型，由不同的独立形式编码的属于分析型。沈家煊（2005）提出在全面摸清语言事实之前最好不要说汉语重综合而印欧语重分析这样的结论。就致移事件的编码而言，从语言事实来看汉语属于分析型，致移动词的概念结构无论是［+致使］［+泛向］还是［+致使］［+定向］，［致使］和［路径］通常以独立的形式编码。西语致移动词无论概念结构为［致使+方式/原因+路径］［致使+路径］，还是［致使+指示］，都属于综合型。

5.3.1.1　汉语"V$_{致移}$+V$_{路径}$"与西语"V$_{致移}$"

汉语"V$_{致移}$+V$_{路径}$"结构在西班牙语平行语料中光杆致移动词占比最高，为59.15%。这些致移动词可分为三小类，主要为［致使+方式/原因+路径］的动词（V$_{致移1}$）、［致使+路径］的动词（V$_{致移2}$）和［致使+指示］的动词（V$_{致移3}$），在汉西语平行语料库中统计的占比分别为58.17%、25.47%和16.36%（详见表5.5），可见含有［致使+方式/原因+路径］的致移动词使用频率最高，含［指示］概念的动词使用频率最低。

表5.5　汉语"V$_{致移}$+V$_{路径}$"与西班牙语光杆致移动词类型及使用频率对比（%）

汉语	西班牙语		
V$_{致移}$+V$_{路径}$	V$_{致移1}$	V$_{致移2}$	V$_{致移3}$
拿+V$_{路径}$	50.77	43.08	6.15
放+V$_{路径}$	90.79	9.21	0
扔+V$_{路径}$	97.14	0	2.86

汉语	西班牙语		
投+V_{路径}	100	0	0
掷+V_{路径}	100	0	0
抛+V_{路径}	100	0	0
运+V_{路径}	55.56	22.22	22.22
移+V_{路径}	0	100	0
挪+V_{路径}	100	0	0
搬+V_{路径}	26.67	40	33.33
赶+V_{路径}	70	10	20
撵+V_{路径}	100	0	0
轰+V_{路径}	100	0	0
拉+V_{路径}	65	25	10
拖+V_{路径}	47.37	36.84	15.79
拽+V_{路径}	50	50	0
牵+V_{路径}	28.57	14.29	57.14
拔+V_{路径}	46.15	58.85	0
掏+V_{路径}	28.12	71.88	0
抽+V_{路径}	47.62	52.38	0
送+V_{路径}	61.97	11.27	26.76
带+V_{路径}	24.62	18.46	56.92
总计	58.17	25.47	16.36

（一）汉语"V_{致移}+V_{路径}"与西语"V_{致移1}"

汉语"V_{致移}+V_{路径}"编码的致移事件其底层概念结构为［致使+方式/原因］+［路径］，致移动词突显较强的［方式/原因］义时，如"放、拿、扔、抛、投、掷、运、挪、赶、撵、轰、拉、拖"等，在平行语料库中相应的西语致移动词也常有［方式/原因］的概念，路径概念有的已经融入致移动词，通常为向下或向里的路径，如"tirar（扔下）、despeñar（抛下）、meter（塞进）"等，也有路径由人们对生活经验的认知激活，如"dejar（放）、coger（拿）、arrojar（扔）、trasladar（搬）、arrastrar（拖）"等。无论是融合的路径还是默认的路径，西班牙语致移事件的表达形式都是具有［致使+方式/原因+路径〕概念结构的"V$_{致移}$"。例如：

（218）a. 罗辑把茶碗慢慢**放下**，但智子又抬起手阻止他说话

b. Luo Ji **dejó** el cuenco despacio，pero Tomoko levantó la mano para indicarle que esperara.

（219）a. 我**扔下**牌子，转身逃跑，边跑边喊救命。

b. **Tiré** la tabla，me di la vuelta y empecé a correr，y mientras lo hacía seguía pidiendo auxilio.

例（218a）"放下"表达形式为"V$_{致移}$+V$_{路径}$"，"放"体现了致使性和致移方式，"下"体现了位移〔路径〕，V$_{致移}$和V$_{路径}$以单独的形式共同编码致移事件；同理，例（219a）"扔下"表达形式也为"V$_{致移}$+V$_{路径}$"，属于分析型。

例（218b）"dejó（放）"由一个光杆致移动词编码了致移事件，"把碗放下"表面上是西语省略了路径动词"下"，其实是因为动词"dejó（放）"除表征致使方式外还表征了致使的方向，也就是说"dejó（放）"这个动词里含有方向义素（泛向），所以用西语"dejó（放）"编码时，只用一个动词即可，不用再加"bajar（下）"这个表达位移客体自移的路径动词。例（219b）"Tiré（扔下）"，向下的路径义（定向）已融合在致移动词中，因此用"Tiré（扔下）"一个动词编码即可，无须再次出现路径动词。二者的表达形式均为"V$_{致移}$"，属于综合型。再如：

（220）a. 汪淼**拿出**手机，拨通了申玉菲的电话。

b. Wang **cogió** el teléfono móvil y marcó el número de Shen Yufei.

（221）a. 他们把我**赶出来**了。

b. Me **han echado**.

例（220a）"拿出"表达形式为"V$_{致移}$+V$_{路径}$"，"拿"表征致使方式，"出"表征由里而外的路径，致移动词和非指示路径动词以单独的形式编码；例（221a）"赶出来"比例（220a）的表达形式多添加了指示路径动词"来"，表征说话人的主观视角，但是致移动词、非指示路径动词和指示路径动词也都是以单独的形式编码的，汉语仍为分析型。

例（220b）光杆动词"cogió（拿）"编码致移事件时，不仅表征了致使方式，也暗含了致使的方向（泛向），位移客体"el teléfono móvil（手机）"

具体的移动方向"出"由位移客体与参照背景的空间关系激活，不用再加路径动词"salir（出）"；同理，例（221b）"han echado（赶）"不仅表征了致使方式/原因，也表征了致使的方向（泛向），因此不用再加路径动词"salir（出）"，而表征主观视角的路径动词"venir（来）"也未体现在表达层面，再次表明西班牙语［主观视角］参与位移事件的频率较低。

可见，汉语"V致移+V路径"的结构表达形式为［致使］与［路径］两个概念要素分开单独编码，而西班牙语［致使+方式/原因+路径］融合在一个V致移中编码位移事件，体现了汉语的分析型和西班牙语的综合型编码特征。

（二）汉语"V致移+V路径"与西语"V致移2"

基于汉西语平行语料，汉语"V致移+V路径"在西语中"V致移2"表达占比为25.47%，这类致移动词不含致移的［方式］语义特征，如"subir（使向上移动）""bajar（使向下移动）""sacar（使由里向外移动）"等，此时西班牙语强调的是位移客体的移动路径，而非致移方式或位移方式。例如：

（222）a. Puedes ayudarme a **subir** esta mesa?

　　　b. 你能帮我把这张桌子**抬上去**吗?

（223）a. Fueron de parecer de volver a **subir** a don Quijote.

　　　b. 他们就想把堂吉诃德再**吊上来**。

例（222a）"subir（使向上）esta mesa（桌子）"为"使桌子向上移动"之意，光杆致移动词"subir（使向上移动）"编码了致移事件。未出现致移方式"抬"，因为西语作为V型框架语言，更多关注的是移动路径，至于致移方式为"抬""举"还是"推"，并不是表达的重点；未出现"去"，表明位移客体的移动为趋近说话人还是远离说话人也不是关注的焦点。

同理，例（223a）"subir（使向上）a don Quijote（堂吉诃德）"中"subir（使向上移动）"只表征了致使性和致移方向（向上），未表征致移方式，因为是以"吊"或"拉"的方式使堂吉诃德移动不是表达的重点，位移路径"上"才是。未体现"来"再次表明了西语位移事件中［主观视角］的参与度较低。再如：

（224）a. **Bajó** el cuenco lentamente y pronunció sus primeras palabras.

　　　b. 他的茶才喝完，然后他慢慢**放下**碗，说出了第一句话。

（225）a. Mi padre corrió a la habitación lateral，**bajó** cuatro calabazas del techo，sacó cuatro barras de madera，unas cuerdas y empezó a hacer una canoa en el patio.

　　　　b. 父亲跑到厢房，从房梁上**拿下**四个葫芦，然后又扛出四根木料，提出绳索，在院子里扎制木筏。

（226）a. Me **bajé** el velo para poder hablar con más facilidad，me abrí el jaique y expuse ante él mi cuerpo fajado.

　　　　b. 为了更方便说话，我**拉下**了面纱，然后解开长袍，给他看我身上绑着的手枪。

　　例（224a）（225a）（226a）西班牙语致移动词"Bajó（使向下）""bajó（使向下）""bajé（使向下）"单独编码致移事件，表达形式为"V致移"，只强调使位移客体"碗、葫芦、面纱"产生向下的移动路径，未关注致使位移发生的方式/原因。而例（224a）（225a）（226a）"放下、拿下、拉下"表达形式为"V致移+V路径"，不仅表达了位移客体的移动路径，还用致移动词"放、拿、拉"分别表征了用手使位移客体处于某位置、用手抓住位移客体、用手用力使位移客体向自己的方向移动等［致移方式］。

（227）a. Mi madre **sacó** una calabaza grande y se la dio a mi hermana：

　　　　　—Ve a echarle un vistazo a tu abuela mayor.

　　　　b. 母亲从屋里**搬出**一个大南瓜，递给我姐姐，说：走，跟我去看你大奶奶去。

（228）a. Pensé que **sacaba** la daga para acreditarse，o desataba la lengua para decir alguna verdad o desengaño que en mi provecho redundase.

　　　　b. 我还以为她要**拔出**短剑自明心迹，或吐露些有利于我的真情呢。

　　例（227a）（228a）西语致移动词"sacó（使由里到外）""sacaba（使由里到外）"仅表征了致使性及致使的方向（向外），未表征致移方式，因为致使"南瓜"或"短剑"由里到外移动的具体方式为"搬""拖""抬"或"拔""抽"于说话者而言并不重要，仅突显由内到外的位移路径。而例（227b）（228b）"搬出""拔出"表达形式为"V致移+V路径"，不仅用"出"编码由内向外的路径，还用致移动词"搬""拔"编码了致使方式。

可见，除了综合型和分析型的区别，西班牙语可以仅突显致移事件中位移客体移动的路径，而汉语不仅要用路径动词编码位移客体的移动路径，还要用表征致移方式的致移动词共同进行编码，有时还会用"去/来"编码主观视角。这就反映出一个与自移事件相同的语言现象，即西班牙语位移事件［方式］和［主观视角］的参与度均低于汉语。

（三）汉语"V$_{致移}$+V$_{路径}$"与西语"V$_{致移3}$"

基于汉西语平行语料，汉语"V$_{致移}$+V$_{路径}$"在西语中"V$_{致移3}$"表达占比为16.36%。V$_{致移3}$具有［致使+方式+指示］的语义特征，主要有两个，"traer（使靠近说话人）"和"llevar（使远离说话人）"，其指示义较强、方式义较弱，仅表达致移主体伴随位移客体一起移动，其表达形式仍为综合型。例如：

（229）a. No，lo que **traigo** no es ningún calendario，sino un modelo del universo basado en datos observacionales.

b. 我没有万年历，只**带来**了以观测数据为基础而建立的宇宙模型。

（230）a. Le mandó luego prender，y que le **llevaran** por las calles acostumbradas de la ciudad.

b. 他下令逮捕那人，并**牵出去**游街。

例（229a）西班牙语光杆致移动词"traigo（使靠近说话人）"不仅表征了致使方式为随身携带，也表征了趋近于说话人的主观视角，因此不再需要单独编码"来"；而例（229b）"带"仅表征了致移方式，无法体现主观视角，必须由指示路径动词"来"单独编码。

例（230a）光杆致移动词"llevaran"的表达形式为"V$_{致移}$"，主要表征了远离说话人的主观视角，方式为伴随，但是未表征具体的"牵"的致移方式。例（230b）"牵出去"的表达形式为"V$_{致移}$+V$_{路径}$"，"牵"表征致使性及致移方式，"出"表征路径，"去"表征主观视角，共同编码致移事件。

可见，"traer（使靠近说话人）"和"llevar（使远离说话人）"单独编码致移事件时为综合型，虽然含有伴随的方式信息，但不能表达具体的致移方式，也从侧面体现了汉语位移事件［方式］的高参与度。

综上，汉语"V$_{致移}$+V$_{路径}$"的致移事件西班牙语单独使用致移动词编码的比例最高，西语致移动词有三种类型的概念结构，分别为［致使+方式/原因+

路径］［致使+路径］和［致使+方式+指示］。无论西班牙语致移动词属于哪种类型，致移事件中的表达形式均为综合型，而汉语"V致移+V路径"属于分析型。此外，与自移事件相同，致移事件中汉语［方式］和［主观视角］概念的参与度也高于西班牙语，再次表明汉语是附加语比重较高的语言，西班牙语更倾向于动词框架语言的类型。

5.3.1.2 汉语"V致移+V路径"与西语"V致移+Pre路径/Adv"

汉语"V致移+V路径"中的V路径，西班牙语除上述路径融合在致移动词中或路径默认外，还可以由介词或方位副词表达。汉语"V致移+V路径"编码的致移事件，西语语料中34.25%为"V致移+Pre路径+NP背景"的表达形式，其中介词主要编码路径概念中的矢量成分；4.26%为"V致移+Adv+NP背景"，方位副词编码路径概念中的构向成分。

（一）汉语"V致移+V路径"与西语"V致移+Pre路径"

Talmy（2000：56）指出西班牙语位移动词融合了路径成分中的矢量和构向两个要素，与表背景的名词共现的介词单独表示矢量。矢量包括起点、经过点和终点，西班牙语常编码起点的介词为"de/desde"，编码经过点的介词为"por"，编码终点的介词为"a/hasta/en"。

根据汉西语平行语料库的统计表明，汉西语致移事件都倾向于表达单一的矢量，使用频率由高到低依次为终点>起点>经过点，并且编码矢量的汉语路径动词和西语介词的数量由多至少也依次为终点>起点>经过点；西班牙语双矢量编码的频率略高于汉语，但是均比较低，详见表5.6。

表5.6　汉西语致移事件中［矢量］编码的对比数据（%）

矢量		汉语V路径/ Pre	比例	西语Pre	比例
单一矢量	终点	上/下/进/回/ 到	34.78	a/hasta/en	30.64
	起点	出/下/ 从	19.05	de/desde	16.15
	经过点	过	1.24	por	1.86
双矢量		从……到	0.21	de…a	0.62

西班牙语介词"de（从）/a（到）"是最常用的介引起点和终点的介词，"de"可以在不知晓终点的情况下单独使用，"a"可以在不知晓起点的情况下单独使用，而"desde（从）/hasta（到）"通常暗含既知晓起点也知晓终

点，因西语致移事件中双矢量编码频率较低，"de（从）/a（到）"的使用频率最高。"por（通过）"为最常用的介引经过点的介词。"en"本为编码构向的介词"在……里/上"，进入致移事件时，受到句法语义的制约，被赋予了终点矢量。

A."V致移+上/下/进/回"与"V致移+a/hasta/en"终点矢量编码

汉语"V致移+V路径"结构，当路径动词为"上""下""进""回"时，均可直接与终点背景共现，编码位移路径。西班牙语致移动词与背景共现时，通常需要介词"a/hasta/en"标引背景，这三个介词编码终点时有细微的差别。"a"和"hasta"均具有［方向义］，但是"a"可被赋予"里"的构向概念，而"hasta"编码终点时，不易被赋予构向概念，因此"hasta"编码的频率比"a"低。"en"常表达［位置义］，但是在致移事件图式中，在句法操作中的语义制约下（于善志、王文斌，2010），具有方向性的致移动词对"en"进行了［方向义］赋值①，使其同时具有［位置义］和［方向义］。例如：

（231）a. La niña **arrojaba** piedras **al** río.

　　　　b. 小女孩儿把石子**扔下河**去。

（232）a. Y llegó a tanto su curiosidad y desatino en esto，**llevó a** su casa todos cuantos que pudo encontrar.

　　　　b. 他好奇心切，把能弄到手的骑士小说全**带回家**。

例（231a）"arrojaba（扔）piedras（石子）al（介冠缩合）río（河）"的表达形式为"V致移+NP位移客体+Pre路径+NP终点"，由致移动词"arrojaba（扔）"和介词"a"共同编码位移路径，西语用介词"a"介引"扔"动作所到达的背景"río（河）"。而例（231b）"扔下河"的表达形式为"V致移+V路径+NP终点"，"扔"编码了致移方式，"下"编码了位移路径。例（232a）"llevó（带）a（介词）su（他的）casa（家）"由致移动词"llevó（带）"和介词"a"共同编码路径，西语介词"a"介引"带"致使"小说"到达的背景"casa（家）"；例（232b）"搬回家"中路径动词"回"标引了位移终点。上述例句中，汉语用路径动词编码矢量，西班牙语则用介词"a"编码。

---

①Levin（1993：263-5）发现英语介词"on"和"in"表方向义时，其前面的动词均是具有隐性方向义的动词。位移事件中的西班牙语介词"en"与之相似。

西语也常用介词"en"在致移事件中编码矢量，但是需要致移动词赋予其［方向义］。例如：

（233）a. **Tiramos** la barca **en** tierra.

b. 我们把船**拉上**岸。

（234）a. Después de dedicarle una sonrisa misteriosa a Cheng Xin，**colocó** el barquito **en** la bañera.

b. 抬头对程心神秘地一笑，轻轻地把纸船**放进**浴缸中。

例（233a）"Tiramos（拉）la barca（船）en（介词）tierra（陆地）"的表达形式为"V致移+NP位移客体+Pre路径+NP终点"，介词"en"编码了"la barca（船）"移动后与背景"tierra（陆地）"的空间方位关系"在陆地上"。由于"Tiramos（拉）"表征致使方式和位移方向（泛向），赋予了"en"［方向义］，因此"en"同时也编码了位移的终点；例（233b）"拉上岸"则是用路径动词"上"标引位移终点。

同理，例（234a）"colocó（放）el barquito（纸船）en（介词）la bañera（浴缸）"中，"colocó（放）"赋予了介词"en"［方向义］，"en"编码了"barquito（纸船）"和"bañera（浴缸）"的空间方位关系"在浴缸里"，同时也表达了位移的终点；例（234b）"放进浴缸"中路径动词"进"编码了位移终点。

西班牙语介词"hasta"编码终点的致移事件，汉语通常由介词"到"编码，而很少使用路径动词"上/下/进/回"。例如：

（235）a. Me **arrastraron** con mucho cuidado **hasta** un tablón informativo.

b. 他们小心翼翼地把我**拖到**一个**广告牌下**。

例（235a）"arrastraron（拖）hasta（到）un tablón informativo（广告牌）"中致移动词"arrastraron（拖）"的概念结构为［致使+方式+泛向］，介词"hasta"编码终点；例（235b）"拖到一个广告牌下"中"拖"表达［致使+方式+泛向］，介词"到"编码终点。此时，汉西语为同样的表达形式，即"V致移+Pre路径+NP终点"。

B. "V致移+出/下"与"V致移+de/desde"起点矢量编码

汉语"V致移+V路径"结构，当路径动词为"出"和"下"时可与起点背景共现，并编码位移路径；西班牙语需由介词"de/desde"标引起点背景。"de"介引的背景可为三维实体，因此可编码构向"里"，"desde"介引的背景通常被识解为"点"，不易编码构向，又因西语双矢量编码频率较低，致移事件中"desde"编码矢量的频率也比"de"低。例如：

（236）a. Estaba enfurecido y los **arrojó de** su casa.

　　　　b. 他怒不可遏，把他们**赶出**了家门。

（237）a. Los trabajadores **arrastraron** el paquete **del** avión.

　　　　b. 工作人员把那个包裹**拖下**飞机。

例（236a）"arrojó（赶）de（介词）su（他的）casa（家）"的表达形式为"V$_{致移}$+Pre$_{路径}$+NP$_{起点}$"，介词"de"编码起点"su（他的）casa（家）"，而起点背景"casa（家）"具有三维特征，指的是"把他们从他的家中赶出来了"。因此，介词"de"也被赋予了构向概念"中"。例（236b）"赶出家门"的表达形式为"V$_{致移}$+V$_{路径}$+NP$_{起点}$"，路径动词"出"既编码了起点，也编码了移动后"他们"与"家"的空间方位关系为"在家外"。同理，例（237a）"arrastraron（拖）el paquete（包裹）del（介冠缩合）avión（飞机）"的表达形式为"V$_{致移}$+NP$_{位移客体}$+Pre$_{路径}$+NP$_{起点}$"，介词"de"编码起点，起点背景"avión（飞机）"为所处位置较高的三维实体，可与例（237b）"拖下飞机"中的"下"一样，激活向下移动的路径。

西班牙语介词"desde（从）"在致移事件中使用频率较低，多与运送类致移动词搭配，而汉语通常由介词"从"编码，而很少使用路径动词"出/下"编码起点。例如：

（238）a. Transportaron 30 pasajeros **desde** Madrid hasta Barcelona.

　　　　b. 他们**从**马德里运（送）了30位游客到巴塞罗那。

例（238a）"Transportaron（运）30 pasajeros（游客）desde（从）Madrid（马德里）"的表达形式为"V$_{致移}$+NP$_{位移客体}$+Pre$_{路径}$+NP$_{起点}$"，介词"desde"编码起点；例（238b）"从马德里运（送）30位游客"的表达形式为"Pre$_{路径}$+NP$_{起点}$+V$_{致移}$+NP$_{位移客体}$"，也由介词"从"编码起点。

C. "V$_{致移}$+过"与"V$_{致移}$+por"经过点矢量编码

汉语"V$_{致移}$+V$_{路径}$"结构，当路径动词为"过"时可与经过点背景共现，编码经过点矢量；西班牙语由介词"por"编码经过点。例如：

（239）a. Tres robots lo **empujaron por** la puerta.

b. 三个机器人把它整个**推过**了门。

例（239a）"empujaron（推）por（介词）la puerta（门）"的表达形式为"V$_{致移}$+Pre$_{路径}$+NP$_{经过点}$"，介词"por（通过）"编码经过点；例（239b）"推过了门"的表达形式为"V$_{致移}$+V$_{路径}$+NP$_{经过点}$"，路径动词"过"编码经过点。

总之，汉语"V$_{致移}$+V$_{路径}$"表达形式西语还可以用"V$_{致移}$+Pre$_{路径}$"的形式表达，即汉语由路径动词编码矢量时，西班牙语可由介词单独编码矢量。

虽然表达形式不同，但是汉西语矢量编码也呈现了一些相同点：单一矢量>双矢量的编码特点体现了位移事件中路径视窗开启的规律，在编码空间矢量图式时，言/叙的注意力常聚焦在部分路径上，而非开启最大程度的整条路径（泰尔米，2020卷I：232-234）。终点>起点>经过点的编码频率体现了人们在致移事件图式中普遍的认知倾向——"终端焦点化（end-focusing）"（古川裕，2002），人们往往重视终结，更期待产生的位移结果。

（二）汉语"V$_{致移}$+V$_{路径}$"与西语"V$_{致移}$+Adv"

上述为西班牙语介词编码致移事件中矢量的现象，西语语料中还可以用方位副词（Adv）编码路径表达致移事件，但主要编码的是路径中表示空间方位的构向概念。此处副词指的是方位副词，如"delante（前）、detrás（后）、encima（上）、debajo（下）、dentro（里）、fuera（外）"。例如：

（240）a. 奶奶点了三炷香，然后把家里的男人都**轰出了屋**。

b. Mi abuela encendió tres inciensos y luego, **echó** a todos los hombres **fuera de** la habitación.

例（240a）"轰出屋"中路径动词"出"既编码了起点，也编码了位移客体"男人"移动前与背景"屋"的空间位置关系为在屋"里"。例（240b）"echó（轰）a todos los hombres（男人）fuera（外面）de（的）la habitación（房间）"中方位副词与介词构成的"fuera de…（在……的外面）"编码了位移客体移动后与背景"屋"的空间关系为"在屋外"。方位副词与背景不可直接连接，需要添加介词"de"，若背景不出现在语言表层，可单独使用方位副词。例如：

（241）a. 那两个人在商场打架，被保安**赶了出去**。

　　　　b. Dos hombres se pelearon en el mercado y la guardia los **echó fuera**.

例（241a）"赶出去"中复合路径动词"出去"编码路径信息，例（241b）"echó（赶）fuera（外）"中方位副词"fuera（外）"编码了"那两个人"移动后与背景"商场"的空间关系为"在商场外"。

综上，汉语"V~致移~+V~路径~"中的V~路径~，西班牙语除了用致移动词表达，还可以用介词或方位副词表达，介词编码路径中的矢量信息，方位副词编码路径中的构向信息，但是使用频率不高。

5.3.1.3　汉语"V~坐~+V~路径~"与西语"V~自复~"

汉西语"坐"类动词是表征身体姿态的动词。位移事件的研究中，少有涉猎此类动词，因为很多学者将其视为运动动词，认为没有发生位移。但是在语言表层应分两种情况考虑，一种是表静态的状态，如"他坐在沙发上看书"，另一种表动态的位移，如"他坐下了"，此时为身体整体姿态变化引发了位移。

"姿势"属于状态范畴，在诸多语言中"状态"这个语义域主要涉及三种体致使类型：处于某种状态，进入某种状态，使进入某种状态（Talmy，2000：78-88）。汉语和西班牙语的体致使类型不同，身姿变化引起的位移的表达形式也有所不同，汉语由"V~坐~+V~路径~"表达，而西班牙语由自复形式的光杆动词表达。自复动词是西班牙语动词范畴中的一类，由具有致使性的及物动词与自复代词"se"（自复义标记）构成，表达施事致使其自身发生物理或心理的变化（Bosque，2018：667-668），如"sentar（使坐下，致使性及物动词）+se（自复义标记）=sentarse（坐下，自复动词）"。就致移事件而言，自复动词表达致移主体发出的致移力作用在致移主体自身使之发生移动，致移主体也是位移客体。也就是说，汉语需要姿势类动词加上卫星语素才能表明完整的动作，属于处于某种状态的类型，"坐下"的表达形式为［姿势］+［路径］；西班牙语中姿势的概念被词汇化为"使进入某种状态"的施事类型（Talmy，2000：80）。

语料显示，"坐"类动词+路径动词结构共120例，其中路径动词最多的为"下"111例，"回"5例，"上""进"各2例。汉语由身姿变化引起的位移事件除了突显姿态变化，还突显位移［路径］，由路径动词表征；而西班牙语更加突显姿态变化的［结果］，路径由语境激活或为无关紧要的元素。例如：

（242）a. 对面房顶不时飞过大片鸽子，我<u>坐下</u>，竟然就不想再走。

b. Sobre los tejados de las casas de enfrente volaban grupos de palomas, **me senté** y ya no quería marcharme.

（243）a. 白艾思向车跑去，坐到驾驶位上，丁仪也跟着<u>坐上来</u>。

b. Bai Aisi corrió hacia el coche y se sentó en el asiento del conductor, mientras que Ding Yi **se sentó en** el asiento de atrás.

（244）a. 程心和AA<u>坐进</u>加速座椅，座椅像大手掌般合拢。

b. Cheng Xin y AA **se sentaron en** los asientos de hipergravedad, que se cerraron en torno a ellas como unas manos gigantes.

例（242a）（243a）（244a）"坐"表征位移客体由站姿变为坐姿，但位移路径不同。例（242a）"下"编码位移客体由站姿所处的相对高处移动到坐姿所处的相对低处；例（243a）"上"编码由站姿所处的相对较低的地面移动至坐姿所处的相对较高的汽车座位上，"来"编码主观视角；例（244a）"进"编码由站姿所处的加速座椅外部移动到坐姿所处的加速座椅内部。汉语由"坐+下/上/进"共同编码致移事件，既有路径义，也有结果义。

例（242b）（243b）（244b）核心动词原形均为自复动词"sentarse（坐）"，由致移动词"sentar（使就座）"与自复代词"se（自复义标记）"构成。例（242b）"me senté（坐）"中"senté"为"sentar（使就座）"的陈述式简单过去时第一人称单数变位，"sent-"为词根，"-é"为时体语素，表达过去时和完成体，"me"是自复代词"se"的第一人称单数变体，表明位移客体即为致移主体"我"；例（243b）"se sentó"中"sentó"为"sentar（使就座）"的陈述式简单过去时第三人称单数变位，"sent-"为词根，"-ó"为时体语素，表达过去时和完成体，"se"是自复代词"se"的第三人称单数形式，表明位移客体即为致移主体"丁仪"；例（244b）"se sentaron"中"sentaron"为"sentar（使就座）"的陈述式简单过去时第三人称复数变位，"sent-"为词根，"-a-"为词干元音，"-ro-"为时体语素，表达过去时和完成体，"-n"为人称语素，"se"是自复代词"se"的第三人称复数形式，表明位移客体即为致移主体"程心和AA"。

西班牙语动词"sentarse（坐）"的形态变化在语法体的所属类型为形态体，靠动词本身的形态变化体现了完成体的意义。动词"sentarse（坐）"无法体现明确的"下""上""进"的路径，例（242b）不与背景共现时，路径为生活常识认知可以激活的典型向下的位移，例（243b）（244b）与背景共现时强调位移结束后位移客体的位置，路径不是突显要素。再如：

（245）a. 她顺从地**躺下**，扯过被子蒙上头。

　　　　b. Wang Renmei **se tumbó** de forma obediente y se cubrió la cabeza.

（246）a. 他**蹲下**系鞋带。

　　　　b. **Se acuclilló** para atarse los zapatos.

（247）a. 陈鼻的女儿陈耳机灵，也学着她爹的样子**跪下**了。

　　　　b. La niña de Chen Bi era muy inteligente，aprendió de su padre y **se arrodilló**.

例（245a）（246a）（247a）"躺下""蹲下""跪下"的表达形式为"V$_{致移}$+下"，"下"单独编码，也表明位移事件的完成。

例（245b）"se tumbó"中"tumbó"为"tumbar（使躺下）"的陈述式简单过去时第三人称单数变位，"tumb-"为词根，"-ó"为时体语素，表达过去时和完成体，"se"是自复代词"se"的第三人称单数形式，表明位移客体即为致移主体"她"；例（246b）"Se acuclilló"为"acuclillarse（蹲）"的陈述式简单过去时第三人称单数变位，"acuclill-"为词根，"-ó"为时体语素，表达过去时和完成体，"se"是自复代词"se"的第三人称单数形式，表明位移客体即为致移主体"他"；例（247b）"se arrodilló（跪）"中"arrodilló"为"arrodillar（使跪下）"的陈述式简单过去时第三人称单数变位，"arrodill-"为词根，"-ó"为时体语素，表达过去时和完成体，"se"是自复代词"se"的第三人称单数形式，表明位移客体即为致移主体"陈耳"。

"se tumbó""Se acuclilló""se arrodilló（跪）"均通过形态变化体现了完成体的意义，因此属于形态体。而根据人们的认知，由站姿变为卧姿、蹲姿、跪姿等位移都是由高处到低处的位移，因此向下移动的路径被激活。

"蹲""跪"在西班牙语中虽然也有动词短语的形式，"ponerse en

cuclillas（蹲）" "ponerse de rodillas（跪）"，但不属于短语体，仍为形态体。例如：

（248）a. **Se puso en cuclillas** para coger al niño.

（他**蹲下**抱孩子。）

b. Pero el enano **se puso de rodillas** y le pidió un último deseo.

（那个侏儒**跪下**，向他请求最后一个愿望。）

例（248a）"Se puso en cuclillas（蹲下）"中"en cuclillas"表征蹲着的状态，"Se puso（安置）"表征致移主体使自己处于某种状态，"puso"为"poner（安置）"的陈述式简单过去时第三人称单数变位，"pus-"为词根，"-o"为时体语素，表达过去时和完成体，"se"是自复代词"se"的第三人称单数形式，表明位移客体即为致移主体"他"。例（248b）"se puso de rodillas（跪下）"中"de rodillas"表征跪着的状态，"se puso（摆、放、安置）"使表征进入跪着的状态，同样，"-o"表达完成体。因此，动词短语"ponerse en cuclillas（蹲）" "ponerse de rodillas（跪）"也属形态体。

综上，汉语"V$_{致移}$+V$_{路径}$"结构在西语中有"V$_{致移}$" "V$_{致移}$+Pre$_{路径}$" "V$_{致移}$+Adv"三种表达形式，整体身姿变化的致使位移西语由"V$_{自复}$"表达。汉语为［致使］+［路径］的分析型，而西语为［致使+路径］的综合型。此外，汉语致移事件中［方式］的参与度也高于西班牙语，再次体现了汉语附加语框架比重较高。

5.3.2 汉语"V$_{致移}$+V$_{路径}$"/西语"V$_{致移}$"与NP$_{致移主体}$的组合

汉西语致移事件中致移主体的位置通常比较固定，均位于致移动词之前，而位移客体的句法位置则有一定的差异，主要与动词的"态"有关。"态"的形态表现和句法表现被称为"语态"（Bosque，2010：773），主要分为主动态和被动态。

语料显示，汉西语都是主动态表达高于被动态的类型。727例致移事件句中汉语表达形式有三种（详见表5.7），其中主动态占比96.42%，包括"NP$_{致移主体}$+V$_{致移}$+V$_{路径}$+NP$_{位移客体}$"（67.4%）、"NP$_{致移主体}$+把+NP$_{位移客体}$+V$_{致移}$+V$_{路径}$"（29.02%），被动态"NP$_{位移客体}$+被+NP$_{致移主体}$+V$_{致移}$+V$_{路径}$"

（3.58%）；西班牙语表达形式主要为主动态"V$_{致移}$+V$_{路径}$+NP$_{位移客体}$"（98.76%），被动态占比1.24%，包括"NP$_{位移客体}$+ser+p.p.+por+ NP$_{致移主体}$"纯被动形式（0.83%）及"se+V$_{致移}$+NP$_{位移客体}$"自复被动形式（0.41%）。

表5.7 汉语"V$_{致移}$+V$_{路径}$"与西语相应结构主动态与被动态对比形式与数据（%）

汉语结构			西语结构		
主动态	NP$_{致移主体}$+V$_{致移}$+V$_{路径}$+NP$_{位移客体}$	67.4	主动态	V$_{致移}$+V$_{路径}$+NP$_{位移客体}$	98.76
	NP$_{致移主体}$+把+NP$_{位移客体}$+V$_{致移}$+V$_{路径}$	29.02			
被动态	NP$_{位移客体}$+被+NP$_{致移主体}$+V$_{致移}$+V$_{路径}$	3.58	被动态	NP$_{位移客体}$+ser+p.p.+por+NP$_{致移主体}$	0.83
				se+V$_{致移}$+NP$_{位移客体}$	0.41

汉语主谓句位移客体常置于致移动词之后，为无标记形式，"把"字句和"被"字句位移客体置于致移动词之前，为有标记形式。

西班牙语主动态句式的致移事件中位移客体置于致移动词之后，为无标记形式，若位移客体为已知信息则可由宾格代词指代置于致移动词之前，为有标记形式；被动态句式的致移事件中位移客体置于致移动词之前，为无标记形式。

5.3.2.1 汉语"V$_{致移}$+V$_{路径}$+NP$_{位移客体}$"与西语"V$_{致移}$+NP$_{位移客体}$"

致移事件为主谓句时，汉西语位移客体的句法位置通常都位于致移动词之后。但是，汉语动词后趋向补语和宾语的位置关系比较复杂，受到动词的性质、趋向补语的性质、宾语的性质、动词是否带"了"及语境等多种因素的影响（陆俭明，2002）。致移事件中的位移客体作为受事宾语，也因此呈现出更加复杂的句法位置，而上述因素对西班牙语"V$_{致移}$+NP$_{位移客体}$"的句法结构并无影响，位移客体仍常置于致移动词之后。

（一）汉语致移事件表达中影响NP$_{位移客体}$句法位置的因素

汉语致移事件中位移客体句法位置的制约因素主要有NP$_{位移客体}$性质的制约、动词带"了"的制约及语境的制约。

A. NP$_{位移客体}$性质的制约

位移客体是否带有数量成分严重制约了位移客体的句法位置。首先，带有数量成分的位移客体通常有五种句法位置："$V_{致移}$+$V_{指示路径}$+$NP_{位移客体}$"
"$V_{致移}$+$V_{非指示路径}$+$NP_{位移客体}$""$V_{致移}$+$V_{复合路径}$+$NP_{位移客体}$""$V_{致移}$+$NP_{位移客体}$+
$V_{复合路径}$"和"$V_{致移}$+$V_{非指示路径}$+$NP_{位移客体}$+$V_{指示路径}$"。例如：

    扔来一个球　　　　扔去一个球
    扔进一个球　　　　扔出一个球
    扔下来一个球　　　扔下去一个球
    扔一个球下来　　　扔一个球下去
    扔下一个球来　　　扔下一个球去

前四种形式指示路径动词"来"和"去"都可以自由替换，但是"扔下
一个球去"并不是汉语常见的语言表达形式。其次，未带数量成分的位移客体
通常有两个句法位置：复合路径动词之前或复合路径动词之间。例如：

*扔下来/去球

扔球下来/去

扔下球来/去

未带数量成分的位移客体不仅比带有数量成分的位移客体句法位置少，
而且限制条件更多。"扔球下来/去"通常在祈使句中使用，"扔下球来/去"
不能单独成句。

B. 动词带"了"的制约

致移事件中致移动词或路径动词带"了"也影响了位移客体的句法位
置，主要有以下五种形式："$V_{致移}$+了+$NP_{位移客体}$+$V_{指示路径}$""$V_{致移}$+$V_{指示路径}$+了
+$NP_{位移客体}$""$V_{致移}$+$V_{复合路径}$+了+$NP_{位移客体}$""$V_{致移}$+了+$NP_{位移客体}$+$V_{复合路径}$"和
"$V_{致移}$+$V_{非指示路径}$+了+$NP_{位移客体}$+$V_{指示路径}$"。例如：

    搬了一块砖来　　　　　　搬了砖来
    搬来了一块砖　　　　　　搬来了砖
    搬上来了一块砖　　　　……搬上来了砖（黏着）
    搬了一块砖上来　　　　……搬了砖上来……（黏着）
    搬上了一块砖来　　　　　搬上了砖来……（黏着）

无论位移客体是否带有数量成分，都可以处于上述五种句法位置，但是
带有数量成分的位移客体在上述位置均可单独成句，而未带数量成分的位移客

体在与复合路径动词共现时，常具有黏着性，不能单独成句。

C. 语境的制约

陆俭明（2002）所述影响宾语与趋向补语位置的语境因素指的是在陈述句还是在祈使句中使用。A类和B类的表达形式中，多数都可用于陈述句，只有"$V_{致移}$+$NP_{位移客体}$+$V_{指示路径}$"和"$V_{致移}$+$NP_{位移客体}$+$V_{复合路径}$"两种形式可用于祈使句。例如：

送一杯茶来/去（陈述句/祈使句）

送一杯茶进来/去（陈述句/祈使句）

送茶进来/去（祈使句）

当位移客体带有数量成分时，根据不同的语境，既可用于陈述句，也可用于祈使句。但是，当位移客体未带有数量成分时，通常用于祈使句中。

此外，位移客体的位置还受到致移事件为已然事件还是未然事件的影响。刘月华（1998：42-43）指出宾语在复合趋向补语之间为最常见位置，既可表示已然情况，也可表示未然情况；宾语在复合趋向补语之后时，一般为已然情况；宾语位于复合趋向补语之前的情况比较少见。例如：

拿过一个苹果来

拿过来一个苹果

影响位移客体句法位置的因素十分复杂，一个表达形式可能同时受到多种因素的制约，因此这也是西语背景的汉语学习者掌握的难点。

（二）西语"$V_{致移}$+$NP_{位移客体}$"

与汉语如此复杂的表达形式相比，西班牙语的表达较为简单，通常只有一种表达形式，即为"$V_{致移}$+$NP_{位移客体}$"，只需要根据说话人突显的概念不同选择不同的致移动词编码位移事件。例如：

（249）a. Leoncita no tenía experiencia en lidiar con situaciones como esa, así que **dejó el catéter** y se puso al otro lado de la mesa.

　　　 b. 小狮子没见过这种阵势，**放下刀子**躲到一边。

（250）a. **Lanzó algunos billetes** por encima de la cerca.

　　　 b. 她从围墙上**扔几张钞票进去**。

例（249a）"dejó（放）+el catéter（刀）"的表达形式为"$V_{致移}$+

NP_{位移客体}", 泛向致移动词 "dejó (放)" 仅编码了致移主体 "小狮子" 松开 "el catéter (刀)" 的致使动作及致使方式, 但未体现 "刀" 受力后的位移路径; 而例 (249b) "放下刀子" 的表达形式为 "V_{致移}+V_{非指示路径}+NP_{位移客体}", V_{非指示路径}指明路径。例 (250a) "Lanzó (扔) algunos (几张) billetes (钞票)" 的表达形式也为 "V_{致移}+NP_{位移客体}", 语言层面并未表达出运行的方向, 也未体现主观视角; 而例 (250b) "扔+几张钞票+进去" 的表达形式为 "V_{致移}+NP_{位移客体}+V_{复合路径}", "扔" 体现了致使性和致移方式, "进" 体现了位移路径, "去" 体现了主观视角。西语致移动词 "dejó (放)" "Lanzó (扔)" 都有 [致使+方式/原因+路径] 的概念结构。

（251）a. Alguien **trajo dos pequeñas dagas** que entregaron a Bosque Umbrío y Campo Abierto.

　　　　b. 有人**拿来两把很小的匕首**，给监护官和老师每人一把。

例（251a）"trajo (带来) +dos pequeñas dagas (两把小匕首)" 的表达形式也为 "V_{致移}+ NP_{位移客体}", 致移动词 "trajo (带来)" 既体现了致使性, 同时也融合了指示概念, 用一个动词编码了致移事件; 而例 (251b) "拿+来+两把很小的匕首" 表致使性的 "拿" 和表指示概念的 "来" 共同编码致移事件, 构成 "V_{致移}+V_{指示路径}+NP_{位移客体}" 的表达形式。西语致移动词 "trajo (带来)" 具有 [致使+指示] 的概念结构。

（252）a. **Saqué la cámara**, tomé unas fotos del puente y del paisaje.

　　　　b. 我**掏出相机**，拍了那座大桥，又拍两岸风景。

（253）a. Los trabajadores **subieron un piano**.

　　　　b. 工作人员**搬上来一架钢琴**。

例（252a）"Saqué (使由里向外移动) +la cámara (相机)" 的表达形式为 "V_{致移}+NP_{位移客体}", 致移动词 "Saqué (使由里向外移动)" 编码了位移客体移动的路径, 但未体现致移方式是 "掏" "拿" 还是 "抓"; 例 (252b) "掏+出+相机" 的表达形式为 "V_{致移}+V_{非指示路径}+NP_{位移客体}", "掏" 体现了致使性及方式, "出" 体现了位移客体移动的路径。同理, 例 (253a) "subieron (使向上移动) +un piano (钢琴)" 的表达形式也为 "V_{致移}+ NP_{位移客体}", 致移动词 "subieron (使向上移动)" 也仅体现位移路径, 而未体现致移方式;

例（253b）"搬上来一架钢琴"的表达形式为"V致移+V复合路径+NP位移客体"。西语致移动词"Saqué（使由里向外移动）""subieron（使向上移动）"具有［致使+路径］的概念结构。

可见，西班牙语致移事件在句法结构上的表达形式通常为"V致移+NP位移客体"，而汉语受到致移动词的性质、路径动词的性质、位移客体的性质、动词是否带"了"及语境等因素的影响，位移客体呈现出了更加多样的句法位置。究其原因，主要是因为汉西语属于不同的类型。西班牙语属于综合型，常用光杆致移动词编码位移事件，只是言/叙者需要根据表征倾向性选择［致使+方式/原因+路径］［致使+指示］或［致使+路径］的概念结构，但并不影响位移客体的句法位置；而汉语通常是［致使+方式/原因］和［路径］/［指示］概念分别单独编码，为位移客体的位置变化提供了前提条件。

5.3.2.2　"把+NP位移客体+V致移+V路径"与"PA位移客体+V致移"

"把"字句作为汉语的一种特殊句式，因其语法复杂、意义多样而备受学术界的关注，学者们对其语法意义大致有以下三种观点："处置义"，如王力（1985）、施春宏（2010）等；"变化义"，如杨素英（1998）、崔希亮（1995）、张伯江（2000）等；"位移义"，如齐沪扬（1998）、张旺熹（2001）等。致移事件中的"把"字句体现了位移客体在致移主体发出的致移力的作用下从起点到终点的位移过程，更加突显的是"位移义"。

无论突显哪种意义，汉语"把"字句中的位移客体都要置于致移动词之前，并添加"把"变为有标记形式，即"把+NP位移客体+V致移+V路径"，此时，路径动词可为指示路径动词或复合路径动词，若为非指示路径动词，其后必有背景。例如：

把书搬来　　　把书搬上来　　　*把书搬上　　　把书搬上楼

把奖状送去　　把奖状送回去　　*把奖状送回　　把奖状送回教室

把牛牵来　　　把牛牵出来　　　*把牛牵出　　　把牛牵出牛圈

汉语"V致移+V路径+NP位移客体"和"把+NP位移客体+V致移+V路径"都属于主动态，但言语意图不同。致使位移事件图式反映的是致移主体通过物理作用力使位移客体发生移动，"V致移+V路径+NP位移客体"句式中的语序是符合力传导原理的，如"扔下牌子""掏出手机""拿回奖牌""牵过白马"等，先由致移主体发出致使力，再由位移客体因受力而作出位移动作，因此也是汉西语占比最大的句式。

在"把+NP$_{位移客体}$＋V$_{致移}$＋V$_{路径}$"中"把"具有更强烈的处置介引意义，属于"V＋补语"式"把"字句，该句式突显强烈的［致使义］。"把"字句主要动词后可增添后续词语，可以有效表达控制致使力影响某种事物后所产生的结果变化（张斌，2010：543）。邵敬敏、赵春利（2005）指出"把"不是通常意义的介词，而是标记了一种特殊句式，用于突显受动作行为影响的某个对象。在句中突显的成分往往置于显眼的位置，即位于致移动词之前。张旺熹（2001）认为典型的"把"字句表现了一个物体在外力作用下从甲点转移到乙点的位移过程，总是有补语成分的，通常由方位介词短语和趋向动词作为补语标记。如"把书搬来"更加突显"书"受力之后产生的位移是从他处向说话人靠近的位移，"把牛牵出来"突显位移客体"牛"由参照背景内到背景外且趋近说话人的位移。路径动词"来、去、上来、回去、出来"等为补语成分，位于致移动词之后。

而西班牙语位移客体前置不是为了突显强烈的［致使义］，是出于语言经济原则。西语位移客体放在致移动词前有一定的限制。首先该位移客体必为已知信息，其次要用相应性、数的宾格代词代替该位移客体的名词形式。

（一）未知位移客体与"V$_{致移}$＋NP$_{位移客体}$"

汉语"把"字句的致移事件中，位移客体为名词或名词性短语时，西语仍用"V$_{致移}$＋NP$_{位移客体}$"表达；位移客体为人称代词代替或为零形式时，西班牙语常用宾格代词代替，置于变位动词之前，即"PA$_{位移客体}$＋V$_{致移}$"。例如：

（254）a. "不——"程心惊叫一声，**把手中的开关扔了出去**。

　　　 b. No! —gritó Cheng Xin，**arrojando el interruptor** a un lado.

（255）a. 在地平线上，有两个人的背影，可以看出是一男一女，男人刚刚**把手臂放下**。

　　　 b. Vieron la espalda de dos figuras en el horizonte：un hombre y una mujer. El hombre acababa de **bajar el brazo** que había levantado hacía nada.

例（254a）"把开关扔出去"中位移客体"开关"置于致移动词之

前，需要添加标记词"把"，形成"把+NP$_{位移客体}$+V$_{致移}$+V$_{路径}$"的结构；例（254b）"el interruptor（开关）"是新信息，根据新信息后置原则其仍位于致移动词"arrojando（扔）"之后。同理，例（255a）位移客体"手臂"前置，需要添加标记"把"；例（255b）仍是"V$_{致移}$+NP$_{位移客体}$"的无标记形式，因为"el brazo（手臂）"在语境中为新信息，符合新信息置后原则。

（二）已知位移客体与"PA$_{位移客体}$+V$_{致移}$"

当汉语致移事件"把"字句位移客体为人称代词时，即用人称代词指代旧信息时，西班牙语要根据人称代词的性、数，用与之保持一致的宾格代词代替人称代词，将其置于变位形式的致移动词之前与之分写，或置于原形形式的致移动词之后与之连写。例如：

（256）a. 他不惜扯破那条华丽的裙子，抓住自己的妻子使劲儿**把她拉下来**。

b. Sin mirar si se rasgará o no el rico faldellín, ase della, y mal su grado **la hace bajar** al suelo.

（257）a. 这是一块真正的锡，如果你**把它扔**进火里，一刻钟里它就会熔化。

b. Es estaño de verdad, si **lo ponéis** al fuego, se fundirá en un cuarto de hora.

（258）a. 在黑屋子里关了不知道几天几夜，**把我们挪**到一个独立小院里，院子里有一棵紫丁香。

b. No sé cuántos días estuvimos allí encerradas. Más adelante **nos trasladaron** a un patio en el que había un árbol de clavo.

（259）a. 他怒不可遏，**把他们赶**出了家门。

b. Estaba enfurecido y **los arrojó** de su casa.

例（256a）（257a）（258a）（259a）"她""它""我们""他们"为指代旧信息的人称代词；例（256b）"la（宾格代词）hace（使）bajar（下）"中"la"是第三人称阴性单数宾格代词，指代前文出现的"la esposa（妻子）"（阴性单数名词），并置于变位动词"hace"之前。同理，例（257b）第三人称阳性单数宾格代词"lo"指代前文阳性单数名词"estaño

（锡）"，置于变位形式的致移动词"ponéis（放/扔）"之前；例（258b）第一人称复数宾格代词"nos"代替了介词与主格人称代词"a nosotros"，置于变位形式的致移动词"trasladaron（挪）"之前；例（259b）第三人称复数宾格代词"los"代替了介词与主格人称代词"a ellos"，置于变位形式的致移动词"arrojó（赶）"之前。

可见，致移事件中，汉语前置的位移客体可为新信息或旧信息，而西班牙语中位移客体前置的情况仅限于位移客体为旧信息，再次出现在句中作宾语时需要使用宾格代词代替，并且前置于变位动词与之分写。

需要注意的是，在位移客体为已知信息时，汉语为避免重复可省略"把+位移客体"，采用零形式省略旧信息；而西班牙语则不能省略位移客体，仍需用宾格代词①代替名词，并置于变位动词之前或原形动词之后。例如：

（260）a. 他怀着某种厌恶脱下身上的衣服，**扔进了**开水锅。

　　　　b. Se quitó la chaqueta con asco，**la arrojó** dentro.

（261）a. 王脚更来了狗精神，从舞台上捡起一块瓦片，瞄准那盏挂在幕前横杆上、放射出耀眼光芒的汽灯，猛地**投上去**。

　　　　b. Las risas animaron a Wang Jiao，que cogió un ladrillo，apuntó a la bombilla luminosa que estaba colocada en un palo delante del telón y **lo lanzó** con todas sus fuerzas.

（262）a. 卫队长从沙滩上找了一只最小的船，用马**拖到水边**。

　　　　b. El capitán encontró el barco más pequeño de la playa，y usó los caballos para **arrastrarlo** hasta donde las olas pudieran tocarlo.

例（260a）"扔进了开水锅"的位移客体为前一个小句的"衣服"，汉语为避免重复，省略了位移客体；而例（260b）"la（宾格代词）arrojó（扔）dentro（里面）"中第三人称阴性单数形式的宾格代词"la"指代了前文提到的阴性单数名词"chaqueta（衣服）"，置于变位动词"arrojó（扔）"

---

①西班牙语中宾格代词有六个人称形式，分别为me（第一人称单数）、te（第二人称单数）、lo（第三人称单数阳性）、la（第三人称单数阴性）、nos（第一人称复数）、os（第二人称复数）、los（第三人称复数阳性）、las（第三人称复数阴性）。在语篇中，若同一名词反复出现，为避免行文拖沓，会用宾格代词代替相邻语段中的直接宾语，并置于变位动词之前分写，或置于原形动词之后连写。

之前。只出现致移动词而无宾格代词的形式"*arrojó（扔）dentro（里面）"是不自足的。

例（261a）"猛地投上去"省略了从前文可以推断出的位移客体"瓦片"（"把瓦片投上去"）；例（261b）"lo（宾格代词）lanzó（投）con todas sus fuerzas（猛地）"中第三人称阳性单数宾格代词"lo"不可省略，用代词指代前文的名词位移客体"ladrillo（瓦片）"，置于变位动词"lanzó（投）"之前。

例（262a）"拖到水边"省略了位移客体"船"；例（262b）"arrastrarlo"中第三人称阳性单数宾格代词"lo"指代了前文的阳性单数名词"barco（船）"，并置于原形动词"arrastrar（拖）"之后与之连写，不可省略。

"省略"是汉语常见的语篇连接手段，被省略的成分往往能在上下文找到，省略可被视为零形式的回指，这种省略形断神连，使结构紧凑的同时不影响意义的准确表达（张斌，2010：1064-1065）。西班牙语也有省略的手段，如自移事件已知的参照背景可以省略，但是致移事件中的位移客体即便为已知信息，仍不可省略，不能构成零形式，必须由宾格代词进行指代。

总之，汉语"把"字句位移客体可为名词或人称代词，但不可省略，且置于"V$_{致移}$+V$_{路径}$"之前，突显［致使义］；西班牙语位移客体常位于致移动词之后，置于致移动词之前时，不为突显［致使义］而是为了避免旧信息重复，使用音节较少的宾格代词来代替音节较长的名词或人称代词。

5.3.2.3　"NP$_{位移客体}$+被+V$_{致移}$+V$_{路径}$"与"NP$_{位移客体}$+ser+p.p."

平行语料数据显示，汉西语被动态的致移事件占比要比主动态少。虽然使用频率不高，但是汉西语被动态不同的表达形式是二语习得者常出现的偏误。

汉语被动句式的致移事件仅为3.58%，主要表达形式为"NP$_{位移客体}$+被+（NP$_{致移主体}$）+V$_{致移}$+V$_{路径}$"，位移客体由"被"标记，置于致移动词之前。西班牙语有两种形式表达被动态，一是纯被动句式"NP$_{位移客体}$+ser（系动词）+p.p.（致移动词的过去分词形式）+por（被动句中标引施动者的介词）+NP$_{致移主体}$"，位移客体置于致移动词之前；二是自复被动句式"se（被动义代词）+V$_{致移}$+NP$_{位移客体}$"/"NP$_{位移客体}$+se（被动义代词）+V$_{致移}$"，位移客体常置于致移动词之后。例如：

（263）a. 移民结束的那个黑暗的时刻，弗雷斯和AA一起**被带出**澳大利亚。

b. Durante los aciagos días del final de la Gran Migración，Fraisse y AA **fueron sacados** de Australia.

例（263b）"Fraisse y AA fueron sacados de Australia"中"Fraisse y AA（弗雷斯和AA）"是位移客体，"fueron"是系动词"ser"的陈述式简单过去时第三人称复数形式，与位移客体保持数的一致，"sacados"是"sacar（带出）"的过去分词形式，与位移客体保持性、数一致。过去分词的构成是原形动词的词根不变，将动词词尾换为相应的分词词尾：以"-ar"结尾的第一变位动词将"-ar"换为"-ado"，如"sac-ar（带出，动词）"——"sac-ado（分词）"；以"-er"结尾的第二变位动词和以"-ir"结尾的第三变位动词将"-er"或"-ir"变为"-ido"，如"cog-er（拿，动词）"——"cog-ido（分词）"、"sub-ir（上，动词）"——"sub-ido（分词）"。上述分词都是阳性单数的形式，"sacado"表明位移客体为阳性单数，阴性单数需改变表明性的语素"-o"为"-a"，即"sacada"，阳性复数和阴性复数需添加表明数的语素"-s"，即"sacados""sacadas"。如"女学生们被带出""las alumnas（女学生们）fueron（系动词）sacadas（带出，分词）"。再如：

（264）a. 莫沃维奇和关一帆各抓住一只手，立刻都**被拉进**了四维空间。

b. Cada uno de ellos les cogió，y **fueron introducidos** en el espacio tetradimensional.

同理，例（264b）"fueron（系动词）introducidos（拉进，分词）"，位移客体为"莫沃维奇和关一帆"，为阳性复数的形式，致移动词的分词形式也应为阳性复数与其保持一致。纯被动句式完整的结构为"位移客体+ser（系动词）+p.p.（致移动词的过去分词形式）+por（被动句中标引施动者的介词）+致移主体"，而例（263b）（264b）均未出现致移主体，体现了被动句式突显受事的特征。

上述例句为纯被动句式，而西语的自复被动结构比纯被动结构的限制更多。首先，自复被动结构中的位移客体通常为无致移力的实体；其次，"se"作为被动义的标记不能随位移客体的性、数改变形式；最后，自复被动句中通常不可出现致移主体。例如：

（265）a. 小船就**被**前方水面的张力**拉过去**了。

b. Pero como la tensión del agua que el barco tenía delante se mantenía, el barco **se impulsaba** hacia delante.

例（265b）与前两例不同，"el barco（船）se（被动义代词）impulsaba（推）hacia（向）delante（前面）"为自复被动句式，"el barco（船）"为位移客体，被动义代词"se"为标记词，"impulsaba（推）"为致移动词陈述式过去未完成时的动词变位，结构为"NP$_{位移客体}$+se（被动义代词）+V$_{致移}$"。但在西班牙语自复被动句中最常用的表达形式为"se（被动义代词）+V$_{致移}$+NP$_{位移客体}$"，位移客体常置于核心动词之后。

此外，汉西语平行语料库中，65.38%的汉语被动态表达的致移事件转换成了西语的主动句式，再次表明了西班牙语致移事件中主动态为优选表达模式。例如：

（266）a. 一切都混乱无序，地上有玻璃和花盆的碎片，甚至连**窗帘**都**被扯**了下来。

b. Todo estaba revuelto y fuera de sitio, por el suelo había cristales y tiestos rotos, y hasta **habían arrancado** de sus barras **las cortinas**.

（267）a. 我目送着吴碧霞**被**两名警察架着胳膊**推上**警车时……

b. Mientras yo seguía con la mirada a los dos policías que **empujaban** a Wu Bixia dentro del coche, agarrándola por los brazos.

（268）a. 我想起，上次探亲时听母亲唠叨过，他**被**王脚**赶出**了家门。

b. Recordé que la última vez que volví a casa, mi madre me dijo varias veces que Wang Jiao **había echado** a su hijo y que ahora estaba dando vueltas por el mundo.

例（266a）（267a）（268a）的位移客体分别为"窗帘""吴碧霞"和"他（指前文出现的儿子）"，是句子的焦点。汉语被动句中位移客体可为［±有生］，但是西班牙语被动句中，位移客体为［+有生］时通常使用主动句，位移客体为［-有生］时，可使用主动句或被动句。被动句中位移客体是焦点，致移主体是言/叙者认为并不重要的实体，在转换为主动句时常为不定指成分，动词使用无人称形式。

例（266b）致移动词"habían arrancado（扯）"为陈述式过去完成时第三人称复数的形式，是西班牙语中无人称的表达形式之一，即"他们扯下了窗帘"，致移主体"他们"可以是对位移事件表述无关紧要的信息，也可以是根据语境可以判断出来的致移主体。

例（267b）将"吴碧霞被两名警察推上警车"的被动态结构转化为"dos policías（两名警察）empujaban（推）a Wu Bixia（吴碧霞）dentro（在内部）del coche（车）"的主动态结构，纯被动结构应为"Wu Bixia（吴碧霞）fue（系动词）empujada（推，分词）por（被动句中标引施动者的介词）dos policías（两名警察）"。

例（268b）将被动态结构"他被王脚赶出了家门"转化为主动态结构"Wang Jiao（王脚）había echado（赶）a su hijo（他儿子）"，纯被动结构应为"su hijo（他儿子）había sido（系动词）echado（赶，分词）por（被动句中标引施动者的介词）Wang Jiao（王脚）"。

可见，致移主体未出现的被动句转主动句时，常用致移动词第三人称复数变位的无人称形式，致移主体出现的被动句转主动句为正常的"NP$_{致移主体}$+V$_{致移}$+NP$_{位移客体}$"。

综上，汉西语都是以主动态为主的类型，区别在于汉语的主动态有两种形式，即"NP$_{致移主体}$+V$_{致移}$+V$_{路径}$+NP$_{位移客体}$"和"把"字句，西班牙语为一种形式，即"NP$_{致移}$+V$_{路径}$+NP$_{位移客体}$"；汉语被动态有一种形式，即"被"字句，而西班牙语有两种，即纯被动结构"NP$_{位移客体}$+ser+p.p.+por+NP$_{致移主体}$"和自复被动结构"se（被动义代词）+V$_{致移}$+NP$_{位移客体}$"。汉语"被"作为助词时，用在动词前，表示被动的动作，但不言明施动者（吕叔湘，1999：68）。西班牙语自复被动句与之相似，通常致移主体（施动者）不能出现在句中。

5.3.3 汉语"V$_{致移}$+V$_{路径}$"/西语"V$_{致移}$"与NP$_{背景}$及方位词的组合

汉西语致移事件表达中NP$_{背景}$的句法位置及方位词的隐现与自移事件相似，但是常开启的是起点背景视窗和终点背景视窗，经过点背景视窗较少开启。汉语NP$_{起点}$通常置于"V$_{致移}$+V$_{路径}$"之前，NP$_{终点}$通常置于其后；西班牙语无论是NP$_{起点}$还是NP$_{终点}$，通常都置于"V$_{致移}$"之后，但是NP$_{背景}$与同样置于动词后的NP_{位移客体}受到距离象似性和重成分后置原则的制约，可呈现两种句法位置关系。

此外，位移客体与参照背景的空间方位关系编码也不同，汉语根据参照背景的界态、维度及处所义的强弱程度决定方位词的隐现，［+有界］［-零维］［-处所义］的参照背景通常需要方位词明确空间方位关系，［-有界］［+零维］［+处所义］的参照背景可由方位词明确标出，也可隐现方位词。西班牙语致移事件很少用方位副词标明位移客体与参照背景的空间关系，而是由致移动词、介词和背景共同激活。

5.3.3.1　汉语"Pre+NP_{起点}（+L）+V_{致移}+V_{路径}+NP_{位移客体}"与西语"V_{致移}+NP_{位移客体}+Pre+NP_{起点}"

汉西语致移事件都可以出现参照背景，起点背景通常由介词"从"和"de"介引，但是汉西语起点背景的句法位置不同。汉语和西班牙语都是SVO型语言，刘丹青（2017：225）指出VO语言里通常介词短语位于动词之后，而汉语比较特殊，介词短语主要位于动词之前。例如：

（269）a. 瓦西里**从**宇宙服的衣袋**中掏出**一个小东西。

b. Vasilenko **sacó**　　algo　　**del**　bolsillo de su traje espacial.

　　使由里向外移动　　某物　从　　宇宙服的衣袋

（270）a. 两个人**从**车**上抬下**一个箱子。

b. Los dos hombres　**bajaron**　　una caja　　**del**　coche.

　　　　　使自上而下移动　一个箱子　　从　　车

（271）a. 一个农民**从**村长手**里拿过**"玩具"。

b. Un campesino **tomó**　el «juguete»　**de**　las manos del jefe.

　　　　　　　拿　　　玩具　　从　　村长的手

例（269a）（270a）（271a）的参照背景"衣袋""车""村长（的）手"均为起点背景，由介词"从"介引，置于动趋式"掏出""抬下""拿过"之前。例（269b）（270b）（271b）介词"de"标引的介词短语"del（从）bolsillo（衣袋）""del（从）coche（车）""de（从）las manos del jefe（村长的手）"作为参照背景分别置于致移动词之后。例（269b）"sacó（使由里向外移动）"和例（270b）"bajaron（使自上而下移动）"说话人突显了［致使+路径］的概念，例（271b）"tomó（拿）"突显了［致使+方式/原因］的概念，而汉语"掏出""抬下""拿过"均为［致移+方式/原因］+［路径］。

上述西班牙语致移事件表达中位移客体都没有修饰成分，因位移客体与致移动词的语义距离更近，背景置于其后，但是如果位移客体修饰成分较长时，背景置于其前。例如：

（272）a. Bajaron　　　　　del　coche　una caja llena de juguetes.

　　　　使自上而下移动　　从　　车　　一个装满玩具的箱子

　　　　b. 他从车上抬下一个装满玩具的箱子。

例（272a）位移客体"caja（箱子）"有较长的修饰语"llena de juguetes（装满玩具的）"，根据重成分后置原则，通常置于参照背景之后。

除了起点背景的句法位置差异，位移客体受力移动前与参照背景的空间位置关系的表达形式也不同。

汉语处所义较低的名词通常后附方位词编码构向，如例（269a）（270a）（271a）中"衣袋""车""村长（的）手"都是处所义较低的名词，且具有有界性，被视为三维的实体，没有方位词"中""上""里"编码构向，则无法表明位移客体与参照背景的空间方位关系。

而西班牙语例句未出现方位副词，方位关系由致移动词自身的概念结构激活，或者参照背景仅被视为零维实体，无须表明构向。如例（269b）致移动词"sacó（使由里向外移动）"已经体现了位移客体移动前应处于参照背景的内部，因此无须方位副词"dentro（……里）"再次编码构向。例（270b）说话人并不强调位移客体"caja（箱子）"发生位移前与车的空间方位关系是车顶、车里还是车底，参照背景"coche（车）"被视为零维实体。同理，例（271b）参照背景"手"也被视为零维实体，无须方位词编码构向。

汉语起点背景前置于"$V_{致移}+V_{路径}$"时，方位词编码构向的频率较高。BCC语料库中随机抽取的100例背景前置与动词的致移事件句，90%都有方位词编码构向，10%未用方位词编码构向的背景为区域专名或有界的三维实体。例如：

动用六十头壮牛横跨整个新大陆，从**纽约**运回一台蒸汽机。

小松从**上衣口袋**掏出marlboro烟盒。

我从**抽屉**掏出t恤，把头骨整个罩起，继续看《基·拉戈》。

5.3.3.2 "把+NP$_{位移客体}$+Pre+NP$_{起点}$（+L）+V$_{致移}$+V$_{路径}$"/"把+NP$_{位移客体}$+V$_{致移}$+V$_{路径}$+NP$_{终点}$（+L）"与西语"V$_{致移}$+NP$_{位移客体}$+Pre+NP$_{背景}$"

前文所述的主谓句中起点背景常位于"V$_{致移}$+V$_{路径}$"之前，汉语"把"字句中起点背景也位于"V$_{致移}$+V$_{路径}$"之前，但是常位于"把+NP$_{位移客体}$"之后。西班牙语仍为"V$_{致移}$+NP$_{位移客体}$+Pre+NP$_{起点}$"的表达形式。例如：

（273）a. 我**把**那团皱皱巴巴的布料从铁架上**拿下来**。

　　　 b. **Retiré** el gurruño **de** la superficie de hierro.

　　　　　 拿下　　 布料　 从　　　　铁架

（274）a. 维德点点头，**把**雪茄从嘴里**拿出来**。

　　　 b. Wade asintió y **se quitó** el puro **de** la boca.

　　　　　　　　　　　 拿出　 雪茄　从　 嘴

（275）a. 村里的车把式王脚，赶着马车，**把**那吨煤从县城**运回**。

　　　 b. Wang Jiao，el carretero，**transportaba** el carbón **desde**

　　　　　　　　　　　　　　　　　运　　　 煤　　　 从

　　　 el centro del distrito hacia nuestro pueblo.

　　　　 县城　　　　 向　　 我们村

例（273a）（274a）（275a）"把"标引的位移客体"布料""雪茄""煤"都置于句首，因为"把"字句突显的焦点就是位移客体，而背景作为补充说明成分置于其后。西班牙语没有"把"字句，因此介词标引背景置于致移动词之后。例（273a）（274a）参照背景"铁架"和"嘴"的处所义较弱，因此有方位词"上""里"编码构向；例（275a）"县城"处所义强，无方位词编码构向。而西语例（273b）（274b）（275b）均无方位副词编码构向。

汉语致移事件中的终点背景通常出现在"把"字句里。张旺熹（2001）提出"把"字句更多的情况是隐含受力物体所在起点，形成物体、动力和位移终点共现的典型形式。我们收集的平行语料中"把"字句共211例，含起点背景的比例为12.15%、终点背景的比例为56.35%，其他为无背景句式。例如：

（276）a. 我**把**我的钥匙圈狠狠地**扔进**了深深的潭水中。

　　　 b. **Arrojé** mi llavero muy lejos，**en** el agua profunda.

　　　　 扔　 我的钥匙　　　　　　 介词　 深深的潭水

（277）a. 歌者**把**质量点**放回**仓库。

    b. Rapsoda **devolvió**   el punto de masa   **al**   almacén.

      使回到   质量点   介词   仓库

（278）a. ……四眼他们村的村长**把**一头水牛**推下**了一条深谷。

    b. …el jefe de la aldea del Cuatrojos，deliberadamente，

    había empujado   un búfalo   **a**   un barranco.

      推   一头水牛 介词 一条深谷

    例（276a）（277a）（278a）"潭水""仓库"和"深谷"为致移事件的终点背景，位于"V$_{致移}$+V$_{路径}$"结构"扔进""放回""推下"之后，位移客体"钥匙圈""质量点""水牛"由"把"标引，置于"V$_{致移}$+V$_{路径}$"结构之前。"扔""放""推"等致移动词表达了致移事件的［致使义］，"进""回""下"等路径动词表达了［路径义］。例（276b）（278b）的终点背景由介词"en"和"a"标引，置于致移动词之后。按照SVO的语序特征，位移客体跟在致移动词之后，介词短语作为补语成分位于位移客体之后。虽然都是位于致移动词之后的背景，但是汉语可以由路径动词表路径，而西语由致移动词或介词表路径。

    例（276a）终点背景"潭水"处所义较弱，后附方位词"中"表明位移客体受力发生移动后与参照背景的空间方位关系；例（277a）-（278a）"仓库"和"深谷"处所义较强，此时无须方位词编码构向"里/中"。例（276b）介词"en（在/到……里）"与有向致移动词"Arrojé（扔）"共同编码了位移客体位移后处于参照背景"潭水"内部的空间关系；例（277b）（278b）则是由介词"a"标引了被视为零维的参照背景"almacén（仓库）"和"barranco（深谷）"，此时仅突显位移的终点，而未关注位移客体与终点背景的空间关系。

    综上，汉语致移事件的起点背景通常置于"V$_{致移}$+V$_{路径}$"之前，终点背景通常置于"V$_{致移}$+V$_{路径}$"之后；西班牙语起点背景和终点背景都由介词标引置于致移动词之后。与自移事件的认知图式相同，汉语不仅关注致移事件中位移客体移动的路径，也关注其移动前或移动后与参照背景的空间位置关系；而西班牙语更多关注的是位移客体的位移路径，与背景的空间关系可以由介词表达

也可以默认而不表达在语言层面。

5.4　对汉西语位移致使性表达差异的解释

汉西语位移致使性的语言表征及表达形式在［致移力］［致移方式］［背景］［构向］等方面呈现出诸多相同点和不同点，除了受到与自移事件相似的语序类型、运动事件框架类型、构向默认机制等方面的影响，其相异点还与两种语言的形态类型和格标记差异有关。

5.4.1　分析型与综合型的差异

戴庆夏（2020）提出研究汉语必须要有"分析型"的眼光，分析型语言具有单音节性、复合词丰富、缺少形态变化、语序固定、虚词发达、韵律丰富等特点。西班牙语基本属于综合型，具有多音节性、形态变化丰富、语序不甚固定及虚词不甚发达等特点。这两种语言类型的差异决定了各自语言结构的特点，其中音节性的差异对［致使］与［路径］在汉西语语言表层的投射影响颇大，汉语用［致使+方式/原因］+［路径］编码位移事件，而西班牙语用含有［致使+路径］［致使+指示］［致使+方式/原因］或［致使+路径+方式/原因］等语义要素的致移动词编码。例如：

拿	来	traer（带来，拿来）
［致使+方式/原因］+	［指示］	［致使+指示］
送	去	llevar（送去）
［致使+方式/原因］+	［指示］	［致使+指示］
挪	上	subir（使自下而上移动）
［致使+方式/原因］+	［路径］	［致使+路径］
		mover（挪）
		［致使+方式］
扔	下	tirar$_2$（扔）
［致使+方式/原因］+	［路径］	［致使+方式/原因］
		tirar$_1$（扔下）

$$[\,致使+路径+方式/原因\,]$$

投　　　　进　　　　　tirar$_2$（投）

$$[\,致使+方式/原因\,]+[\,路径\,]\qquad[\,致使+方式/原因\,]$$

meter（使由外向内移动）

$$[\,致使+路径\,]$$

拉　　　　出　　　　　sacar（使由内向外移动）

$$[\,致使+方式/原因\,]+[\,路径\,]\qquad[\,致使+路径\,]$$

tirar$_{24}$（拉）

$$[\,致使+方式\,]$$

放　　　　回　　　　　poner（放）

$$[\,致使+方式/原因\,]+[\,路径\,]\qquad[\,致使+方式\,]$$

devolver（使回到）

$$[\,致使+路径\,]$$

牵　　　　过　　　　　tirar$_{24}$（拉）

$$[\,致使+方式/原因\,]+[\,路径\,]\qquad[\,致使+方式\,]$$

pasar（使过）

$$[\,致使+路径\,]$$

　　汉语作为分析型语言具有单音节性，汉语"V$_{致移}$+V$_{路径}$"结构表达的致移事件中，多数是致移动词表[致使+方式/原因]、路径动词表[路径]，两个单音节的动词组合在一起编码致移事件，即[致使]+[路径]独立编码的形式，如"拿来、送去、挪上、扔下、投进、拉出、放回、牵过"等。而西班牙语多音节的动词可以融合[致使][路径][方式/原因]等概念，如"traer（带来）""llevar（送去）""sacar（拉出、拔出、掏出、抽出）""tirar$_1$（扔下）"等，用一个融合了不同概念的致移动词来编码致移事件。因此，汉语属于分析型语言，西班牙语属于综合型语言，而两种语言的类型差异使其表达形式也产生了明显的差异性。

5.4.2　格标记差异

　　位移客体是致移事件突显的主要概念要素之一，在表层编码上同样也是很重要的。当位移客体为旧信息时，为了避免冗余，汉语可采用两种手段：一是用代词代替名词；二是省略上下文可推断出的位移客体。西班牙语避免重复只能用人称代词指代位移客体，不可省略。

汉语人称代词没有形态变化，即无格标记，"你、我、他"等人称代词既可以充当主语，也可以充当宾语，无形态变化。西班牙语的"格"范畴并不发达（赵士钰，1999：255），通常只有人称代词有四种格的变化，分别为主格（nominativo o recto）、宾格（acusativo）、与格（dativo）、夺格（preposicional u oblicuo）。主格人称代词在句中充当主语、宾格代词充当直接补语（宾语）、与格代词充当间接补语、夺格代词充当景况补语。汉西语用来代替位移客体的人称代词在句中都充当宾语成分，应属宾格。西班牙语则需要用有形态变化的宾格代词代替位移客体。例如：

（279）a. 徐永福晕倒了，同伴们把**他**送回家中。

　　　　b. Xu Yongfu se desmayó，sus compañeros **lo** llevaron a casa.

　　　　　徐永福　　晕倒　　　　同伴们　　**他**　　送　介词　家

（280）a. 他脱下外套，扔进洗衣机。

　　　　b. Se quitó la chaqueta y **la** tiró a la lavadora.

　　　　　（他）脱　外套　并列连词　**它**　扔　介词　洗衣机

例（279a）致移事件句中用人称代词"他"指代了前文的徐永福，避免了重复现象；例（280a）完整的致移事件句为"把外套扔进洗衣机"，但是为了避免冗余，省略了位移客体"外套"及其标记词"把"。例（279b）（280b）都是用宾格代词代替了前文提到的位移客体，受到句法的限制，致移事件中作为旧信息的位移客体不可省略。

例（279b）第三人称阳性单数宾格代词"lo"指代前文的"Xu Yongfu"，因其为男性，单数形式，需用与之保持性、数一致的宾格代词代替，以避免重复；例（280b）第三人称阴性单数宾格代词"la"指代前文的阴性单数名词"chaqueta（外套）"，在形态上与之保持性、数一致。

汉语没有形态变化，也没有格范畴，而西班牙语是形态变化丰富的语言，格标记的差异使汉西语致移事件表现出了不同的表达形式。张斌（2010：1075）提出代词形式是语言的经济性和明晰性的折中形式，既避免了名词形式的烦冗，也避免了零形式的模糊。西班牙语的宾格代词既有经济性（减少了音节数量），也有明晰性（通过宾格代词可看出指代名词的性数）。

5.5 小结

本章节主要基于汉西语致移动词的事件概念结构差异、形态类型差异、格标记差异等对"V_{致移}+V_{路径}"结构的事件表征及编码进行了分类描写与对比研究。

首先，方向性的语义特征决定了汉西语致移动词的表征差异，［+致使］［+泛向］类呈现"一对多"或"多对多"现象，［+致使］［+定向］类呈现"多对一"现象。总体而言，汉语致移动词更倾向于突显［方式］概念，西班牙语致移动词更倾向于突显［路径］概念。

其次，汉语致移事件最优选的表达模式为"V_{致移}+V_{路径}"，如"扔下"，致移动词"扔"为核心动词，"下"为趋向补语，也就是附加成分，因此具有附加语框架语言的特点，［致使］和［路径］两个语义要素分开编码，具有一定的分析型语言的特征；而西班牙语最常用"V_{致移}"编码，如"tirar（扔下）"，［路径］融合在核心动词中，［致使］和［路径］两个概念要素由一个形式编码，具有一定的综合型语言的特征。汉西语NP_{位移客体}在致移事件中都可置于动词前或动词后，但是汉语NP_{位移客体}的句法位置分布更为复杂。在主谓句中NP_{位移客体}常置于动词之后，并受多种因素的影响与路径动词呈现了多样的句法位置关系，在"把"字句和"被"字句中置于致移动词之前。西语NP_{位移客体}通常置于致移动词之后，作为已知信息的位移客体，可由宾格代词代替，置于变位动词之前，被动态句式常置于V_{致移}之前。另一方面，与NP_{背景}共现时，汉语不仅需要用介词介引背景，还要根据背景的特征编码构向；而西语由致移动词和介词共同激活构向，西语NP_{背景}常置于V_{致移}和NP_{位移客体}之后，但当NP_{位移客体}有较长的修饰语时，根据重成分后置原则置于NP_{背景}之后。此外，汉西语体致使类型的差异导致身姿变化引起的位移事件的表达形式不同。

总之，"V_{致移}+V_{路径}"结构的事件表征及编码的差异性大于共性。除了词汇本身的概念结构和语序类型、构向默认机制等影响了汉西语致移事件的表达，形态类型、格标记等差异也是影响汉西语致移事件编码的重要因素。

第6章　结语

位移事件是人类认知中普遍存在的概念范畴。本书在认知语言学、语言类型学、对比语言学等理论框架下，以位移事件的概念语义要素为出发点，系统对比汉西语位移动词的表征异同，并对位移事件的表达形式给予深入而细致的描写与分析，进而探讨影响汉西语位移表达差异的因素。具体研究成果主要有如下几点。

第一，对比分析汉西语位移事件表征上的异同点。汉西语位移动词的概念结构不同，致使其表征位移事件时突显的概念要素也不尽相同。汉语简单路径动词只表征［路径］一种概念要素，表征具有概括性；西语除了具有表征概括的路径动词，还有表征多种概念要素的路径动词；汉语复合路径动词还表征言/叙者对位移事件的［主观视角］，而西班牙语只有指示路径动词表征［主观视角］，在位移事件中［主观视角］的参与度远低于汉语。汉语位移方式动词和致移动词都突显［方式］概念，而西班牙语更加突显［路径］概念。汉语位移方式动词主要突显方式的［样态］［速度］［位移力］和位移［方向］［介质］等语义要素，而西班牙语有的位移方式动词除了表征上述语义要素，还同时表征位移的［轨迹］或位移的［背景］；汉语致移动词多数都具有［致移方式］的语义特征，突显对［方式］的描写，而西班牙语致移动词则侧重于位移客体移动［路径］的表征，甚至有些致移动词不具有［方式］概念。

第二，对比分析汉西语位移事件表达形式上的异同点。根据对平行语料进行观察发现，汉西语位移动词表达位移事件时，既有共性也有差异，但是总体而言，差异大于共性。首先，西班牙语位移事件表征中［方式］和［主观视角］常为默认信息，不在语言层面表达，这就导致了汉语"V$_{方式}$+V$_{路径}$"为优选表达模式的自移事件，西班牙语常用"V$_{路径}$"单独编码，或者汉语

"V$_{致移}$+V$_{路径}$"为优选表达模式的致移事件，西班牙语常用"V$_{致移}$"单独编码。其次，位移动词与背景表达成分NP$_{背景}$共现时，汉语NP$_{背景}$有多个句法位置，除了受到动词的性质、NP$_{背景}$的性质、"了"及语境的影响，更要受到语义距离象似性原则的制约；而西班牙语NP$_{背景}$通常置于位移动词之后，NP$_{背景}$与动词后其他成分的位置关系虽然也遵守距离象似性原则，但更受到重成分后置原则的制约。自移事件中的无定NP$_{位移主体}$和致移事件中的NP$_{位移客体}$的句法位置也呈现了相同的规律。最后，汉语根据参照背景的性质及界态特征可以选择是否用方位词编码构向，NP$_{背景}$为处所义较弱的普通名词时，或者具有三维特性的实体需要进一步确认与位移主体或位移客体的空间方位关系时，通常由方位词编码构向；而西班牙语几乎不用方位副词编码构向，空间关系可由位移动词与介词共同激活。

第三，揭示汉西语位移表达差异的主要影响因素。首先，汉语"V$_{方式}$+V$_{路径}$"和"V$_{致移}$+V$_{路径}$"与西语"V$_{路径}$"和"V$_{致移}$"的优选表达模式进一步表明汉语倾向于附加语框架语言和分析型语言，而西班牙语是比较典型的动词框架语言和综合型语言的类型特征。其次，尽管汉西语都被归为SVO型语言，但是西班牙语是比较典型的SVO型语言，遵守大部分SVO型语言的语序规则，而汉语是非典型SVO型语言，常有不同的语序规则。此外，汉西语位移事件中注意视窗开启阶段不同导致的表达差异，如汉语路径动词"去"通常开启终端视窗，常与NP$_{终点}$共现，西班牙语除了有开启终端视窗的"ir（去）"必须与NP$_{终点}$共现，还有常开启起点视窗的"irse（去/离开）"，可不与NP$_{终点}$共现。对位移图式认知的差异，使得汉语既关注位移事件中的动态位移，也关注静态的位移主体或位移客体与参照背景的空间关系，是两幅重叠的认知图式，而西班牙语更加关注动态位移，倾向于理解为一幅认知图式，也可以说西班牙语默认了［构向］概念，［主观视角］［路向］［方式］及作为已知信息的［背景］也是西语位移事件中常默认的概念要素，不出现在表达形式中。最后，体标记与格标记的差异也影响了汉西语位移事件的表达。

总体而言，汉语和西班牙语的语言类型差异、汉民族和西班牙民族的认知差异对汉西语的位移事件表达产生了重要的影响。因此，在对西班牙语母语者的汉语二语教学和对汉语母语者的西班牙语二语教学中，不能只是做一些简单的位移动词对比教学或介词对比教学，而是应从整体的位移事件的角度对概念语义结构进行对比分析和讲解，从类型学和认知的角度深入解释差异产生的原因，从而在概念层面帮助学习者建立位移事件表达能力。

虽然本书按照论文的研究目标及研究步骤已经取得了一些研究成果，但是还存在很多不足的地方。

书中汉西语平行语料的选取仅局限于书面性的叙事语篇，对口语性较强的对话语篇涉及较少，不同类型的语料是否会对汉西语位移表达产生不同的影响还需要进一步进行定量与定性相结合的研究。由于笔者理论水平有限，对影响汉西语位移事件表达差异的因素的解释无论是在深度还是在广度上都有待加强，除书中分析的影响因素外，如韵律对汉语位移事件表达的影响也值得用大量的语料做进一步的实证研究。

参考文献

中文文献

A. 图书专著

[1] 程荣. 同义词大词典（第二版）[M]. 上海：上海辞书出版社, 2018.

[2] 储泽祥. 汉语空间短语研究[M]. 北京：北京大学出版社, 2010.

[3] 范立珂. 位移事件的表达方式探究："运动"与"路径"、"句法核心"与"意义核心"的互动与合作[M]. 上海：复旦大学出版社, 2015.

[4] 沈阳, 冯胜利. 当代语言学理论和汉语研究[M]. 北京：商务印书馆, 2008.

[5] 郭锐. 现代汉语词类研究[M]. 北京：商务印书馆, 2002.

[6] 郭晓麟. 现代汉语趋向结构系统的功能研究：基于事件语义学的考察[M]. 北京：中国书籍出版社, 2016.

[7] 纪瑛琳. 语言、认知与空间研究[M]. 北京：中国社会科学出版社, 2015.

[8] 纪瑛琳. 空间运动事件的表达：基于语言类型学和习得角度的研究[M]. 北京：中国社会科学出版社, 2014.

[9] 兰盖克. 认知语法基础（第一卷）：理论前提[M]. 牛保义, 王义娜, 席留生, 等译. 北京：北京大学出版社, 2013.

[10] 刘丹青. 语序类型学与介词理论[M]. 北京：商务印书馆, 2003.

[11] 刘月华. 趋向补语通释[M]. 北京：北京语言文化大学出版社, 1998.

[12] 刘月华, 潘文娱, 故韦华. 实用现代汉语语法（增订本）[M]. 北京：商务印书馆, 2004.

[13] 吕叔湘. 现代汉语八百词（增订本）[M]. 北京：商务印书馆, 1999.

[14] 马云霞. 汉语路径动词的演变与位移事件的表达[M]. 北京：中央民族大学出版社, 2008.

[15] 孟琮, 郑怀德, 孟庆海, 等. 汉语动词用法词典 [M]. 北京: 商务印书馆, 1999.

[16] 齐沪扬. 现代汉语空间问题研究 [M]. 上海: 学林出版社, 1998.

[17] 石毓智, 李讷. 汉语语法化的历程: 形态句法发展的动因和机制 [M]. 北京: 北京大学出版社, 2001.

[18] 史文磊. 汉语运动事件词化类型的历时考察 [M]. 北京: 商务印刷馆, 2014.

[19] 束定芳. 认知语义学 [M]. 上海: 上海外语教育出版社, 2008.

[20] 泰尔米. 认知语义学 (卷 I) [M]. 李福印, 等译. 北京: 北京大学出版社, 2020.

[21] 泰尔米. 认知语义学 (卷 II) [M]. 李福印, 等译. 北京: 北京大学出版社, 2019.

[22] 王力. 中国现代语法 [M]. 北京: 商务印书馆, 1985.

[23] 王宜广. 现代汉语动趋式的语义框架及其扩展路径研究 [M]. 北京: 中国社会科学出版社, 2016.

[24] 王寅. 什么是认知语言学 [M]. 上海: 上海外语教育出版社, 2016.

[25] 吴平. 汉语特殊句式的事件语义分析与计算 [M]. 北京: 中国社会科学出版社, 2009.

[26] 吴平, 郝向丽. 事件语义学引论 [M]. 北京: 知识产权出版社, 2017.

[27] 赵士钰. 汉语、西班牙语双语比较 [M]. 北京: 外语教学与研究出版社, 1999.

[28] 张斌. 现代汉语描写语法 [M]. 北京: 商务印书馆, 2010.

[29] 张绪华. 西班牙语修辞 [M]. 上海: 上海外语教育出版社, 2009.

[30] 张敏. 认知语言学与汉语名词短语 [M]. 北京: 中国社会科学出版社, 1998.

[31] 曾传禄. 现代汉语位移空间的认知研究 [M]. 北京: 商务印书馆, 2014.

[32] 曾永红. 运动事件表达研究: 母语特征及其对二语习得的影响 [M]. 长沙: 中南大学出版社, 2017.

[33] 中国社会科学院语言研究所词典编辑室. 现代汉语词典 (第7版) [M]. 北京: 商务印书馆, 2016.

B. 论文集析出文章

[1] 方经民. 现代汉语空间名词性成分的指称性 [C]. //中国语文杂志社. 语法研究和探索 (十二). 北京: 商务印书馆, 2003:196-209.

［2］齐沪扬.动词移动性功能的考察和动词的分类［C］.//中国语文杂志社.语法研究和探索（十）.北京：商务印书馆，2000:73-84.

［3］吕叔湘.通过对比研究语法［A］.《吕叔湘语文论集》［C］.北京：商务印书馆，1983.

［4］齐沪扬.动词移动性功能的考察和动词的分类［A］.《语法研究和探索》（十）［C］.北京：商务印书馆，2000.

［5］鹈殿伦次.汉语趋向性复合动词与处所宾语［A］.《日本近、现代汉语研究论文集》［C］.北京：北京语言学院出版社，1993.

［6］王玮.空间位移域的语义地图研究［A］.《汉语多功能语法形式的语义地图研究》［C］.北京：商务印书馆，2015.

C. 学位论文

［1］陈佳.论英汉运动事件表达中"路径"单位的"空间界态"概念语义及其句法—语义接口功能［D］.上海：上海外国语大学，2010.

［2］崔希亮.汉语介词与位移事件［D］.北京：北京大学，2004.

［3］丁萍.动趋式与位移事件的表达——以矢量为"离开"的动趋式为例［D］.上海：上海师范大学，2014.

［4］范立珂.位移事件的表达方式研究——"运动"与"路径"、"句法核心"与"意义核心"的互动与合作［D］.上海：上海外国语大学，2013.

［5］钢楚伦.汉语空间介词与蒙语相应表达方式对比研究［D］.北京：北京语言大学，2008.

［6］刘静.汉韩运动事件表达的认知对比研究——以"路径"概念语义为中心［D］.上海：上海外国语大学，2012.

［7］刘岩.现代汉语运动事件表达模式研究［D］.天津：南开大学，2013.

［8］阮氏青兰.汉—越语空间位移范畴的对比研究［D］.长春：吉林大学，2013.

［9］薛玉萍.维汉空间范畴表达对比研究［D］.武汉：华中师范大学，2013.

［10］王莹.汉蒙语位移事件表征及蒙古族学生习得汉语位移表达研究［D］.长春：吉林大学，2021.

［11］姚家兴.汉语维吾尔语位移事件词化模式对比研究［D］.北京：中央民族大学，2019.

［12］郑国峰. 英汉位移运动事件切分与表征对比研究［D］. 上海：上海外国语大学, 2011.

D. 学术论文

［1］常娜. 动趋式"V上"的语义与位移事件表达［J］. 汉语学习, 2018（5）：29-38.

［2］陈昌来. 论动后趋向动词的性质——兼谈趋向动词研究的方法［J］. 烟台师范学院学报（哲学社会科学版）, 1994（4）：64-70.

［3］陈佳. 论英汉运动事件的有界与无界词化模式和句子建构［J］. 北京第二外国语学院学报, 2014（6）：22-29.

［4］陈忠. 复合趋向补语中"来/去"的句法分布顺序及其理据［J］. 当代语言学, 2007（1）：39-43；94.

［5］陈忠. 汉英语序组织的变量竞争与调适机制［J］. 语言教学与研究, 2020（6）：37-46.

［6］程潇晓. 汉语二语者路径动词的混用倾向及其成因——聚焦指示语义成分的类型学分析［J］. 汉语学习, 2017（5）：70-82.

［7］程潇晓. 五种母语背景CSL学习者路径动词混淆特征及成因分析［J］. 华文教学与研究, 2015（4）：9-21.

［8］崔希亮. "把"字句的若干句法语义问题［J］. 世界汉语教学, 1995（3）：12-21.

［9］崔希亮. 汉语空间方位场景与论元的凸显［J］. 世界汉语教学, 2001（4）：3-11.

［10］崔希亮. 空间关系的类型学研究［J］. 汉语学习, 2002（1）：1-8.

［11］崔希亮. 事件分析中的八种对立［J］. 世界汉语教学, 2018（2）：162-172.

［12］戴庆夏. 论分析型语言研究法的构建［J］. 中央民族大学学报（哲学社会科学版）, 2020（6）：23-33.

［13］邓巧玲, 李福印. 中国英语学习者汉语运动事件言语表征中的反向概念迁移的实证研究［J］. 外语与外语教学, 2017（1）：73-85；148.

［14］邓宇, 李福印. 现代汉语运动事件切分的语义类型实证研究［J］. 现代外语, 2015（2）：194-205；292.

［15］邓宇, 李福印. 现代汉语是均等框架语言吗?——从Leonard Talmy与Dan Slobin的运动事件类型学之争谈起［J］：语言学研究, 2017（2）：113-123.

［16］董银燕. 汉英运动事件语用倾向性异同的实证研究［J］. 外国语言文学, 2015

（4）：242-251；268.

[17] 范立珂. 句法分布与概念变化的对应与互动——谈"来/去"的三种"位移概念"[J]. 语言教学与研究, 2014（1）：59-66.

[18] 范立珂. 试探"进、出"的位移事件表达[J]. 西安外国语大学学报, 2016（4）：21-24.

[19] 范立珂. "V来"和"V到"的替换条件及认知动因[J]. 汉语学习, 2012（1）：104-112.

[20] 方经民. 论汉语空间区域范畴的性质和类型[J]. 世界汉语教学, 2002（3）：37-48；3.

[21] 方经民. 现代汉语方位成分的分化和语法化[J]. 世界汉语教学, 2004（2）：5-15；2.

[22] 方经民. 汉语空间方位参照的认知结构[J]. 世界汉语教学, 1999（4）：32-38.

[23] 高兵, 李华, 李甦. 运动事件编码的语言类型学研究[J]. 山东师范大学学报（人文社会科学版）, 2011（3）：86-89.

[24] 古川裕. <起点>指向和<终点>指向的不对称性及其认知解释[J]. 世界汉语教学, 2002（3）：49-58；3.

[25] 谷峪, 林正军. 中国英语学习者运动事件编码的修辞风格研究[J]. 解放军外国语学院学报, 2020（2）：93-101；160.

[26] 谷峪, 林正军. 中国英语学习者way构式编码运动事件的实证研究[J]. 现代外语, 2017（3）：336-347；438.

[27] 邓巧玲, 李福印. 中国学生汉语运动事件的言语表征发展研究[J]. 西安外国语大学学报, 2016（2）：27-33.

[28] 郭敏. 介词"向"的语义类别与认知分析[J]. 现代语文（语言研究版）, 2009（7）：84-85.

[29] 韩春兰. 汉语运动事件词汇化模式类型归属探究[J]. 中国海洋大学学报（社会科学版）, 2011（5）：98-101.

[30] 韩大伟. "路径"含义的词汇化模式[J]. 东北师大学报（哲学社会科学版）, 2007（3）：155-159.

[31] 郝美玲, 王芬. 来自不同语言类型的学习者叙述汉语运动事件的实验研究

　　　［J］．世界汉语教学，2015（1）：83-94.

［32］何洪峰. 语法结构中的方式范畴［J］. 语言研究，2006（4）：94-100.

［33］何清强. 英汉已然位移事件句的时间表达［J］. 外语教学，2020（3）：10-16.

［34］侯苏皖. 从位移事件看"上"的语法化［J］. 现代语文（语言研究版），2017
　　　（10）：58-59.

［35］胡晓. 认知视角下汉语同义介词"从""由""自"的语义比较［J］. 现代语文
　　　（语言研究版），2015（10）：20-25.

［36］黄玉花，王莹. 韩国学生汉语运动事件的方式表达与母语误推特征［J］. 海
　　　外华文教育，2019（2）：5-11.

［37］黄月华，李应洪. 汉英"路径"概念词汇化模式的对比研究［J］. 外语学刊，
　　　2009（6）：55-58.

［38］黄月华，白解红. 趋向动词与空间移动事件的概念化［J］. 语言研究，2010
　　　（3）：99-102.

［39］黄月圆，杨素英. 汉语作为第二语言的"把"字句习得研究［J］. 世界汉语教
　　　学，2004（1）：49-59；3.

［40］纪瑛琳. 认知视域下的空间运动事件表达［J］. 外语教学，2019（3）：12-18.

［41］贾红霞，李福印. 状态变化事件与实现事件的概念界定［J］. 外语教学，2015
　　　（1）：22-27.

［42］姜艳艳，陈万会. 近二十年中国英汉运动事件对比研究综观［J］. 广东外语外
　　　贸大学学报，2019（3）：5-11；20.

［43］金辉. 运动动词"来"的认知分析——运动事件视角［J］. 北京第二外国语学
　　　院学报，2015（12）：17-23；70.

［44］阚哲华. 汉语位移事件词汇化的语言类型探究［J］. 当代语言学，2010（2）：
　　　126-135；190.

［45］李冬香. "跑+NP"结构的顺应论解读［J］. 现代语文，2018（9）：129-134.

［46］李福印. 宏事件研究中的两大系统性误区［J］. 中国外语，2013（2）：25-33.

［47］李福印. 静态事件的词汇化模式［J］. 外语学刊，2015（1）：38-43.

［48］李福印. 典型位移运动事件表征中的路径要素［J］. 外语教学，2017（4）：1-6.

［49］李恒，曹宇. 运动事件语义特征和学习方式对中国英语学习者词汇习得的影

响 [J]. 解放军外国语学院学报, 2016 (5): 113-120.

[50] 李淑苹. 移动事件视角下的"把"字句及其英译的认知研究 [J]. 广东外语外贸大学学报, 2013 (3): 43-46; 55.

[51] 李天宇. 汉语运动事件词化类型研究中的几个问题 [J]. 当代语言学, 2020 (3): 395-410.

[52] 李铁范, 齐沪扬. 三十年来现代汉语方式词研究综观 [J]. 汉语学习, 2015 (5): 77-84.

[53] 李遐. 维吾尔语位移动词句法语义互动分析 [J]. 语言与翻译, 2018 (3): 23-28.

[54] 李孝娴. 汉英起点标记介词的对比研究 [J]. 云南师范大学学报 (对外汉语教学与研究版), 2013 (2): 45-51.

[55] 李雪. 汉英移动事件移动主体和参照物语言表达对比 [J]. 外语教学与研究, 2011 (5): 689-701; 799-800.

[56] 李雪. 移动事件类型学的扩展研究——认知与习得研究 [J]. 外语教学, 2015 (1): 38-42.

[57] 李雪. 英汉移动动词的词汇化模式差异及其对翻译的影响 [J]. 外语学刊, 2008 (6): 109-112.

[58] 李雪. 英汉移动动词词汇化模式的对比研究——一项基于语料的调查 [J]. 西安外国语大学学报, 2010 (2): 39-42.

[59] 李雪. 移动事件类型学研究述评 [J]. 外语研究, 2012 (4): 1-9; 112.

[60] 李雪. 空间移动事件概念框架理论述评 [J]. 外语教学, 2012 (4): 18-22.

[61] 周长银, 黄银鸿. 运动事件框架在英汉语言中的结构表征对比研究 [J]. 外国语文, 2012 (S1): 80-84.

[62] 李雪, 白解红. 英汉移动动词的对比研究——移动事件的词汇化模式 [J]. 外语与外语教学, 2009 (4): 6-10.

[63] 李瑶琴, 于善志. 路径动词"到"的语言类型学及不对称研究 [J]. 现代语文 (语言研究版), 2014 (1): 60-62.

[64] 刘丹青. 汉语动补式和连动式的库藏裂变 [J]. 语言教学与研究, 2017 (2): 1-16.

[65] 刘丹青. 汉语中的框式介词 [J]. 当代语言学, 2002 (4): 241-253; 316.

［66］刘华文, 李海清. 汉英翻译中运动事件的再词汇化过程［J］. 外语教学与研究, 2009（5）: 379-385.

［67］刘礼进. 汉语怎样编码位移的路径信息——现代汉语位移事件的类型学考察［J］. 世界汉语教学, 2014（3）: 322-332.

［68］刘宁生. 汉语怎样表达物体的空间关系［J］. 中国语文, 1994（3）: 169-179.

［69］刘岩. 现代汉语运动事件表达中的方式动词［J］: 南开语言学刊, 2013（2）: 36-42.

［70］刘岩. 韩国留学生习得现代汉语运动事件句的偏误分析［J］. 浙江师范大学学报（社会科学版）, 2014（4）: 41-48.

［71］陆丙甫. 语序优势的认知解释（上）: 论可别度对语序的普遍影响［J］. 当代语言学, 2005（1）: 1-15; 93.

［72］陆丙甫. 语序优势的认知解释（下）: 论可别度对语序的普遍影响［J］. 当代语言学, 2005（2）: 132-138.

［73］陆俭明. 关于"有界/无界"理论及其应用［J］. 语言学论丛, 2014（2）: 29-46; 360-361.

［74］陆俭明. 动词后趋向补语和宾语的位置问题［J］. 世界汉语教学, 2002（1）: 5-17.

［75］鹿士义, 高洁, 何美芳. 汉语运动事件表达偏误的类型学考察［J］. 语言教学与研究, 2017（5）: 49-58.

［76］罗思明. 英汉"缓步"类动词的语义成分及词化模式分析［J］. 外语研究, 2007（1）: 12-16; 80.

［77］罗杏焕. 英汉运动事件词汇化模式的类型学研究［J］. 外语教学, 2008（3）: 29-33.

［78］骆蓉. 英汉特殊空间移动构式"路径"表达的认知对比研究［J］. 西安外国语大学学报, 2018（2）: 1-5.

［79］马应聪. 空间位移动词的整合词汇化模型研究［J］. 山东外语教学, 2013（3）: 29-34.

［80］马喆. 现代汉语方所范畴研究述略［J］. 汉语学习, 2009（3）: 78-84.

［81］齐沪扬. 现代汉语的空间系统［J］. 世界汉语教学, 1998（1）: 23-34.

[82] 齐沪扬. 空间位移中主观参照"来/去"的语用含义[J]. 世界汉语教学, 1996
(4): 56-65.

[83] 齐沪扬, 曾传禄. "V起来"的语义分化及相关问题[J]. 汉语学习, 2009
(2): 3-11.

[84] 邵敬敏, 赵春利. "致使把字句"和"省隐被字句"及其语用解释[J]. 汉语学
习, 2005(4): 11-18.

[85] 邵志洪. 英汉运动事件框架表达对比与应用[J]. 外国语(上海外国语大学
学报), 2006(2): 33-40.

[86] 沈家煊. "有界"与"无界"[J]. 中国语文, 1995, (5): 367-380.

[87] 沈家煊. 现代汉语"动补结构"的类型学考察[J]. 世界汉语教学, 2003(3):
17-23; 2.

[88] 朱海燕. 中国英语学习者对自移运动事件中运动方式表达的习得研究[J].
外语与外语教学, 2019(5): 105-114; 134; 150.

[89] 沈家煊. "分析"和"综合"[J]. 语言文字应用, 2005(3): 16-18.

[90] 沈阳. 现代汉语"V+到/在NP_L"结构的句法构造及相关问题[J]. 中国语文,
2015(2): 105-120; 191.

[91] 施春宏. 从句式群看"把"字句及相关句式的语法意义[J]. 世界汉语教学,
2010(3): 291-309.

[92] 施春宏. 句式意义分析的观念、路径和原则——以"把"字句为例[J]. 汉语
学报, 2019(1): 15-30; 95.

[93] 石毓智. 论汉语的进行体范畴[J]. 汉语学习, 2006(3): 14-24.

[94] 史文磊. 国外学界对词化类型学的讨论述略[J]. 解放军外国语学院学报,
2011(2): 12-17; 127.

[95] 史文磊. 汉语运动事件词化类型的历时转移[J]. 中国语文, 2011(6): 483-
498; 575.

[96] 史文磊. "古今言殊"与"因言而思"——基于汉语运动事件词化类型历时
演变的考察[J]. 常熟理工学院学报, 2019(4): 21-30; 44.

[97] 史文磊. 运动事件词化类型演变的语体差异——兼论语体与语言面貌及演
变方向的关联性诸问题[J]. 古汉语研究, 2020(1): 41-55; 127.

[98] 史文磊. 汉语运动事件词化类型研究综观[J]. 当代语言学, 2012(1): 49-65; 110.

[99] 宋文辉. 汉语表达致使运动事件的小句中受事NP的句法位置[J]. 世界汉语教学, 2015(2): 147-166.

[100] 童小娥. 从事件的角度看补语 "上来" 和 "下来" 的对称与不对称[J]. 世界汉语教学, 2009(4): 495-507.

[101] 王光全, 柳英绿. 同命题 "了" 字句[J]. 汉语学习, 2006(3): 25-30.

[102] 王菊泉, 王蕾. 汉英典型路径附加语句法比较[J]. 中国语文, 2014(6): 508-520; 575.

[103] 文旭, 匡芳涛. 语言空间系统的认知阐释[J]. 四川外语学院学报, 2004(3): 81-86.

[104] 文旭. 语义、认知与识解[J]. 外语学刊, 2007(6): 35-39.

[105] 吴建伟. 汉语运动事件类型学的重新分类[J]. 时代文学(双月上半月), 2009(6): 155-156.

[106] 吴建伟. 英汉运动事件的框架结构比较研究[J]. 华东理工大学学报(社会科学版), 2015(5): 103-109; 116.

[107] 吴建伟, 潘艳艳. 英、汉、日运动事件动词的句法-语义比较研究[J]. 外语研究, 2017(2): 57-62.

[108] 徐英平. 俄汉语框架语言类型归属探析[J]. 外语研究, 2009(1): 31-34.

[109] 许家金, 刘洁琳. 中国学习者英语口头叙事中的动词方位构式研究[J]. 外语教学, 2018(6): 20-26.

[110] 许子艳. 英汉运动事件中背景表达对比研究[J]. 海南大学学报(人文社会科学版), 2014(2): 60-65.

[111] 许子艳. 英语运动事件表达习得与二语水平关系研究[J]. 中国外语, 2013(5): 64-71.

[112] 薛玉萍. 汉语运动事件框架语言类型归属的再思考[J]. 东北师大学报(哲学社会科学版), 2012(2): 219-221.

[113] 严辰松. 英汉语表达 "实现" 意义的词汇化模式[J]. 外国语(上海外国语大学学报), 2005(1): 23-29.

[114] 严辰松. 伦纳德·泰尔米的宏事件研究及其启示[J]. 外语教学, 2008(5):

9-12.

[115] 严辰松. 运动事件的词汇化模式——英汉比较研究 [J]. 解放军外语学院学报, 1998 (6): 10-14.

[116] 杨德峰. 20世纪80年代中期以来的动趋式研究述评 [J]. 语言教学与研究, 2004 (2): 54-62.

[117] 杨京鹏, 吴红云. 空间界态的句法语义接口研究——以运动事件的英汉词汇化模式对比为例 [J]. 外语学刊, 2017 (4): 45-50.

[118] 杨京鹏, 吴红云. 运动事件框架下英汉空间界态的句法—语义接口实证研究——以"walk through"为例 [J]. 外语教学, 2015 (4): 33-36.

[119] 杨素英. 从情状类型来看"把"字句 (上) [J]. 汉语学习, 1998 (2): 10-13.

[120] 于善志, 王文斌. 不可解特征视角下英语介词"in"和"on"的方向义研究 [J]. 外语研究, 2010 (1): 35-40.

[121] 曾传禄. "V+去"和"V+走" [J]. 世界汉语教学, 2013 (1): 51-64.

[122] 曾传禄. 汉语位移事件参照及其格标 [J]. 西华大学学报 (哲学社会科学版), 2009 (1): 66-70; 75.

[123] 曾传禄. "过来""过去"的用法及其认知解释 [J]. 西华师范大学学报 (哲学社会科学版), 2009 (2): 1-7.

[124] 曾传禄. 汉语位移事件的语言表达 [J]. 对外汉语研究, 2010 (1): 202-217.

[125] 曾永红, 白解红. 中国学生英语运动事件表达习得研究 [J]. 外语与外语教学, 2013 (6): 44-48.

[126] 曾永红. 中国英语学习者致使运动事件习得研究 [J]. 外语教学, 2017 (5): 60-64; 79.

[127] 张伯江. 论"把"字句的句式语义 [J]. 语言研究, 2000 (1): 28-40.

[128] 张达球. 体界面假设与汉语运动事件结构 [J]. 语言教学与研究, 2007 (2): 33-41.

[129] 张辉. 论空间概念在语言知识建构中的作用 [J]. 解放军外语学院学报, 1998 (1): 21-24; 29.

[130] 张建芳, 李雪. 汉英路径成分的词汇化形式对比——兼论汉语趋向补语的语法属性 [J]. 中国外语, 2012 (5): 47-54.

[131] 张建理, 骆蓉. 致使位移构式的英汉对比与习得 [J]. 外语教学理论与实践, 2014（3）: 30-36; 95.

[132] 张旺熹. "把" 字句的位移图式 [J]. 语言教学与研究, 2001（3）: 1-10.

[133] 郑国锋. 宏事件特征与英汉语位移运动事件的切分———一项基于语料库的对比分析 [J]. 外国语文, 2014（6）: 74-78.

[134] 郑国锋. 英汉语位移运动事件中的移动体: 以多参照物构式为例 [J]. 西安外国语大学学报, 2018（3）: 1-6.

[135] 郑国锋, 吴建伟. 宏事件特征与英汉语位移运动事件的切分和表征 [J]. 华东理工大学学报（社会科学版）, 2013（4）: 97-104.

[136] 郑国锋, 欧阳秋芳. 英汉运动事件方向语义研究30年: 回顾与展望 [J]. 西安外国语大学学报, 2016（3）: 1-4.

[137] 郑国锋, 刘佳欢. 英汉语致使位移运动事件路径表达对比研究: 以叙事文本为例 [J]. 外国语（上海外国语大学学报）, 2022（6）: 45-56.

[138] 周领顺. 汉语方式动词的移动状态层级 [J]. 外语教学与研究, 2011（6）: 828-839; 959.

[139] 周领顺. 汉语 "移动" 的框架语义认知 [J]. 扬州大学学报（人文社会科学版）, 2014（4）: 121-128.

外文文献

[1] AMEKA F K, JAMES E. Serialising languages: satellite-framed, verb-framed or neither [J]. Ghana Journal of Linguistics, 2013: 19-38.

[2] ASKE J. Path predicates in English and Spanish: A closer look [J]. BLS, 1989 (10): 1-14.

[3] BEAVERS J, LEVIN B, WEI THAM S. The typology of motion expressions revisited [J]. Journal of Lingus, 2010, 46 (2): 331–377.

[4] BIöRKVALL J. Los verbos de movimiento: una investigación semántica en la traducción del sueco al español en algunas obras literarias dirigidas a distintas edades [J]. Mälardalens Högskola, Akademin för utbildning, kultur och kommunikation, C-uppsats i spanska, 2012: 1-39.

［5］BON F M. Gramática Comunicativa del español-De la lengua a la idea Tomo I ［M］. Madrid: Edelsa, 2010.

［6］BOSQUE I. Nueva gramática de la lengua española［M］. Barcelona: Espasa Libros, S.L.U., 2010.

［7］CADIERNO T. Expressing motion events in a second language: A cognitive typological perspective［J］. Cognitive Linguistics, Second Language Acquisition and Foreign Language Teaching, 2004: 13-49.

［8］CANO M A. La entrada léxica de los verbos de movimiento: los contenidos sintácticamente relevantes［J］. Elua, 2009 (23): 51-72.

［9］CHEN S J. Estudio comparativo entre los patrones de lexicalización de los eventos de Movimiento en chino y en español［D］. Universidad Complutense de Madrid, 2015.

［10］CHU CH ZH. Event conceptualization and grammatical realization: The case of motion in Mandarin Chinese［D］. Honolulu: University of Hawaii, 2004.

［11］CROFT W. BARðDAL J, HOLLMANN W, SOTIROVA V, TAOKA C. Revising Talmy's typological classification of complex event［J］. Contrastive Studies in Construction Grammar, Vol. 10, 2010: 201-236.

［12］CUARTERO J. ¿Cuántas clases de verbos de desplazamiento se distinguen en español?［J］. BIBLID, 2006: 13-36.

［13］CUARTERO J. Clases aspectuales de verbos de desplazamiento en español［J］. Verba, 2009 (36): 255-291.

［14］DEMONTE V. Los eventos de movimiento en español: construcción léxico-sintáctica y microparámetros preposicionales［J］. Estudios sobre perífrasis y aspecto, 2011: 16-42.

［15］GALÁN C. Aproximación al estudio de los verbos de movimiento en alemán y en español: movimiento real y empleos figurados［J］. Anuario de estudios filológicas, 1993 (16): 147-148.

［16］GREENBERG J H. A quantitative approach to the morphological typology of language［J］. International Journal of American Linguistics, 1960 (26): 178-

194.

[17] GREENBERG J H. Some Universals of Grammar with Particular Reference to the Order of Meaningful Elements [J]. Universals of Language, 1963/1966: 73-113.

[18] HIJAZO A. La expresión de eventos de movimiento y su adquisición en segundas lenguas [D]. Universidad Zaragoza, 2013.

[19] IBÁÑEZ S. Hacia una clasificación de grano fino de los verbos de movimiento. El caso de los verbos intransitivos del español [J]. Anuario de Letras. Lingüística y Filología, vol. VIII, 2020: 69-117.

[20] IBARRETXE I. Tipología semántica y lexicalización del movimiento: el papel de las expresiones ideofónicas [C]. El valor de la diversidad (meta) lingüística: Actas del VIII congreso de Lingüística General, 2008: 57-71.

[21] IBARRETXE I, CABALLERO R. Una aproximación al estudio de los eventos de movimiento metafórico desde la tipología semántica y el género [J]. Anuari de filolifía. Estudis de lingüística, 2014 (4): 139-155.

[22] IBARRETXE I, HIJAZO A, MENDO S. Preposiciones, partículas del movimiento y estilo retórico en ELE: un análisis desde la lingüística cognitiva [J]. Cuadernos Aispi, 2017 (10): 63-90.

[23] JACKENDOFF R. Semantics and Cognition [M]. Cambridge, Mass.: MIT Press, 1983.

[24] JACKENDOFF R. Semantic Structures [M]. Cambridge, Mass.: MIT Press, 1990.

[25] JACKENDOFF R. Parts and boundaries [J]. Cognition, 1991: 9-45.

[26] LANGACKER R W. Foundations of Cognitive Grammar. Vol.1.: Theoretical Prerequisites [M]. Standford: Standford University Press, 1987.

[27] LEVIN B. English Verb Classes and Alternations [M]. Chicago & London: The University of Chicago Press, 1993.

[28] LI F X. A diachroninc study of V-V compounds in Chinese [D]. SUNY at Buffalo, 1993.

[29] LIN J X. The encoding of motion events in Chinese: Multi-morpheme motion constructions [D]. Stanford University, 2011.

[30] LUO Y. Verbos de desplazamiento en español y en chino: un análisis subléxico de su significado y sus extensiones semánticas [D]. Universidad Autónoma de Madrid, 2016.

[31] MORIMOTO Y. Los verbos de movimiento [M]. Madrid: Visor Libros, S.L., 2000.

[32] PEDERSEN J. Organización léxica y esquemática – una perspectiva tipológica [C]. El valor de la diversidad (meta) lingüística: Actas del VIII congreso de Lingüística General, 2008: 94-105.

[33] PEYRAUBE A. Motion events in Chinese: A diachronic study of directional complements [J]. Space in language: Linguistic Systems and Cognitive Categories, 2006: 121-138.

[34] RAQUEL L. Patrones léxicos y verbos de movimiento en la enseñanza del español como L2 [J]. Programa ELE-USAL, 2017: 1-11.

[35] ROJO A, VALENZUELA J. Fictive Motion in English and Spanish [J]. IJES, 2003 (2): 123-149.

[36] SÁNCHEZ M. La enseñanza de los verbos deícticos (ir, venir, traer, llevar) a alumnos eslovacoparlantes [J]. Facultad de Lenguas Aplicadas, Universidad de Economía de Bratislava, 2015: 437-444.

[37] SLOBIN D I, HOITING N. Reference to movement in spoken and signed languages: Typological considerations [C]. Proceedings of the Twentieth Annual Meeting of the Berkeley Linguistics Society: General Session Dedicated to the Contributions of Charles J. Fillmore,1994:487-505.

[38] SLOBIN D I. Two ways to travel: Verb of motion in English and Spanish [C]. Grammatical constructions: Their form and meaning. Oxford: Clarendon Press, 1996:195-220.

[39] SLOBIN D I. The many ways to search for a frog: Linguistic typology and the expression of motion events [C]. Relating Events in Narrative: Typological

and Contextual Perspectives. Mahwah, NJ: Lawrence Erlbaum Associates, 2004: 219-257.

[40] SLOBIN D I. What makes manner of motion salient? Explorations in linguistic typology, discourse, and cognition [C]. Space in Languages: Linguistic Systems and Cognitive Categories. Amsterdam/Philadelphia: John Benjamins, 2006: 59-82.

[41] TAI H Y. Temporal sequence and Chinese word order [J]. Iconicity in syntax, 1985: 49-72.

[42] TAI H Y. Cognitive relativism: Resultative construction in Chinese [J]. Language and Linguistics, 2003, (4) 2: 301-316.

[43] TALMY L. Lexicalization Patterns: semantic structure in lexical forms [C]. Language Typology and Syntactic Description, vol. 3: Grammatical Categories and the Lexicon. Cambridge: Cambridge University Press, 1985: 36-149.

[44] TALMY L. Toward a Cognitive Semantics. Vol. II: Typology and Process in Concept Structuring [M]. Cambridge, MA: The MIT Press, 2000.